文化产业法律实务
——从入门到专业

WENHUA CHANYE
FALÜ SHIWU
——CONG RUMEN DAO ZHUANYE

张　崴◎著

中国政法大学出版社

2020·北京

图书在版编目（ＣＩＰ）数据

文化产业法律实务：从入门到专业/张威著. —北京：中国政法大学出版社，2020.11
ISBN 978-7-5620-9752-5

Ⅰ.①文… Ⅱ.①张… Ⅲ.①文化产业－法律－研究－中国 Ⅳ.①D922.164

中国版本图书馆 CIP 数据核字(2020)第 232081 号

出 版 者　中国政法大学出版社

地　　址　北京市海淀区西土城路 25 号

邮寄地址　北京 100088 信箱 8034 分箱　邮编 100088

网　　址　http://www.cuplpress.com (网络实名：中国政法大学出版社)

电　　话　010－58908285(总编室) 58908433（编辑部）58908334(邮购部)

承　　印　固安华明印业有限公司

开　　本　720mm×960mm　1/16

印　　张　15.75

字　　数　260 千字

版　　次　2020 年 11 月第 1 版

印　　次　2020 年 11 月第 1 次印刷

定　　价　79.00 元

前 言
PREFACE

文化产业覆盖的领域很广泛。文学、音乐、影视、综艺、曲艺、戏曲、书画这些传统的表现形式自然是其中的一部分。随着科学技术的发展与人们爱好的变化，短视频、游戏与电子竞技、动漫、直播、广告、体育等新兴的内容，也成为文化产业的新领域。

伴随着这一趋势，法律作为调整各种社会关系的一种手段，自然也不会缺席。本书的特点是对上述这些细分领域中具有共性的部分法律问题进行探讨；并且立足于法律实务、立足于实际案例、立足于由浅入深的介绍，将文化产业司法保护中的热点问题与法务实践呈现给读者。

本书为文化产业各个细分领域的参与者，尤其是文化产业的投资人、各类经纪人、法务人员提供一些观察与思考的内容；同时可以为那些对文化产业感兴趣的在校学生及从业人员提供一些实践性较强的法律知识。

考虑到本书完稿时刚好遇到《民法典》的出台及《著作权法》的重要修正，因此在引述法律规定时既标注了原有法律的规定，也同时标注了《民法典》及《著作权法》修正案的对应条款，以便于读者查阅。

本书的结构如下：

第一章，艺人合约的解约纷争。由于文化产业的特点，艺人的价值是这一产业无法回避的核心要素之一。近年来，影视、直播、音乐等多个领域均有很多与艺人解约有关的纷争，造成很大社会影响。本章针对这一文化产业的共性问题，从司法实践角度进行了详细阐述。

第二章，艺人合约中的重要法律问题。艺人解约的问题固然重要，订约的相关法律问题也必须重视。本章以经纪合同、影视服务合同、广告服务合同为例，重点说明了司法实务中对一些具有共性的法律问题的判断与处理。

第三章，文化产业中人身权的保护。文化产业的一个特点就是公众人物比较多。由此带来的因为姓名权、肖像权、名誉权等人身权方面的纠纷经常占据网络新闻的热点。本章从司法实务角度出发，对于各类侵权的判定与处理进行了阐述。

第四章，"改"作品面临的法律风险。著作权是文化产业最重要的基础性权利。作品的抄袭与改编是文化产业各个领域最常见的纠纷产生原因之一。本章从"改"这一极易产生纠纷的行为出发，对于著作权不同权利的控制范围，对于不同基础事实可能导致的不同侵权判定，对于不同权利之间的冲突，从司法实务角度进行了探讨。

第五章，类电作品（视听作品）的是与非。类电作品，是"以类似摄制电影的方法创作的作品"的简称。由于科技的发展，近些年出现了短视频、网络游戏、电子竞技直播、体育转播、各类综艺等多种崭新的商业模式，如何对其规制也是司法实践的热门话题。这里面哪些属于类电作品？哪些不属于？该如何保护？本章以类电作品的构成判定为线索，将目前司法实践对这些崭新商业模式的保护思路呈现给读者。

第六章，文化产业投资与运营的主体。文化产业各个领域的投资，首要问题就是参与主体的设定。本章针对不同类型的主体在投资与运营中各自的价值以及规则进行了探讨。对于不同主体人格混同、各主体间的"对赌协议"等热点问题也进行了探讨。

第七章，违约责任与赔偿损失。文化产业的任何领域，从合同订立到纠纷解决的全过程，都离不开违约责任与损失赔偿这一必要话题。但是实践中经常出现对于此部分内容约定不规范以及发生纠纷后的主张不符合法律规定的情形。本章从实务角度出发，对于违约责任在实践中不同情况下的法律认定以及多种情形下如何适用损失赔偿进行了探讨。

第八章，文化产业中的刑事合规法律事务。相比商务合规问题，刑事合规问题是比较少获得关注的领域。但是近年来，商业经营中的不慎行为被认定为刑事犯罪的情况逐步增多，特别值得引起注意。本章会对此问题作出实务层面的阐述。

考虑到本书并非面向法律专业研究领域，因此在书写过程中尽量采取浅显、口语化的表达。笔者希望通过这一方式，使文化产业的参与者能够最大程度获得实践性的法律帮助。

鉴于我国近几年对法律法规等文件的修正速度较快，为便于读者阅读，特作以下说明：

1. 本书除仅对 2020 年 11 月通过的《著作权法》（2020 年修正版）有部分引用以外，其余所参考或引用的法律法规及司法解释等文件，均为截止至 2020 年 6 月底的版本，此后的更新未予收录。

2. 本书中关于"《著作权法》"这一表述，均指《著作权法》（2010 年修正版）；对 2020 年 11 月通过的《著作权法》（2020 年修正版）内容的引用与描述，均明确标注"《著作权法》（2020 年修正版）"。

当然，由于笔者水平所限，书中的错漏之处在所难免。欢迎各位读者随时予以批评指正。

张　崴

2020 年 7 月 21 日

目 录

CONTENTS

◇ 第一章　艺人合约的解约纷争 ◇

◇ 第五章 类电作品（视听作品）的是与非 ◇

◇ 第六章　文化产业投资与运营的主体 ◇

◇ 第七章　违约责任与赔偿损失 ◇

◇ 第八章　文化产业中的刑事合规法律事务 ◇

艺人合约的解约纷争

人们在媒体上经常看到一类热点话题，就是某某明星和签约的公司打起官司来了。一方要解约，另一方不同意；一方说另一方违约，另一方则反诉对方要赔偿。双方的诉讼打得不亦乐乎，有的甚至还成为"连续剧"。

这个现象其实说明：文化产业的一个重要特点，就是艺人的重要程度很高。一部影视剧的主演艺人往往决定着作品获得大众关注的程度；音乐、综艺这种更强调艺人知名度与受众群体的领域就更是看重艺人的人气，更不要说新兴的网络直播行业，核心主播几乎是栏目收视率的主要保证。

一名艺人能够从新人成为核心艺人，有的需要多年的积累，有的却是入行不久就一夜成名。但是无论如何，他们都离不开周围各色人等的相关服务支撑，这里面最重要的就是签约公司（包括与艺人直接签约的经纪公司、影视公司、音乐制作公司、演艺公司、直播平台公司等）。

签约公司往往从多种渠道挖掘到新人，然后签订演艺经纪合约（或其他名称不同但性质相同的合同），从此开始培养艺人并提供一系列服务，比如，为刚入行的新艺人提供日常生活费用、为艺人进行专业培训、提供专门经纪人为艺人寻找演出机会、为艺人过滤不同的剧本角色、为艺人寻找广告等商业机会、聘请法律顾问为艺人规范合同及维护权利、在公共媒体上为艺人塑造形象、一旦艺人出现不良情况则签约公司要进行危机公关等。大量的工作背后必然是较大的投入，包括资金与精力。可以说，绝大多数艺人的走红，离不开庞大的服务团队的支撑。

但是艺人在走红之后，与原来的签约公司发生解约纷争的却不少。有些是因为觉得原来与公司签署的合同里，收入分配低了，想提高或者索性自己组建团队掌控全部收入分配权；有些是艺人走红后，被另外的公司"挖角儿"，艺人也想另攀高枝。随着我国文化产业的快速发展，这些情况在影视、音乐、网络直播领域越来越多。

艺人走红后突然提出与原签约公司解约，这自然会给原来投入巨大的签约公司带来极其严重的损失。一是签约公司塑造一名艺人的前期投入不会少；二是公司培养的艺人不一定都能走红，也有不少艺人始终没有发展，签约公司投入巨大但没有收到效果。可以说，现有的艺人培养模式对公司方面来讲存在较大不确定性，属于商业风险较大的领域。因此，在艺人提出解约的问题上，签约公司一般都持拒绝态度。

当然也有另外一种情况，就是公司签下艺人，但是没有给艺人事先承诺的培养与发展机会。尤其是不少新人，对行业有无限的憧憬，公司在签约前也给他们描绘了无比美好的星途。但是在签约后，或是由于经纪人不给力，或是由于签约公司对不同新人的投入不同，或是由于新人本身条件有限或把握机会能力不强，导致艺人没什么发展，甚至连日常生活都陷入困顿。

这些情况下，艺人虽然还没有走红，甚至还没有任何初步表现，但也打算与签约公司解约。这是艺人为了发展而主动求变，希望更换签约公司以便获得一些新的机会。不过签约公司对这种解约也存在不同态度。有的为艺人着想，会大开绿灯；也有的抱着犹豫、排斥的心态。尤其是对已经做过一些投入的新人，签约公司往往也担心放走艺人后，艺人在别处成名，因此常常予以拒绝，或者设置苛刻的条件使解约几乎成为不可能。

但无论哪种情况，在艺人提出解约后，签约公司的拒绝态度并不必然得到法院或仲裁机构的支持。事实上，我国司法实践以往多支持艺人解约的要求，这给签约公司带来了巨大的压力。但是近年来，随着文化产业的发展和司法实践对诚实信用与公平原则的更多重视，艺人解约不被支持的情况也开始出现。

在这一章我们将对艺人解约纷争这一文化产业的焦点问题，从法律规定与司法实践的角度进行观察。

第一节 艺人解约的成功与失败

近年来，艺人解约在文化产业的多个领域大量发生，司法实践必须对这一焦点问题表态。在本节中我们先观察几个相关案例，从中可以直观看到不同艺人解约成功或失败的部分原因，也可以发现我国法律及司法实践对这一重要问题的认识过程。

在后面的章节中，我们将进一步深入讨论与总结相关的法律规定与司法实践中的处理原则。

1.1　影视演员解约成功：从窦某诉北京某影业公司的解约案件说起[1]

参考北京市高级人民法院（2013）高民终字第 1164 号民事判决书的内容，我们可以对该案件的基本情况进行了解及案件评析：

窦某与北京某影业有限公司签订了合同，约定某公司从 2010 年 3 月 23 日至 2018 年 3 月 22 日，代理窦某的所有演艺工作。某公司按照约定比例收取酬金。合同签订后，某公司给窦某安排了以下工作：作为男主角出演电影《山楂树之恋》（2010 年 9 月 16 日上映）；作为男配角出演《金陵十三钗》（2011 年 12 月 15 日上映）。

【案件评析】

上述内容说明：双方有书面合同，约定了某公司具有对窦某所有演艺活动的代理权，合同期限 8 年；此经纪合约为独家经纪合约。某公司为窦某提供了工作，履行了经纪合同的义务。

2012 年 9 月 26 日窦某委托律师向某公司发出了律师函，提出解除双方之间的合同。某公司表示收到了该律师函。

窦某提出解除合同的法律理由是：（1）某公司没有给窦某安排工作从而构成根本性违约；（2）窦某根据委托合同法定的任意解除权主张涉案合同解除；（3）窦某以《中华人民共和国合同法》（以下简称《合同法》）第 110 条的规定主张涉案合同解除。

一审法院对前两项理由不认可，认可第三项理由；二审法院对此三项解除合同的理由都没有认可。

第（2）项理由，涉及对演艺经纪合同的法律性质的认定。在这一点上两审法院是一致的，均认为：演艺经纪合同既非代理性质也非行纪性质，具有居间、代理、行纪的综合属性，是综合性合同，不能依据合同法关于代理合同或行纪合同的规定由合同相对方单方行使解除权。

【案件评析】

第一项理由显然与事实不符，窦某参加了两部较知名的电影且出演主要角色，体现了某公司的有效的工作。第二项理由是对合同性质的认定没有得到法院的支持，两级法院均认为，双方之间的合同是综合性合同，而不仅仅是委托合同。具体这两类合同的异同及对本案的影响，本章第二节会进行专门讨论。第三项理由出现了争议，一审认为涉案合同具有特定人身属性的非金钱债务的性质，可以适用《合同法》第110条的规定予以解除；二审法院认为审查合同的法定解除权，根本不应当适用《合同法》第110条，而应当适用该法第94条。

最终结果：二审法院最终仍支持了窦某提出的解除合同的请求。理由在于："窦某已经明确表示不再履行合同主要义务，而某公司对于合同解除亦存在意向"，以及"本着有利于合同当事人实现各自利益及发展，本着公平、有价、平等的基本原则，在实现合同当事人真实意思的情况下"支持解约，但判令窦某要支付一定数额的违约金。

【案件评析】

本案艺人一方最终解约成功，原因在两审中并不相同。一审法院以合同具有人身属性为由，支持了艺人一方解约；二审并不否定该合同具有人身属性，但强调从事实来看并不存在侵犯艺人人身权的情形，否定了依据合同的人身属性解除合同的理由。但是鉴于公司一方在二审诉讼中表示在收到满意的违约金的情况下可以解约，因此法院支持了解约的请求。

当然本案解约成功也源于法院始终对判决继续履行后出现以下情况的担忧："若经纪公司本身不予安排活动或者恶意阻却活动的成立，将不仅导致演艺人员在合同期内不能出现在公众面前，无法接受任何商业活动，而且可能面临基本的生存困境。"

但是法院的这一担忧在法律角度上存在争议，也就是说，合同继续履行的后果应否作为判断合同是否适用法定解除的条件。这一问题我们留到本章后面进行讨论。

1.2 游戏主播解约成功：王某与武汉某网络科技有限公司解约案件[2]

参考湖北省武汉市中级人民法院（2018）鄂 01 民终 10642 号民事判决书的内容，我们可以对该案件的基本情况进行了解及案件评析：

某公司（甲方）与王某（丙方）及工作室（乙方）签订了游戏解说合作协议，明确了甲方是一家游戏直播平台运营商，乙方指派丙方作为甲方的独家游戏解说员，在甲方的游戏直播平台某 TV 平台上进行约定的解说等。三方还约定了各自的其他权利义务内容，并约定了合同履行期及合作费用的支付标准与方式。

同时，三方特别约定：由于本合同一经三方签订，即有法律效力，甲方就要付出大量的人力、物力、财力为乙、丙双方创造游戏网络直播环境。乙、丙双方保证：若乙、丙双方违反下述任一约定，则构成乙、丙双方重大违约，甲方有权要求乙、丙双方按照本协议约定承担违约责任，且签约的任何第三方须对乙、丙双方依据本合同应承担的债务承担连带赔偿责任：在本协议期限内，任何情况下，未得甲方书面许可，乙、丙双方不得单方提前解除本合同或与第三方签订类似解说员合约，不得与第三方存在仍在履行期限内的类似解说员协议，不得拒绝参与甲方安排的商业活动或授权第三方使用丙方肖像权，也不得擅自将丙方推广用名申请注册商标等。

【案件评析】

根据法院的调查我们可以发现以下事实：游戏主播王某与某公司签订了游戏解说合作协议，约定了各方的权利义务。同时，某公司与王某签订的是独家合约，王某不得单方提前解除本合同或与第三方签订类似解说员合约，甚至不得拒绝参与某公司安排的商业活动或授权第三方使用王某的肖像权。

签订上述游戏解说合作协议之后，王某按约在某公司的游戏直播平台上进行游戏解说。2016 年 6 月 7 日，王某停止了在某 TV 直播平台上的直播，并开始在华多公司运营的某直播平台上进行直播。

为此，某公司在发出要求王某承担违约责任的律师函之后，又向法院起诉，请求：（1）判令王某继续履行与某公司签订的游戏解说合作协议；（其余请求略）。

王某不同意某公司的诉讼请求，并且向一审法院反诉某公司。其反诉请求为：（1）判令解除双方于 2015 年 12 月 31 日签订的游戏解说合作协议；（其余请求略）。

【案件评析】

将这些事实及上文法院查明的事实相结合，可以发现：在合同履行期内，王某终止了在某 TV 直播平台上的直播，并且违反了不得在合同履行期内与第三方签订类似解说员合约的约定，在华多公司运营的某直播平台上进行直播。

在某公司起诉要求王某承担违约责任（继续履行合同）的情况下，王某反诉要求解除与某公司的独家解说合约。

一审法院认为，三方签订的游戏解说合作协议合法有效。从协议履行情况来看，王某在离开某直播平台后到某直播平台进行了游戏直播，其行为显然违反了上述解说合作协议的约定，构成违约，应承担相应的违约责任。

但对于某公司要求王某继续履行解说合作协议的诉讼请求，因王某已到某直播平台进行直播，且其行为足以表明其在解说合作协议期满前不愿再继续履行该协议约定的主要义务，因此，该解说合作协议客观上已无法继续履行，故法院对某公司继续履行合同的诉讼请求，不予支持，并判决王某承担违约金（数额略）。对于王某提起的解除合同的反诉请求，因王某已离开某直播平台不再进行游戏直播，双方协议已无法继续履行，故本案解说合作协议已实际解除。对于王某有关要求解除游戏解说合作协议的反诉请求，不予支持。

一审结束后王某与某公司均提起上诉。

二审审理确认查明的事实与一审相同。对双方合同的解除，二审法院认为：虽然王某解除合作协议的行为无效，但由于王某已经到其他直播平台进行直播，基于该合同的人身属性的特征，合同客观上已无法继续履行，应依法解除。

但是二审法院显然认为双方的合同并没有实际解除，因此专门增加了一个判项来确认双方的合同自 2017 年 6 月 2 日起解除。同时，二审对王某应当支付的违约金数额适度增加。

【案件评析】

两审法院均没有支持某公司继续履行合同的请求，实质上支持了游戏主播王某解除合同的请求。但是两审法院在法律观点上有所不同：

一审法院的理由在本诉与反诉中似乎也不一样。在本诉（某公司诉王某）中，法院给的理由是王某到某平台直播这一行为，足以表明其在解说合作协议期满前不愿再继续履行该协议约定的主要义务，因此，该解说合作协议客观上已无法继续履行，因此不支持某公司继续履行的请求。在反诉（王某诉某公司）中，法院给的理由是王某已离开某直播平台不再进行游戏直播，双方协议已无法继续履行，合同早已经实际解除。则双方在案件中再对合同是否解除进行诉争没有实际意义。因此，在最后的判项中，一审法院根本不提确认合同已经解除的内容。

当然，一审法院的这两方面理由是否存在法律上的问题，值得思考。比如，王某不履行协议（相当于违约）导致协议无法履行，能否成为法律认可的解除合同的法定理由？依据何在？一方主动违约是否可以导致合同法定解除？这些问题，我们在后面第三节会进行讨论。

二审法院对此有不同理解，其理由不是合同已经实际解除，而是强调了王某单方解除合同的理由无效，但基于该合同的人身属性的特征，合同客观上已无法继续履行，应依法解除。显然，这一思路是要适用我国《合同法》的法定解除规定。但是合同的人身属性是否属于我国《合同法》的法定解除理由，也值得探讨。我们同样留在后面第三节专门讨论。

本案中，作为导致合同解除的违约方，王某被判赔偿相应的违约金，相当于解除合同的代价。

1.3　影视演员兼歌手解约成功：蔡某某与上海某影视文化传播有限公司解约案件[3]

结合上海市静安区人民法院（2017）沪 0106 民初 33674 号民事判决书的内容，我们可以对该案件的基本情况进行了解及案件评析：

2015 年 11 月 17 日，双方签订了《演艺娱乐事务独家经纪合同书》，此后又签订了《〈演艺娱乐事务独家经纪合同书〉之补充合同》一份。两份协议中均约定了双方的权利义务。履行一段时间后，艺人一方认为公司存在并未履行合同中约定的演艺经纪义务、未履行艺人经纪事务管理运营义务等违约行为。根据《演艺娱乐事务独家经纪合同书》中的约定，艺人单方面提出解除合同的，需支付一定数额的提前解约赔偿金（具体金额略）。现艺人一方依据该约定提出解除合同。

某影视公司辩称已经全面履行合同，因此不同意解除合同，并要求艺人一方承担违约责任。同时，某影视公司提出反诉。

该案的案由被认定为委托合同纠纷。一审法院审理后认定：双方签订的合同中约定，原告蔡某某单方面提出解除合同，需支付一定数额的提前解约赔偿金，即原告方享有单方面合同解除权；且原告、被告签订的合同内容牵涉面较广，涉及多种法律关系，亦牵涉人身权利，不宜强制履行，故原告、被告签署的《演艺娱乐事务独家经纪合同书》及补充合同可以解除。同时法院驳回了某影视公司要求继续履行的反诉请求。

某影视公司不服一审判决上诉，后在二审期间撤诉。一审判决已经生效。

【案件评析】

本案一审判决书内容比较简单，因此对相关事实的了解极为有限。但是还是可以看到一些关键之处：

首先，合同被定性为委托合同纠纷。考虑到本案2017年受理，2019年二审裁定才作出。这一阶段我国审判实践对这类合同的定性早已经以综合性合同为主流判断。当然，由于信息有限，不排除本案合同内容确实只能是委托合同的可能。定性为委托合同与综合性合同有什么区别，本章第三节我们会详细阐述。

其次，法院判决支持解除合同，理由有两点：一是双方合同中有相应约定，即符合约定解除的条件；二是认为合同具有人身属性，不宜强制履行。这两点涉及的法律依据该如何理解，我们在本章第三节也会进一步讨论。

1.4 影视演员解约失败：蒋某某与天津某影视股份有限公司解约案件[4]

结合北京市第三中级人民法院（2016）京03民终13936号民事判决书的

内容，我们可以对该案件的基本情况进行了解及案件评析：

蒋某某与某影视公司签订了独家经纪合约。某影视公司独家向蒋某某提供蒋某某在世界各地与演艺业务有关之服务。各方还约定了合约期、报酬支付、培训、商务代言等事项。自 2011 年起至 2015 年止，蒋某某参与了电影与电视剧拍摄、综艺节目、杂志街拍、商品推广等大量演艺或商业活动。对于参加的上述演艺活动的报酬，蒋某某主张部分演艺活动的报酬未支付，部分报酬迟延支付。

2015 年 8 月 6 日，蒋某某通过律师向某影视公司发出律师函称解除合约。随后，其于 2015 年 8 月向法院起诉请求确认双方之间签订的《经理人合约》于 2015 年 8 月 7 日解除。某影视公司提出反诉，要求蒋某某继续履行合同，承担违约责任并赔偿损失。

【案件评析】

上述内容可以反映以下事实：某影视公司与蒋某某签订了独家经纪合约，并为其提供了大量演艺与商业机会，蒋某某演艺事业有明显发展。此后双方对报酬的支付产生异议。蒋某某选择解约，然后独立参与演艺活动。解约的方式是先发出律师函书面通知某影视公司解约，此后又起诉要求法院确认，并要求某影视公司支付酬劳。某影视公司反诉要求继续履约并要求蒋某某赔偿损失。

一审法院对本案几个焦点问题进行了认定，主要包括：

（1）双方之间建立的合同关系的性质属于演艺经纪合同，演艺经纪合同属于一种具有鲜明行业特征属性的商事合同，兼具居间、委托、代理、行纪、服务的综合属性，是兼具多重性质的一种新型合同。

（2）蒋某某不享有合同解除权。双方之间的演艺经纪合同关系不属于简单的委托合同，蒋某某不享有单方任意解除权。另外，某影视公司违约情节较为轻微，合同目的已经充分实现。双方当事人之间的信任属于商事活动中的必备要素，但信任不是解除合同的法定理由，蒋某某以双方之间缺乏信任为由主张其享有合同解除权缺乏法律依据。

一审法院判决驳回了蒋某某解除合同的请求，并判决其赔偿某影视公司损失（数额略）。

【案件评析】

（1）法院首先对双方签订的经纪合约的法律性质进行了认定。法院认为这类合同不属于委托合同，而是一种兼具居间、委托、代理、行纪、服务的综合性合同。

（2）既然不是委托合同，则《合同法》关于委托合同的委托人享有的任意解除权在此就不能适用。

（3）某影视公司没有拖欠报酬，但有迟延支付。但是这种迟延支付违约情节轻微，不足以导致合同目的无法实现，也不足以导致蒋某某有权适用法定解除权。

（4）双方之间的"信任"与否，不是确定合同是否可以依法解除的法定条件。

法院对于几个关键问题进行了充分的说理，所以本案的判决具有典型意义。法院坚持从法律规定出发，对享有法定解除权的条件进行了较为明确的阐述。

二审在主要事实与法律适用方面与一审相同，因此维持了一审判决。

二审法院进一步认为：演艺人员从新人发展至具有较高知名度和影响力的成名艺人，除与其自身能力有关外，签约公司在艺人的培养、宣传、策划、推广以及知名度的提升上起着至关重要的作用，签约公司亦为此付出较大的时间成本及商业代价。若允许艺人成名后即以人身依附性为由随意行使解除权，将使签约公司处于不对等的合同地位，亦违背公平及诚实信用的基本原则，不利于演艺行业的良性发展。

【案件评析】

两审法院判决合约继续履行，拒绝确认合约已经解除。值得进一步说明的是，二审法院在判决书中阐述法律规定之余，特意又从公平原则、诚实信用原则、行业发展的角度，阐释了维持原判的理由。这一段话其实很准确地反映了影视行业的特点，反映了艺人与经纪人、艺人与行业的共生关系。

综观全案，蒋某某一方解约失败的原因主要是对经纪合约的法律性质与法院理解不同，同时未能以确凿且充分的证据来证明《合同法》中法定解除权的适用条件已经具备。那么，法定解除权是如何规定的？其适用条件是什么？我们将在第三节中予以探讨。

1.5　歌手解约失败：陈某某与北京某国际文化传媒有限公司解约纠纷[5]

参考北京市第三中级人民法院（2018）京03民终11603号民事判决书的内容，我们可以对该案件的基本情况进行了解及案件评析：

2014年6月21日，某公司作为甲方与陈某某作为乙方签订《某公司（歌手签约合同书）》，合约有效期5年，系独家经纪合约。合约期内，乙方不得与除甲方外的第三方签订任何与演艺活动相关的合同。如在合同期内甲方超过连续3个月对乙方没有宣传曝光、演出活动等，乙方则有权利向公司提出无条件解约。双方还约定了生活费支付、工作安排、收益分配方式与比例等内容。

合同签订后，某公司先后为陈某某安排了多项音乐录制、影视剧表演等工作，但陈某某均以种种理由最终未同意参与；某公司还先后为陈某某安排了录制节目及参加活动的工作。

2017年3月9日，陈某某通过微信方式以某公司存在严重违约行为向公司及其负责人发出解约通知。此后，陈某某提起诉讼，请求确认双方的合同已经解除（其他请求略）。某公司相应提出反诉请求：要求判令陈某某与某公司之间的合同继续履行（其他请求略）。

经审理，一审法院认为，某公司存在违约，但该等违约情形并不构成合同中约定的单方解除权，亦不足以构成《合同法》中规定的法定解除条件，陈某某据此要求确认合同已经解除没有事实和法律依据。因此一审法院判决陈某某与某公司继续履行双方于2014年6月21日签订的合同（其余判项略）。陈某某不服提起上诉，二审法院维持了一审判决。

【案件评析】

双方的合同中存在某些情况下陈某某享有单方解除权的约定，法院认为合法有效，但认为根据现有证据与事实，行使该单方解除权的约定条件并不具备，因此陈某某无权行使该单方解除权。

另外，某公司存在没有足额支付生活费与交通补助的情形，存在未按时结算劳务报酬的情形，均构成违约。但是法院认为这些违约情形不属于双方合同约定的足以行使单方解除权的情形，也不属于足以行使《合同法》规定的法定解除权的情形。因此，法院驳回了陈某某确认合同已经解除的诉讼请求。

本案中，出现了约定解除权与法定解除权的适用问题；还出现了公司一方已经违约，艺人一方仍然未能享有法定解除权的情况。那么在一方违约的情况下，违约要达到何种程度，另一方才享有法定的解除权？本案中法院并没有详细阐述。我们会在第三节中详细讨论。

第二节　解除合同的首要重点：如何判断艺人所签合同的法律性质

艺人与签约公司之间的解约之争，首要问题是准确定位该合同的法律性质。这对于双方来讲同等重要，因为不同性质的合同在适用法律以及对解除条件的要求方面存在着不同，这也就直接导致了解除合同的思路选择的差异。

艺人与签约公司之间签订的合同名称五花八门，有《独家演艺合约》《独家经纪合约》《合作协议书》《经理人合约》，等等，但是从法律本质上来讲，在我国的司法实践中主要有以下几种不同看法：（1）委托合同；（2）综合性合同；（3）劳动合同；（4）服务合同。

2.1　委托合同与任意解除权

艺人与签约公司之间签订的合同标题大都标有"经纪合同"几个字，但是"经纪合同"并非我国《合同法》中的有名合同。传统观点认为，这种签约公司接受艺人委托，代理艺人各项演艺事务的内容，很接近我国法律关于委托合同的约定。因此以往司法实践一般是将艺人与签约公司之间签订的这类合同作为委托合同来处理。

《合同法》第396条规定："委托合同是委托人和受托人约定，由受托人处理委托人事务的合同。"

在艺人与签约公司签订的经纪合同中，核心条款就是艺人将自己的演艺事业各方面事务均交由签约公司打理，而且一般都是独家授权。签约公司也是最大范围代理艺人的各项演艺事务。因此单从这一点来讲，艺人作为委托人，签约公司作为受托人，双方之间的委托合同关系还是明确的。

但是在这类合同中，除了对演艺事务的委托，往往还会有其他一些内容。比如对艺人的培训、对艺人肖像的使用、商标及版权的保护、合作项目及收益分成等。这些内容已经超出了委托合同的范畴，因此使得艺人与签约公司签订的这类合同被局限于委托合同似乎与事实又不尽相符。随着文化产业的发展，司法实践对这类合同法律性质的认识逐步从委托合同转向了综合性合同。这一点在下文另论。

委托合同有一个特点，就是委托人与受托人均享有任意解除权。

《合同法》第410条规定："委托人或者受托人可以随时解除委托合同。因解除合同给对方造成损失的，除不可归责于该当事人的事由以外，应当赔偿损失。"

《中华人民共和国民法典》（以下简称《民法典》）中与此对应的是第933条，仅在赔偿方面有变化，规定"无偿委托合同的解除方应当赔偿因解除时间不当造成的直接损失，有偿委托合同的解除方应当赔偿对方的直接损失和合同履行后可以获得的利益"。

这一规定的出发点是委托合同属于信赖基础上的合同。既然是"受托人处理委托人事务"，那么委托人与受托人之间的信任关系，是设定委托合同这一民事法律关系的重要基础。在丧失这种信任后，法律应当允许无论哪一方都可以选择从这种关系中摆脱。否则在缺少信任的情况下，任何一方都处于事实上与心理上的怀疑状态之中，不利于作出真实的意思表示，从而影响民事法律行为的效力。因此法律设定了委托人或受托人可以随时解除委托合同这一条款。

根据这一条款的规定，艺人与签约公司在签订经纪合同之后，任何一方都可以随时单方解除合同。事实上我国司法实践以前的认定也是如此。

比如，广州市天河区人民法院（2008）天法民二初字第199号，周某与广州某演出经纪有限公司解约纠纷[6]，法院将该案的案由就定为"委托合同纠纷"。

从案件审查事实看，2006 年 10 月 24 日，原告广州某演出经纪有限公司与被告周某签订了独家合约。签订后，原告主张其投入大量人力、物力对被告的形象进行推广宣传。2007 年 9 月 1 日，被告向原告发出解约函，以原告的行为已经构成根本违约为由，解除双方签订的合约。此后，原告向法院起诉要求判令被告继续履行合同并赔偿经济损失。被告反诉要求确认合约已经解除。

法院在判决书中阐明：原告、被告双方于 2006 年 10 月 24 日签订的合约，其合同性质属于委托合同。根据《合同法》第 410 条的规定，委托人或受托人可以随时解除委托合同，即原告、被告双方均有权行使合同任意解除权，故原告于 2007 年 9 月 3 日收到被告发出的解约函时，双方原签订的合约已解除。

上述案例比较典型地反映了我国司法实践以往的主流观点是将艺人与签约公司签订的经纪合同定性为委托合同，并且支持任意解除权的行使。这种观点直至 2010 年才发生了明显变化。

2.2 综合性合同：排除任意解除权的适用

2010 年 4 月，最高人民法院发布了《最高人民法院知识产权案件年度报告（2009）》。在该报告中，披露了一起最高人民法院审理的再审案件：熊某、杨某与北京正某文化传播有限公司合同纠纷 [（2009）民申字第 1203 号]。

在该案中，最高人民法院支持了原来两审法院的认定，指出演艺合同是一种综合性合同，既包括了对熊某、杨某演出的安排，还包括了对其商业运作、包装、推广以及著作权使用许可等多方面的内容。关于演出安排的条款既非代理性质也非行纪性质，而是综合性合同中的一部分，不能依据《合同法》关于代理合同与行纪合同的规定孤立地对部分条款适用"单方解除"规则，否则有违合同权利义务的一致性、均衡性与公平性。

这是最高人民法院首次使用"综合性合同"的表述给予演艺合同一个不同以往的新定位。

2013 年北京市第二中级人民法院与北京市高级人民法院先后审理的"窦某诉北京某影业有限公司"之解约案件中，两审法院均遵照了最高人民法院关于"综合性合同"的表述对艺人与签约公司签订的合同进行认定。尤其是该案的二审法院北京市高级人民法院的阐述比较具体。该院认为："本案《合约》具有居间、代理、行纪的综合属性，属于演出经纪合同。此类合同既非代理性质亦非行纪性质，而是具有各类型相结合的综合性合同，因此不能依据合同法关于代理合同或行纪合同的规定由合同相对方单方行使解除权。"

这是比较明确地否定了经纪合同属于委托合同，否定了任意解除权的适用。虽然该案最终的结果仍然是判决解除合同，但是理由却是公司一方在诉讼中对解除合同不持反对意见，与以往类似案件中惯用的行使委托合同之任意解除权无关。

这一新的定性，暴露出以往将经纪合同定性为委托合同的两处重大缺陷。

第一，委托合同无法包括经纪合同的多方面内容。艺人与签约公司签订的经纪合同中，除了对演艺事务的委托，往往还会有其他内容。比如对艺人的培训、对艺人肖像的使用、商标及版权的保护、合作项目及收益分成等。这些内容已经超出了委托合同的范畴。

第二，委托合同的任意解除权，在实践中事实上严重损害了签约公司一方的合法利益，变相鼓励了一些艺人轻易解约的不诚信的行为。艺人能否获得演艺事业的较好发展，本质上既与艺人本身的素质与才能有关，也与签约公司前期大量投入的宣传、推荐有关。艺人成名后（尤其是新人被捧红后）如果可以随意与为其提供大量支持与服务的签约公司解约，那么势必会给这些公司造成损失，而且会严重影响签约公司培养新人的积极性。同时，可以任意解除合同，相当于鼓励了那些以高价挖人的公司和贪图高价而轻易毁约的艺人，这绝对是违背我国民事法律关系的公平原则与诚实信用原则的。

当然，对于"综合性合同"的定义，法律目前没有予以具体明确，其尚不属于我国《合同法》规定的有名合同，但是这并不妨碍司法实践中的适用。自上述两起案件之后，我国司法实践对艺人与签约公司签订的经纪合同的定性，大都抛弃了以往委托合同的认定，转移到综合性合同上来。

这一合同定性的变化影响是巨大的，因为不再认定为委托合同就意味着委托合同的任意解除权不再适用。合同任何一方（从实践来看主要是艺人一方）均不可以再以任意解除权为法定理由轻易随时解约。

应当讲，这一改变，对增强文化产业中艺人与公司之间的诚信意识，对行业的稳定发展有着较强的正面意义。

2.3　劳动合同

在影视、音乐领域的市场化过程中，签约公司与艺人在合同方面一开始就大量模仿我国香港与台湾地区的经验，因此演艺经纪的概念深入人心，很少有公司会认为艺人与签约公司之间的合同关系是劳动合同关系。

近几年新兴的直播领域则情况有所不同。直播平台与主播的关系虽然类似影视公司与直接签约的艺人的关系，但直播平台与主播之间的合作方式更加多样化。有些主播开始是从直播平台像员工一样领薪水（基本薪金加上提成或绩效薪金）。因此有一种观点认为主播与直播平台之间的法律关系是劳动关系。当然从司法实践来看，目前这种观点不属于主流观点。

比如，2019 年 4 月 19 日判决的长春市某文化传媒有限公司与顾某合同纠纷一案[7]即持有此类观点：

该案双方某公司与顾某于 2017 年 7 月签订《主播签约协议》，协议约定某公司扶持顾某在"KK 唱响"（杭州米络科技有限公司拥有和运营的服务产品）等平台进行网络直播业务；某公司向顾某提供直播技术、摄制和录音技术以及软硬件技术支持，并对顾某及顾某的工作成果进行推广、宣传。顾某成为某公司独家签约主播，其待遇由提成、奖金构成，不交纳社会保险；顾某必须每日直播 6 小时以上，少于 6 小时罚款 50 元。双方还约定了其他事项。

此后在实际履行过程中，双方产生矛盾，顾某认为某公司拖欠提成及奖金，遂到其他公司直播。

长春市绿园区人民法院在审理该案时，对双方签订之《主播签约协议》的法律性质进行了认定。该院认为："从工作时间、工作地点、工作内容、劳动报酬、社会保险、人身依附及指挥管理等方面看，本案《主播签约协议》兼具演出合同和劳动合同属性，但更多的具有劳动合同属性。"同时还认为："《主播签约协议》兼具演出合同和劳动合同属性，但毕竟不是单纯的劳动合同。因此解除双方《主播签约协议》仍应受《合同法》关于合同解除制度的规制。"

法院的上述观点似乎有值得商榷之处。

劳动合同的基础是合同双方之间存在劳动关系。而劳动关系并非仅仅是平等主体之间的民事法律关系，还包括了用人单位与员工之间的管理与被管理关系，包括了国家通过法律法规对用人单位与劳动者的直接强制性管理关系。比如，员工一方既通过完成工作，在同工同酬的原则上平等地与用人单位协商并确定获得一定数额的报酬，也作为被管理者遵守用人单位的规章制度并接受考核，同时还要与用人单位一起遵守国家劳动法律法规关于员工保险与福利、安全与教育等诸多强制性规范的管理。这是一种复杂而独特的社会组织管理体系。本案中，顾某并非某公司的员工，无须遵守该公司的内部管理规章制度，也不享有劳动者的保险与福利。双方仅仅是通过《主播签约协议》约定了彼此的权利义务关系，约定了不按约定完成的处罚规则。这些都是典型的平等主体之间的民事约定，显然与劳动关系无关。

2.4　服务合同

对于主播与签约公司之间的法律关系，目前司法实践中较多的是认定为合同关系，或更进一步地认定为服务合同或者网络服务合同关系。

比如我们在第一节展示的案例，即"王某与武汉某网络科技有限公司"解约案件［（2018）鄂 01 民终 10642 号］，武汉市中级人民法院在该案中即否定了双方之间是劳动合同关系，指出"王某不受某公司规章制度的约束，亦不接受某公司的管理，双方系平等主体之间的民事合同关系，受合同法及相关法律的调整"。因此在该案中，法院将该案的案由最终确定为"合同纠纷"。这是使用了最高人民法院《民事案件案由规定》中级别很高的一个"二级案由"，回避了究竟是属于哪类合同纠纷。

再比如，2018 年 11 月，江某某与广州某信息科技有限公司网络服务合同纠纷一案[8]作出了二审生效判决。该案因最终判决主播江某某向其签约公司某公司支付直播行业天价违约金 4900 万元而赫赫有名。在该案中，广州市两级法院均将该案的案由最终确定为"网络服务合同纠纷"。

法院认定此类合同属于"网络服务合同"，在目前法律体系下应该是比较合适的。

首先。最高人民法院《民事案件案由规定》中在二级案由合同纠纷以下有三级案由服务合同纠纷，在服务合同纠纷以下有包括旅游、电信等若干四级案由，其中也包括了"网络服务合同纠纷"。这算是有直接的依据作为支持。

其次，从直播行业的业务特点以及行业管理来看，"网络服务合同"也是比较贴切的认定。

2016 年 11 月国家互联网信息办公室发布了《互联网直播服务管理规定》。该文件第 2 条第 2 款规定："本规定所称互联网直播，是指基于互联网，以视频、音频、图文等形式向公众持续发布实时信息的活动；本规定所称互联网直播服务提供者，是指提供互联网直播平台服务的主体；本规定所称互联网直播服务使用者，包括互联网直播发布者和用户。"

可见，根据该规定，直播平台被定性为互联网直播服务提供者，主播与用户被定性为互联网直播服务使用者。

因此，主播与签约公司（直播平台）之间的合同被定义为"网络服务合同"也是比较准确的。

综上所述，我们在本节讨论了目前司法实践中对艺人与签约公司之间的合同的不同法律性质的认定。总体来看，影视、音乐等传统行业中被认定为"综合性合同"已经成为主流；直播等涉及互联网娱乐的被认定为"网络服务合同"是较为流行的观点。

第三节　解除合同的正确途径与条件

前文我们通过几个典型的案例，看到了文化产业不同领域的艺人，在解约这一重大事件中出现的成功与失败。这些个案以及相应的判决中体现出的法院的不同观点，使我们有可能对艺人解约的合法性进行研究，对艺人解约过程中需要注意的多方面问题进行探讨。这对于艺人一方和签约公司一方来讲，都有很重要的现实意义：可以规范自己的行为，避免不必要的损失。

3.1　《合同法》中解除合同的几种途径／《民法典》规定的新途径

在我国《民法典》实施前，根据《合同法》及相关司法解释的规定，合同的当事方如果想要解除合同，不外乎有以下四种合法的途径。《民法典》实施后，除了原有的四种合法的解除途径外，在《民法典》第 580 条第 2 款又提供了新的思路：

第一，协议解除合同。

《合同法》第 93 条第 1 款规定："当事人协商一致，可以解除合同。"《民法典》与此相对应的是第 562 条第 1 款，在表述上没有变化。

根据这一规定，合同当事方可以通过达成补充协议或新签订书面协议的方式来友好解除合同。至于口头方式可不可以，法律没有禁止，且《合同法》也支持非书面的合同形式，因此不能说口头方式协议解除就不合法。但是，鉴于解除合同对各方当事人来讲都是重大事项，因此采取书面方式才更有利于固化和保留证据，以免此后因各自的记忆不同或利益变化而产生争议。当然，艺人与签约公司如果能通过协议方式解除合同，将争议化解，自然是首选。协议解除一般不会导致发生本章所涉及的艺人解约诉讼，不在本节重点讨论之列。

第二，约定解除合同。

《合同法》第 93 条第 2 款规定："当事人可以约定一方解除合同的条件。解除合同的条件成就时，解除权人可以解除合同。"《民法典》与此相对应的是第 562 条第 2 款，在表述上略有变化："当事人可以约定一方解除合同的事由。解除合同的事由发生时，解除权人可以解除合同。"

这条规定的意思是：合同的当事人可以在签订合同（或此后的补充协议）时，在合同（或此后的补充协议）内容里写明某一方在何种条件（事由）下可以解除合同。如果在履行合同的过程中，曾经约定的解除合同的条件（事由）出现了，那么该当事人就有权单方解除合同，而且不需要再经过合同其他方的同意。

这一条与上一条协议解除合同的区别在于：协议解除合同是合同各方在解约事由出现后，共同协商一致确认的结果；而本条的约定解除合同，是合同各方事先就在合同中确定好解除合同的条件（事由）。一旦在合同履行中（时间可长可短）出现此前约定的解约条件（事由），则根据合同约定享有解约权的一方就可以依法通知其他合同当事人解除合同，而不需要再与其他合同当事人协商一致。

因此，也可以讲，协议解除合同是双方一起行使解除权；约定解除合同是在具备事先约定的条件（事由）的情况下单方行使解除权。

当然，既然是单方行使解除权，那么对于是否具备了事先约定的解除条件（事由），就容易在合同各方之间产生争议，从而引发纠纷。对这一风险点，在后面我们专门讨论。

第三，依据法律规定解除合同。

依据法律规定解除合同，简称法定解除，也可以叫作行使法定解除权，是指合同的某一方当事人，认为在合同履行的过程中出现了《合同法》第94条规定的五种情况之一，因此按照法律规定单方解除合同并通知其他合同当事方，以期达到解除合同的目的。

《合同法》第94条规定：有下列情形之一的，当事人可以解除合同：①因不可抗力致使不能实现合同目的；②在履行期限届满之前，当事人一方明确表示或者以自己的行为表明不履行主要债务；③当事人一方迟延履行主要债务，经催告后在合理期限内仍未履行；④当事人一方迟延履行债务或者有其他违约行为致使不能实现合同目的；⑤法律规定的其他情形。

《民法典》与此相对应的是第563条，保留了原来《合同法》第94条的全部表述不变，又新增了一款："以持续履行的债务为内容的不定期合同，当事人可以随时解除合同，但是应当在合理期限之前通知对方。"

在已经发生的大量艺人与签约公司解约的案件中，大部分都是艺人一方引用此条款采用行使法定解除权的方式与签约公司解除合同。当然，正如我们在上一章所举的几个案例，采用法定解除有成功也有失败，关键在于提出解除合同的一方自己认为具备了法定解除的条件之一或多个条件，但是在法院认定时却不一定最终得到支持。

我们会在后面的章节里详细探讨行使法定解除权的每一个细节与风险点。

第四，依据"情势变更原则"请求法院解除合同。

最高人民法院《关于适用〈中华人民共和国合同法〉若干问题的解释（二）》（以下简称《合同法解释（二）》）的第26条规定：合同成立以后客观情况发生了当事人在订立合同时无法预见的、非不可抗力造成的不属于商业风险的重大变化，继续履行合同对于一方当事人明显不公平或者不能实现合同目的，当事人请求人民法院变更或者解除合同的，人民法院应当根据公平原则，并结合案件的实际情况确定是否变更或者解除。

这是我国法律对合同当事人依据"情势变更原则"请求法院解除合同的法律依据。所谓"情势"，是指合同当事人之所以愿意签订合同所依据的基本事实与客观条件，或者说是直接导致合同当事人愿意进行该笔交易的各方面因素。所谓"情势变更"，是指合同当事人签订合同时的基本事实与客观条件，在合同签订完成后发生了重大变化，其变化程度之大是合同当事人在订立合同时无法预见的，而且这一变化已经使得合同当事人签订合同时的目的完全不能实现或者继续履行合同会导致明显的不公平。

比如，艺人在与签约公司签约时，自然是为了获得良好事业发展。如果在签约后不久，签约公司突然因为年检没有通过的原因被吊销营业执照，丧失了正常经营的资格，那么艺人在签订合约时的基本事实与客观条件就发生了重大的变化，而且是足以导致签订合同的目的完全不能实现的重大变化。

再比如，签约公司签下艺人，一般是因为看好该艺人的潜力、实力或前景。如果这名艺人突然患重病或受伤无法继续工作，那么对于签约公司来讲也属于足以导致签订合同的目的完全不能实现的重大变化。

当然，适用这一原则还需要其他一些条件。比如，上面所说的重大变化是合同当事人在订立合同时无法预见的、非不可抗力造成的不属于商业风险的重大变化；合同当事人欲适用这一原则解除合同，不能直接单方解除，必须向法院明确提出请求，由法院通过判决决定是否予以解除。

从以上内容可以看出，使用"情势变更原则"请求法院解除合同这一途径，是难度较大且程序要求较高的一种方式，因此在实践中使用很少。但是在某些特殊情况下，这一途径却不排除产生意外的效果。

不过，《民法典》已经将上述"情势变更原则"写入"合同篇"。《民法典》第533条规定："合同成立后，合同的基础条件发生了当事人在订立合同时无法预见的、不属于商业风险的重大变化，继续履行合同对于当事人一方明显不公平的，受不利影响的当事人可以与对方重新协商；在合理期限内协商不成的，当事人可以请求人民法院或者仲裁机构变更或者解除合同。人民法院或者仲裁机构应当结合案件的实际情况，根据公平原则变更或者解除合同。"

从上述规定可以看出，《民法典》确认了原来《合同法解释（二）》的第26条，将其上升为法律，更有助于将"情势变更原则"作为解除合同的一条重要途径。

第五，合同履行僵局状态下的终止情形。

《民法典》第 580 条规定："当事人一方不履行非金钱债务或者履行非金钱债务不符合约定的，对方可以请求履行，但是有下列情形之一的除外：（一）法律上或者事实上不能履行；（二）债务的标的不适于强制履行或者履行费用过高；（三）债权人在合理期限内未请求履行。"

有前款规定的除外情形之一，致使不能实现合同目的的，人民法院或者仲裁机构可以根据当事人的请求终止合同权利义务关系，但是不影响违约责任的承担。"

本条第 2 款是《民法典》新增加的内容，赋予了合同一方当事人在出现该条第 1 款规定的三种情形之一的情况下，且同时具备合同目的无法实现的情形时，单方向法院或仲裁机构提出终止合同的请求权。这一请求权的行使，不以合同是否存在约定为前提，也不以提出请求的一方不存在违约行为为前提。只要是具备了该条规定的情形，即便违约一方也可以提出终止请求，但是合同的终止不影响被违约的一方要求违约方承担违约责任。可见，本条实际上为特定情况下的终止合同，包括违约方提出终止合同，提供了一种可能。

鉴于本条是《民法典》的新规定，相信将来必然会在司法实践中产生大量与此相关的新案例。

3.2 约定解除合同的两个风险点

3.2.1 约定解除合同的第一个风险点在于：约定的解除条件（事由）是否符合诚实信用原则。

从合同理论上讲，既然是合同各方事先的约定，只要是各方的真实意思表示，约定什么样的解除条件都应当予以尊重。但是，我国法律一贯强调当事人之间的约定不能违反法律的基本原则，因此各方的约定也不是没有法律边际的随意约定。

特别是 2019 年 11 月 8 日发布的最高人民法院《全国法院民商事审判工作会议纪要》（法〔2019〕254 号）第 47 条对此作出了明确规定："合同约定的解除条件成就时，守约方以此为由请求解除合同的，人民法院应当审查违约方的违约程度是否显著轻微，是否影响守约方合同目的实现，根据诚实信用原则，确定合同应否解除。违约方的违约程度显著轻微，不影响守约方合同目的实现，守约方请求解除合同的，人民法院不予支持；反之，则依法予以支持。"

从该文件的指引可以看出，合同约定的解除条件是否足以达到影响守约方合同目的实现，是该约定是否符合诚实信用原则的重要标志，也是该解除条件是否会得到法院支持的重要标准。因此，在事先约定合同的解除条件时，一定要把握约定的解除条件必须是严重违约且足以导致合同目的不能实现的情形。

比如，艺人与电影出品公司签订的《演出合约》中，如果简单约定艺人出现任何违约行为，出品公司即享有单方解除合同的权利，那么此约定不必然会导致出品公司获得约定解除合同的权利。假设该艺人未请假即外出一天，或与导演吵架歇工一天，这些行为一般都会在合同中被约定为属于违约行为，但是出品方是否能以此为由行使单方解除权？根据上述司法文件，恐怕仍然难以实现。因此，具体准确的约定解除条件，是签订合同前需要重点考虑的问题。

3.2.2　约定解除合同的第二个风险点在于：对于是否具备了事先约定的解除条件（事由），合同各方当事人可能会有不同的理解。

比如在第一节中我们提到的"蔡某某与上海某影视文化传播有限公司"解约纠纷，法院就是认定双方合同中约定了解约条件，因此蔡某某可以按照约定支付违约金而达到解约目的。

另如在第一节中我们提到的"陈某某与北京某国际文化传媒有限公司"解约纠纷，在双方签订的《某公司（歌手签约合同书）》中，存在"某公司超过连续3个月对陈某某没有宣传曝光、演出活动等，陈某某有权提出无条件解约"这样的约定内容。其中"某公司超过连续3个月对陈某某没有宣传曝光、演出活动"就是解约条件。该条件只要具备，艺人一方即享有单方解除权。当然，某公司不承认此约定解约条件已经具备。在这种情况下，只能通过双方举证来证明各自的主张。从法院对双方的证据的判断来看，某公司证明了其不存在超过连续3个月没有对陈某某宣传曝光及安排演出活动的情形。因此法院认定陈某某尚不具备行使约定解除权的条件。

我们再通过另外一个案件来观察约定解除条件在司法实践中的运用，即北京市第三中级人民法院（2016）京 03 民终 13455 号民事案件：张某某与北京完美影视传媒有限责任公司解约纠纷[9]。

在该案件中，原告张某某以被告完美影视公司违约为由，要求法院解除双方之间签订的《独家演艺经纪协议》。但是两审法院均认为完美影视公司不存在违约行为，因此合同不存在应当因违约而解除的情形。

但是最终法院还是判决解除了原告与被告之间签订的《独家演艺经纪协议》，只不过判决解除的理由却不是原告提出的被告违约，而是原告与被告之间签订的《独家演艺经纪协议》中有一条约定："协议期限内，张某某有权单方解除协议，但需向完美影视公司支付违约金，并赔偿因此遭受的损失。"法院认为此内容属于双方约定的解除合同的条件。现在条件具备，合同可以解除，当然原告张某某应支付违约金。对此，被告完美影视公司不认可，提出上诉。二审法院以相同理由维持了一审判决。

从上面两个案件可以看到，约定解除合同这一方式的风险点，首先在于订立合同时对约定解除条件的把握。合同的双方甚至多方当事人彼此之间是一个既互相博弈又互相合作的状态，如何在确保不影响达成合作的前提下尽可能在合同约定上为自己一方争取最优的方案，是对合同订立者的考验。在约定解除条件时，需要充分考虑到可能存在的主要风险、需要进行简洁有效的方案设计、需要以准确的文字表述将解除条件写清楚。

约定解除合同这一方式的第二个风险点在于行使解除权的一方对于是否具备约定条件的判断。对此，在搜集和整理能够证明已经具备解除条件的证据方面，解除方需要下一番功夫。

如果能够解决好这两个风险点，那么通过约定解除合同这一途径，可以将解约争议控制在最小范围，使艺人与签约公司之间避免无谓的争讼。

3.3　法定解除权的行使条件

法定解除合同，是合同当事人中的某一方依据《合同法》第 94 条的规定，强行单方解除合同。目前司法实践中发生的大量艺人解约纠纷，绝大部分都是因为艺人一方单方行使法定解除权而产生，但是有相当一部分案件被法院认定为不具备行使法定解除权的条件。因此，对于文化产业的参与者，有必要深刻理解在何种条件下才可以行使法定解除权。

行使法定解除权必须具备《合同法》第 94 条规定的情形之一。(《民法典》中与此相对应的是第 563 条)

该第 94 条规定:有下列情形之一的,当事人可以解除合同:(一)因不可抗力致使不能实现合同目的;(二)在履行期限届满之前,当事人一方明确表示或者以自己的行为表明不履行主要债务;(三)当事人一方迟延履行主要债务,经催告后在合理期限内仍未履行;(四)当事人一方迟延履行债务或者有其他违约行为致使不能实现合同目的;(五)法律规定的其他情形。

下面分别对这几种情形进行解释。

3.3.1　因不可抗力致使不能实现合同目的

使用这一条款需要满足两个条件,一是合同目的不能实现,二是导致合同目的不能实现的原因是不可抗力。

3.3.1.1　什么是合同目的?

我国《合同法》中并没有给出具体的定义。但是根据《最高人民法院知识产权案件年度报告(2009)》第 27 条涉及的"闫春梅与朱国庆技术转让合同纠纷再审案件〔(2009)民申字第 159 号〕",最高人民法院在该案中阐述了对"合同目的"的理解,即"合同目的是指合同双方当事人通过合同的订立和履行,期望最终得到的东西、结果或者达到的状态。合同目的通常表现为一种经济利益"。

从这一阐述可知,合同目的首先是合同双方当事人的共同目的,而不是单方的目的,或者某一方自己认为的"共同目的";其次,合同目的是合同双方当事人订约与履约的终极目标,因此不能把一些过程中的节点、从属性的目标等解释为合同的目的。

对于艺人与公司签订的合约来讲,有些合约本身就写了"合同目的"条款,那么按照该条款解释即可;但是很多合约没有这样的条款,那么该如何解释其中的"合同目的"呢?一般来讲,艺人签约的目的自然是获得演艺事业的发展与良好的经济收入;公司签艺人的目的是通过挖掘、培养、推动艺人表演出优秀作品与获得高知名度,从而使公司获得业务发展并获取经济收益。因此,发展与收益可以说是艺人与公司共同的目标,可以被解释成为双方签订合同的目的。所以,合同目的不能实现,一般也就是指发展与收益这一共同目标不能实现。

当然，也不排除个别合约存在其他合同目的的可能，这需要根据合约的具体条款进行分析确认。

3.3.1.2 什么是不可抗力？

我国《中华人民共和国民法通则》（2009年修正版）（以下简称《民法通则》第153条规定：本法所称的"不可抗力"，是指不能预见、不能避免并不能克服的客观情况。《民法典》中与此相对应的是第180条第2款，内容没有变化。

这是法律对不可抗力规定的标准。一切客观情况，必须同时符合这三个"不能"才可以被认定为不可抗力。

在艺人与公司签订的合同，甚至包括文化产业各式各样的合同里，经常看到的是大家很少忘记写上不可抗力条款，但内容有时候五花八门。有的是擅自改动法律原文，有的是三个"不能"里少了一个，这些错误比较明显。还有一种不容易被发现的问题是：大家一般会约定一些具体的情况，将其作为不可抗力的表现情形，但是这些约定的表现情形可能并不符合法律规定的三个"不能"这一标准。或许有人会说，合同双方就不可抗力的表现情形是什么达成一致不就可以了吗？事实上这还真不可以。不可抗力的表现情形的标准是法律规定的，不会因为合同当事人自己的约定而有任何变化。

比如，网络直播的平台方与主播的合同，约定平台方要在技术上保证直播的正常，但是将引发直播中断的供电故障作为不可抗力免责，这就存在问题。因为作为平台方，对于确保供电正常、制定突发事故的应急方案是应尽的义务，供电故障属于平台方应当预见到的正常风险，不符合"不能预见"的标准。

再比如，演员与出品方签约，按要求必须于某日进组拍摄，但是约定航班延误属于不可抗力，这也存在问题。航班延误作为比较常见的事件，演员理应对其有所预期并考虑采取相应避免措施（如合理的提前出发日期）。因此，航班延误不符合"不能预见"与"不能避免"这些标准，不构成不可抗力。

因此，对于不可抗力的约定，最好严格按照法律规定进行。至于一些确实需要回避但又不完全符合不可抗力标准的因素，可以作为专门条款列出，约定免予承担相应的违约责任即可。

3.3.1.3 不可抗力与不能实现合同目的之间存在直接因果关系。

不能实现合同目的必须是不可抗力直接造成的，而且不可抗力因素是导致不能实现合同目的的唯一因素。这种情况，才符合我国《合同法》第94条第1款的规定，合同一方才可以合法地援引该条款作为自己单方行使法定解除权的理由。

3.3.2 在履行期限届满之前，当事人一方明确表示或者以自己的行为表明不履行主要债务

这是对合同一方当事人存在"预期违约"情况下，另一方当事人享有法定解除权的规定。本款有以下几个要点：

3.3.2.1 预期违约（履行期限届满之前）。

预期违约，是相对于实际违约的一种情形。比如电影承制方与出品方签订了《电影制作合同》，约定自签约之日起90日内完成制作。如果到了第91日承制方仍然没有完成制作，那就是实际违约，因为已经超过合同约定的履行期限90日了；但是，如果在第60天的时候，承制方通知出品方时间太紧完不成了，此时就是预期违约，因为合同约定的履行期限90日还没有到。所以本款前半句就是：在履行期限届满之前。这就点明了适用本款的第一个条件。

3.3.2.2 不履行主要债务。

不履行主要债务当然就是违约。但什么是主要债务？法律对此并没有设置一个定义。从常理可知，主要债务至少含有两方面含义：

首先是属于双方主要的义务，而不是次要的义务。比如艺人签约公司，演艺经纪合同里约定对于演出利润公司该如何分配与支付、公司对艺人的培训等。这里面，公司按照约定分配、支付利润就是主要义务，是主要债务；培训不是主要权利义务，不是主要债务。

其次是属于双方主要义务中的较多部分，而不是较少部分。比如艺人签约公司，演艺经纪合同里约定对于演出利润公司该如何分配与支付。实际履行中，公司按照约定支付了80%，剩余20%没有支付，那么公司就是履行了主要义务（主要债务），剩余20%即便没有按照约定支付也不属于不履行主要义务（主要债务）。当然，把前面的比例反过来，就是公司没有履行主要义务

（主要债务）。

3.3.2.3　不履行主要债务是以明示或默示的方式进行。

该款的法律用语是"当事人一方明确表示或者以自己的行为表明"。

这里面，"当事人一方明确表示"就是明示的方式，比如通过口头或书面通知，当然按照现在流行的方式也可能通过微信等社交媒体通知。但是仅有通知还不够，通知的内容必须表达得足够明确，足以达到即便是一般社会公众也会明白发出通知的一方将不再履行合同的程度。

默示的方式就是指该条款中"以自己的行为表明"这部分内容。既然是默示，就意味着没有语言、文字这些明确表明不履行的态度的情况。按该条款的规定，仅仅是以行动来表明将不再履行合同。比如艺人与出品方签订了电影演出合约，约定出演某个角色。但是在电影正式开机前，出品方在没有通知该艺人的情况下突然安排另一位艺人出演该角色并对外宣布，那么这就可以被看作是以行动表明不再履行与该艺人的合同。

以默示的方式表明，天然地比明示方式更容易产生争议。这主要在于相对方对行为方某一行为的判断是主观的，容易发生误判。比如，委托方与编剧签订了剧本委托创作合同，约定8个月完成创作，委托方预先支付了一半稿酬。但是在履行过程中，编剧创作的进展没有达到委托方的预期，时间过半了刚完成部分一稿内容。编剧此时又参与了其他项目的创作工作，那么对于委托方来讲，就存在判断编剧这一行为的含义的问题。但是在编剧没有明示自己将不履行合同的情况下，委托方也很难通过编剧的行为来判断其是否会不履行合同，恐怕不敢贸然将"编剧以行为表明不履行合同"作为理由来单方解除合同。

因此，本款中的默示方式在实践中应当慎重使用。除非是行为人的行为，在相关公众来看，足以被认为是不履行合同的标志，或者存在其他充分的辅助证据能够配合证明这一点，否则另一方当事人还是不宜贸然"以行为表明不履行主要债务"作为理由来行使单方解除权。

3.3.3　当事人一方迟延履行主要债务，经催告后在合理期限内仍未履行

适用这一条款，需要注意的关键点有以下几处：

第一，已经发生了迟延履行的情况。

所谓迟延履行，是指当事人没有按照双方合同约定的履行期限履行相应的合同义务。比如，艺人与公司的演艺经纪合约里约定了拍完一部戏后公司应该何时将收到的报酬中分成部分支付给艺人，但是公司在收到报酬后没有按时支付或者没有全部按时支付，这就是迟延履行。

第二，迟延履行的必须是主要债务。什么是主要债务，上面第 3.3.2 款中已经解释过，不再赘述。

第三，在出现对方迟延履行后，当事人要催告对方及时履行。

所谓"催告"，就是催促和通知的意思。需要注意的是：究竟应当以什么方式进行"催告"？我国法律并没有对这一催告行为的方式明确规定，所以实践中有不少当事人在出现争议后都讲，自己找过对方或者打过催促电话。理论上讲，法律并不会否定这些催告方式。但是当对方否认的时候，作出催告的一方却很难证明自己曾经催告过。因此从预防风险的角度来看，催告还是应当以事后可查或足以留存证据的方式进行。比如，通过书面信函、向能证明对方身份的电子邮箱里发送邮件、向能证明对方身份的微信等社交工具发送文字通知等。

第四，合理期限内仍未履行。

什么是"合理期限"？法律对此没有作统一的定义或解释，仅仅是在不同的法律中针对不同类型的案件予以具体规定。

比如，最高人民法院《关于审理技术合同纠纷案件适用法律若干问题的解释》第 15 条第 1 款规定："技术合同当事人一方迟延履行主要债务，经催告后在 30 日内仍未履行，另一方依据《民法典》第 562 条第 1 款第 3 项的规定主张解除合同的，人民法院应当予以支持。"在这里，合理期限被定义为 30 日经催告后。

但是这类规定只能适用于司法解释范围内的案件类型（比如上述的 30 日合理期限仅能适用于技术合同纠纷），不能类推到其他类型的案件。对于文化产业涉及的各类合同，特别是艺人与公司签订的经纪合同，不能直接适用该司法解释。

法律如此做法，也是因为"合理期限"实在是一个难以"合理确定"的因素。不同的交易情况差异很大，难以适用相同的"合理期限"。比如，影视项目的孵化期限较长，其中涉及的创作与投资等义务履行的合理期限也应该相应长一些；广告活动、综艺表演等项目的期限很短，其中涉及的各方应当履行相应义务的合理期限也该相应较短。因此，"合理期限"必然是根据不同合同的情况具体确定。

针对这种情况，在实践中，当事人可以在催告通知中明确写出该"合理期限"的时间。只要该期限符合相关行业的习惯做法，被认定为"不合理"的风险就会较低。

上述四点内容是适用本款作为单方解除合同依据的关键条件，必须同时满足。实践中，要特别注意对何为"主要债务"的判断以及不要忘记"催告"。

3.3.4 当事人一方迟延履行债务或者有其他违约行为致使不能实现合同目的

实践中的很多案件里，艺人提出单方解约都是适用的这一条，但是很多案件中该理由都被法院认为不成立。之所以产生如此多的争议，或许是因为这一条款让很多人觉得适用起来简单明确。但实际上，此条款的适用难度很大。

这样讲是因为，这一条款的文字表述可能让很多人"上了当"。该条款的核心要素看上去是三个：迟延履行债务、其他违约行为、不能实现合同目的。但是迟延履行债务本身就是违约行为，因此该条款的核心要素其实就是两个：存在违约行为、不能实现合同目的，当然二者之间要有直接因果关系。

于是很多人在诉讼中就会很理直气壮地讲出对方的违约之处，而且有证据证明。但是，这里的违约行为，不是指所有的违约行为，而是仅仅指违约严重程度很高，足以达到导致合同目的不能实现的违约行为，俗称"根本违约"。那些一般性的违约并不包括在本款提到的违约行为之中。因此，很多艺人以此条款为依据提出单方解约，还抓住了对方违约的证据，但是就是没有被法院支持。

所以，下面我们来认真考察一下这两个核心要素：

3.3.4.1 违约行为

如上所述，严格来讲应该叫根本违约行为，这样或许才不会引起很多人的误解。根本违约行为是严重程度足以达到导致合同目的不能实现的违约行为。

比如，艺人与公司签订了演艺经纪合约，但是在签订后因犯罪行为承担了刑事责任，无法继续履约，那么演艺经纪合约的合同目的就无法实现了。这就是艺人一方出现了根本违约行为。

与根本违约行为相对的，是一般违约行为。当事人一方出现一般违约行为的，合同另一方当事人可以要求违约方根据合同约定或法律规定承担相应的违约责任，但是不具有单方解除合同的权利。

比如，常常见到艺人单方解约后，在诉讼中指出公司一方的违约情形。比如没按时支付生活费、培训不符合约定、报酬分成被扣除了一部分等。这些情形如果根据事实与证据确凿无疑的话，公司一方当然是违约了。但是艺人可以要求公司一方承担违约责任，却不能以此为由单方解除合同。原因就在于这类一般违约行为不足以导致合同目的不能实现，不符合法律关于单方行使解除权的条件。

比如，在本书第一节提及的"蒋某某与天津某影视股份有限公司解约纠纷案"中，艺人一方认为公司在合同履行过程中存在拖欠演艺报酬，未履行合同约定的培训义务等违约行为。法院经查明事实后认为："某影视公司虽在合同履行过程中存在履行迟延，但违约情节较为轻微，亦未影响蒋某某获取演艺报酬，蒋某某关于获取演艺活动报酬的合同目的已经充分实现。"另外，法院还认为："双方虽约定由某影视公司对蒋某某进行培训，但并未明确约定进行培训的方式、频率、期间，足见该义务并非某影视公司的主要合同义务。"

从上述案例可以发现，合同一方当事人的一般违约行为是不足以导致另一方当事人享有单方解除合同的法定解除权的。

因此，判断某个违约行为究竟是一般违约行为还是根本违约行为，是非常关键的。判断的标准就是是否会导致"合同目的"不能实现。

3.3.4.2 合同目的不能实现

此处重复说明一下什么是"合同目的"，是为了读者在理解本条款时便于阅读。

我国《合同法》中并没有给出具体的定义。但是根据《最高人民法院知识产权案件年度报告（2009）》第27条涉及的"闫春梅与朱国庆技术转让合同纠纷再审案件［（2009）民申字第159号］"，最高人民法院在该案中阐述了对"合同目的"的理解，即"合同目的是指合同双方当事人通过合同的订立和履行，期望最终得到的东西、结果或者达到的状态。合同目的通常表现为一种经济利益"。

从这一阐述可知，合同目的首先是合同双方当事人的共同目的，而不是单方的目的，或者某一方自己认为的"共同目的"；其次，合同目的是合同双方当事人订约与履约的终极目标，因此不能把一些过程中的节点、从属性的目标等解释为合同的目的。

对于艺人与公司签订的合约来讲，有些合约本身就写了"合同目的"条款，那么按照该条款解释即可；但是很多合约没有这样的条款，那么该如何解释其中的"合同目的"呢？一般来讲，艺人签约的目的自然是获得演艺事业的发展与良好的经济收入；公司签艺人的目的是通过挖掘、培养、推动艺人表演出优秀作品与获得高知名度，从而使公司获得业务发展并获取经济收益。因此，发展与收益可以说是艺人与公司共同的目标，可以被解释成为双方签订合同的目的。所以，合同目的不能实现，一般也就是指发展与收益这一共同目标不能实现。

综合以上两个核心因素，合同当事人一方如果想援引本条款作为单方解除合同的法定依据，必须确认对方当事人存在根本违约行为并且该根本违约行为足以导致合同目的不能实现。

3.3.5 法律规定的其他情形。

这是一条兜底条款。也就是说在上面四种情形以外，如果还有可以使合同当事人一方具有法定解除权的情形，也可以适用，但是必须是法律明确规定的情形。

比如，前文我们提及的委托合同中的任意解除权也属于一种法定解除权。但任意解除权只能在委托合同的当事人之间适用，而不是各类合同均可以适用。

3.3.6 特定情形下的任意解除权

《民法典》新增加了这个解除条款，即"以持续履行的债务为内容的不定期合同，当事人可以随时解除合同，但是应当在合理期限之前通知对方"。

行使这一任意解除权首先要求存在特定情形，即"以持续履行的债务为内容的不定期合同"。比如拍摄影视剧时，如果剧中人物使用手机，往往要为其购买一个手机号并交费。在影视剧拍摄杀青后，手机号用不着了，就可以在运营商处停机销号。运营商提供的电信服务就是不定期的，按月交纳的话费就是持续履行的债务。这种情况下，用户可以随时解除与运营商的服务合同（但是如果参加了特定服务期限的优惠活动，就不属于不定期了）。

至于"应当在合理期限之前通知对方"中如何理解"合理期限"，上文已经分析过，不再赘述。

以上是我国《合同法》与《民法典》规定的合同当事人有权单方法定解除合同的情况。当事人对每一条款的核心要素需要特别注意。但是核心要素具备了，也仅仅是具备了依法解除合同的条件。要达到解除合同的目标，当事人还需要懂得如何按照正确程序行使法定解除权。

3.4　解除合同的正确程序

在具备解除合同的权利之后，要通过合法的方式解除合同，解除才会依法生效。上文所讲的几种不同解除合同的途径，其解除方式也略有差别。

3.4.1　协议解除合同的解除程序

协议解除合同，是双方在签订合同后、履行完毕前，对原合同经协商一致解除。因此，慎重起见，应当采取签订书面解除协议书的方式来解除原合同。该解除协议书中至少应当包括以下几个要素：

（1）合同的当事人：一般情况下解除协议书的当事人应当是原合同的全部当事人。个别情况下，如果要在解除协议书中同时约定涉及第三方的权利义务，那么解除协议书中也必须包括原合同的全部当事人与该第三方当事人。即使该第三方是原合同一方当事人的母公司、总公司或控股方、实际控制人等情况，也不能遗漏。

（2）有明确的解除原合同的意思表示：应当清楚地表明原合同当事人经协商一致，达成解除原合同的合意。同时应当写明原合同的名称、签订时间、各方决定正式解除原合同的时间（即于何年何月何日正式解除原合同）。

（3）对原合同中各方权利义务的善后处理：合同被解除，可能是刚刚签订不久就解除，也可能是签订完履行了一段时间后被解除。这两种情况都牵涉原来的合同条款解除后，对已经履行部分如何处理。尤其是对于已经履行了一段时间的合同，可能有的当事人履行义务较多，有的享受利益较多，那么在合同解除后该如何去平衡？这就需要解除协议书的各方当事人协商一致并准确清晰地落实在具体条款上。

比如艺人与公司都同意协议解约，但是公司已经安排艺人参演的影视剧还没有拍摄完毕、综艺节目还有几场要出镜、广告拍摄还有的没完成、部分项目的款项还没有结清，这些都该如何处理？这就是需要协商后写清楚的内容。

（4）责任的承担：原合同被解除，其引发的原因各不相同。有正常履行不下去的，也有因为某一方违约导致丧失合作基础的。协议解除合同并不等于任何一方都不存在违约责任，只不过是各方愿意协商解决，把消耗与损失降低到最小。因此，各方需要对合同当事人是否存在违约情形以及是否承担责任、如何承担责任进行明确约定。当然，如果确实不存在任何一方的责任，也可以约定对合同的解除各方当事人互不承担违约责任、互不赔偿损失。

那么如果对这一内容不作约定可不可以呢？法律对此并不禁止，但是确实容易留下隐患。因为各方当事人仅仅协商一致解除合同，并不等于就导致解除合同的原因、责任人及损失的处理达成一致。在对此没有约定的情况下，合同解除后，如果发生某一方当事人突然要求另一方承担责任、赔偿损失的情况，那么很容易形成一场诉讼，对双方都是时间与金钱的消耗。

3.4.2　约定解除合同的解除程序

正如上文所述，约定解除合同是合同当事人事先在合同中约定解除合同的条件（事由），在合同签订后、履行完毕前，一旦出现合同中约定的解除条件（事由），合同某方或双方就有权利提出解除合同。因此，约定解除合同是一种原合同中所附解除条件成就后的单方解除合同途径。

既然是单方解除合同，就不再需要双方签订协议书，而是单方发出解除通知书并送达合同相对方即可。在解除通知书中，需要写明原合同中所列的解除条件及该条件已经具备的事实，必要情况下也可以附上相应证据。关于单方通知解除合同的具体事宜，我们在下文法定解除合同的解除方式这一部分一并讨论。

约定解除合同有时还有一个解除权行使期限的问题需要考虑。

这是因为在原合同约定解除条件时，有时候会写上一个解除权行使的期限。比如，双方在合同中约定：自解除条件具备之日起30日内，如果权利人不行使合同解除权的，解除权消灭。

这种解除权行使期限的约定，就是从时间上对合同当事人行使解除权的一个限制。解除条件具备后，可以行使解除权；超过行使期限后，即便解除条件仍然具备，也不能再行使解除权。

事实上，不仅当事人在合同中有时会约定这种行使期限，有些法律及司法解释中也针对部分情况直接规定了解除权行使的期限。对此，我国《合同法》第95条第1款规定："法律规定或者当事人约定解除权行使期限，期限届满当事人不行使的，该权利消灭。"

《民法典》在上述《合同法》规定的基础上，增加了新的关于解除权行使期限的规定。《民法典》第564条第2款规定："法律没有规定或者当事人没有约定解除权行使期限，自解除权人知道或者应当知道解除事由之日起1年内不行使，或者经对方催告后在合理期限内不行使的，该权利消灭。"

这相当于规定了解除权人行使解除权的最长期限，即"自解除权人知道或者应当知道解除事由之日起1年"。这里的一年属于除斥期间，不能中止、中断或延长。

因此，原合同中是否存在解除权行使期限的约定，以及法律对解除权行使期限的规定，是准备解除合同的当事人需要关注的事项。

3.4.3 法定解除合同的解除程序

法定解除合同，是一种依据法律规定单方解除合同的途径。因此，其解除合同的方式就是发出解除通知并送达合同相对方。

我国《合同法》第96条规定："当事人一方依照本法第93条第2款、第94条的规定主张解除合同的，应当通知对方。合同自通知到达对方时解除。对方有异议的，可以请求人民法院或者仲裁机构确认解除合同的效力。法律、行政法规规定解除合同应当办理批准、登记等手续的，依照其规定。"

上述法律规定里的93条第2款就是我们在上文讲的约定解除合同，第94条指的就是现在讨论的法定解除合同。可见，这一法律条款的内容，就是在讲单方解除合同应当采用的解除方式。

《民法典》与之相对应的规定是第565条。该条规定："当事人一方依法主张解除合同的，应当通知对方。合同自通知到达对方时解除；通知载明债务人在一定期限内不履行债务则合同自动解除，债务人在该期限内未履行债务的，合同自通知载明的期限届满时解除。对方对解除合同有异议的，任何一方当事人均可以请求人民法院或者仲裁机构确认解除行为的效力。当事人一方未通知对方，直接以提起诉讼或者申请仲裁的方式依法主张解除合同，人民法院或者仲裁机构确认该主张的，合同自起诉状副本或者仲裁申请书副本送达对方时解除。"

从上述内容可见，《民法典》基本延续了《合同法》第 96 条的思路，但是又有所调整和增补。一是将本条的适用范围扩大，不再像原来那样规定"依照合同法第 93 条第 2 款、第 94 条的规定主张解除合同的"；二是增加了通知中明确履行期限的情形，考虑到了更多的实际情况；三是明确了不仅收到解除通知的一方有权请求人民法院或者仲裁机构确认解除行为的效力，合同的任何一方均有权请求人民法院或者仲裁机构确认解除行为的效力；四是增加了一款，规定未通知解除合同就直接起诉或申请仲裁主张解除的，是合法的解除程序。

因此，《民法典》实施前，单方解除合同的解除程序就是"通知（'通知对方'）+送达（'合同自通知到达对方时解除'）"。只有在通知和送达全部完成时，合同才能够依法解除。这里面需要注意以下几个要素：

（1）解除通知的内容：要有表达明确的解除合同的意思表示，不可以有任何的含混或歧义。解除合同的理由是约定解除还是法定解除，应当写清楚相应的合同依据或者法律依据。

（2）送达的要求：解除通知应当以原合同中约定的方式（原合同中没有约定的建议采取邮寄方式），按照原合同中对方的送达地址或实际注册地址发出。

（题外话：政府机关采用快递方式邮寄解除通知书的，必须使用 EMS 邮政快递）。

《民法典》实施后，未通知解除合同就直接起诉或申请仲裁主张解除合同也是合法行使解除权的程序。

（3）妥善保管好邮寄的证据（如 EMS 详情单），并可登录其官网确认送达时间与状态。

3.5　与艺人解约相关的其他争议焦点

在司法实践中，还有一些其他常见的焦点问题，经常引发与法定解除权的适用与效力相关的争议。比如，艺人演艺合约的人身属性；提起合同解除异议的期限；违约方是否有权行使法定解除权；等等。

3.5.1　艺人演艺合约的人身属性是否影响合同解除

很多艺人单方与演艺公司解约时，都喜欢引用一个理由：演艺合同或经纪合约是具有人身属性的，因此艺人一方有权以此为由解约。

什么是"人身属性"？

这里提到的"人身属性"，也被称为"人身依附性"，是指合同的履行有赖于合同当事人亲自履行，或合同当事人之间的权利义务有部分的从属性特征。其主要因素一般包括：

（1）合同的某方或双方当事人要亲自履行。比如演艺合约，艺人是凭借自己的技能与服务来履行其中部分的内容，包括拍摄影视剧、出席活动、拍摄广告等。如果艺人不亲自履行，这些内容就无法进行。

（2）合同当事人之间具备信赖基础。比如艺人演艺合约，艺人一方的演艺事务一般来讲都会交给签约的演艺公司打理；演艺公司也愿意将争取来的演出机会交给某个特定的艺人；影视公司或者综艺节目也愿意选择某个特定的艺人签约表演。这些都体现了具体合作方之间存在互相信任的关系。如果这一信任关系彻底瓦解，则后续合作可能就不会再进行。

（3）合同中存在带有从属性的权利义务条款。比如艺人与公司之间的演艺合约，会有艺人服从公司管理等约定。

这些因素中，最重要的是艺人亲自履行，这是判断合同是否存在人身属性的关键因素。

人身属性与单方解除权

艺人签订的演艺合约应当是具有人身属性的合同。那么这是否就赋予了艺人一方单方解除合同的权利？对此，司法实践中也存在争议。

比如，在第一节援引的"窦某诉北京某影业有限公司"的解约案件中，一审法院和二审法院对这个问题就有不同的理解。

该案一审法院认为："在本案中，虽然涉案合同约定窦某对于某公司提供的具体工作机会有决定权，但如果窦某不接受必将面临在合同期内亦不能接受任何演艺工作的后果，即在客观上长期失去在公众面前展示的机会。因此，涉案合同具有特定人身属性的非金钱债务的性质……"因此一审法院支持了艺人一方适用《合同法》第110条并以合同具有人身属性来解除合同的理由。

而该案的二审法院则对此有不同态度，认为对于合同解除问题，根本不应当适用《合同法》第110条，同时认为双方签订的合同确实属于具有人身属性的合同，合同的履行需要当事人亲自配合，以此为由解除合同具有合理性。但是，根据本案的事实，并不存在直接损害艺人人身权的情况。因此，二审法院没有支持艺人一方适用《合同法》第110条以合同具有人身属性作为解除合同的理由。

从上述两审法院不同的认定可以看出：

首先，究竟该不该适用《合同法》第110条。《民法典》与之相对应的是第580条第1款。

我国《合同法》第110条属于对违约责任方式的规定之一。该条的具体规定为："当事人一方不履行非金钱债务或者履行非金钱债务不符合约定的，对方可以要求履行，但有下列情形之一的除外：（一）法律上或者事实上不能履行；（二）债务的标的不适于强制履行或者履行费用过高；（三）债权人在合理期限内未请求履行。"

一审法院支持适用该条款来作为解除合同的依据，想必是根据该条第2项"债务的标的不适于强制履行"这前半句。因为人身属性的债务从实际情况看属于不适于强制履行的债务。但是，一审法院显然是混淆了单方解除合同的法定条件与承担违约责任的方式。单方解除合同的依据只能适用我国《合同法》第93条至第97条的规定；第110条的规定不能直接作为单方解除合同的依据。因此，二审法院直接指出其法律适用存在错误是准确的。

需要特别说明的是：在很多案件中，艺人一方往往喜欢援引我国《合同法》第110条作为依据。从法律角度这属于适用法律错误，应当引起重视。

其次，合同存在"人身属性"是不是解除合同的理由？

一审法院显然持肯定的态度。二审法院的态度不是很明确，既认为以此为由解除合同具有合理性，又认为本案中不存在侵犯艺人人身权的情形。虽然最终是不支持以"人身属性"为理由来解除合同，但让人感觉是仅仅针对本案的实际情况作出了这样的认定，相当于二审法院的态度是："人身属性"能否成为单方解除合同的合法理由，要根据个案事实而定。

除上述法院的不同观点外，还有对"人身属性"作为单方解除合同的合法依据持彻底否定态度的案例。

在本书第一节所列"蒋某某与天津某影视股份有限公司"解约纠纷一案中，两审法院均认为："双方当事人之间的信任虽是履行合同的重要基础，但缺乏信任并非享有合同解除权的法定理由。"这是从合同解除的法定条件这一角度，坚决否定了"人身属性"作为单方解除合同的合法依据。

尤其是该案二审法院，还重点对"人身属性"作为单方解除合同的理由之危害性进行了阐述。该院认为："如若允许艺人成名后即以人身依附性为由随意行使解除权，将使经纪公司处于不对等的合同地位，亦违背公平及诚实信用的基本原则，不利于演艺行业的良性发展。"

从上述一系列案件可以看出，"人身属性"在文化产业的合同纠纷中是一个非常重要的因素。这是因为文化产业的特点之一，就是很多业务都离不开艺人个人的亲自履约和主观心态上的积极配合。因此在实践中，究竟是支持艺人解约，但艺人以此为由必须支付相应的违约金，以平衡各方利益；还是直接驳回艺人以此为由的解约请求，对于法院来说是个考验。从严格的法律角度，"人身属性"显然不足以成为解除合同的理由。但是从具体案件的不同事实出发，不能排除以此为由解除合同成功的可能性。

当然，在《民法典》新增加了第580条第2款的情况下，艺人是否可以以"人身属性"导致"债务的标的不适于强制履行"且合同目的不能实现为由，主动请求有权机关"终止"合同，并主动承担违约责任，则是一个非常值得研究的问题。

3.5.2　对合同解除提出异议的期限

我们在上文第3.4.3款中，曾提到过对于合同当事人一方采取"通知+送达"来解除合同的，相对方如果不愿意认可，那么还有一次请求人民法院或者仲裁机构确认解除合同是否有效的机会。但是，向法院或者仲裁机构提出这种异议也不是什么时间提都可以。

那么，提出这种异议的法定期限是如何规定的呢？

《合同法解释（二）》第 24 条规定：当事人对合同法第 96 条、第 99 条规定的合同解除或者债务抵销虽有异议，但在约定的异议期限届满后才提出异议并向人民法院起诉的，人民法院不予支持；当事人没有约定异议期间，在解除合同或者债务抵销通知到达之日起 3 个月以后才向人民法院起诉的，人民法院不予支持。

按照这个规定，假设演艺公司收到了艺人一方的解约通知，但是不打算同意，那么公司一方就要抓紧时间做以下工作：首先看一下双方原来签订的合同里是否对提出异议的期限有约定。如果有，那么要在约定期限内向法院（如果合同约定是仲裁则向仲裁机构）提出异议（起诉或申请仲裁），要求确认合同继续履行；如果双方原来签订的合同里没有对提出异议的期限的约定，则要在解约通知送达（以邮戳为准）之日起 3 个月内，向法院（如果合同约定是仲裁则向仲裁机构）提出异议（起诉或申请仲裁），要求确认合同继续履行。

如果不慎超过了上述期限，则艺人一方发出的解约通知一般就会生效，除非其解约的理由不符合合同的约定或法律的规定（《合同法》第 93 条或第 94 条）。

3.5.3 违约方是否有权利提出单方解除合同？

守约方因为违约方的违约行为，依法或者依约提出解除合同的请求是比较常见的情形。但是在合同履行过程中，有时候是一方违约，但违约方反而提出解除合同；有时候是各方均存在违约行为（当然严重程度不同），部分违约方提出解除合同。这些情况下，违约方的解约请求是否可以得到支持？

法律对此没有直接的规定。但是基于诚实信用原则，司法实践中出台了指导性的意见：对于违约方的解约请求，以不支持为原则，以支持为例外。

2019 年 11 月 8 日发布的最高人民法院《全国法院民商事审判工作会议纪要》（法〔2019〕254 号）第 48 条对此作出了规定，"违约方不享有单方解除合同的权利。但是，在一些长期性合同如房屋租赁合同履行过程中，双方形成合同僵局，一概不允许违约方通过起诉的方式解除合同，有时对双方都不利。在此前提下，符合下列条件，违约方起诉请求解除合同的，人民法院依法予以支持：（1）违约方不存在恶意违约的情形；（2）违约方继续履行合同，对其显失公平；（3）守约方拒绝解除合同，违反诚实信用原则。人民法院判决解除合同的，违约方本应当承担的违约责任不能因解除合同而减少或者免除"。

通过该司法文件可以看出，拒绝支持违约方的解约请求是一般原则，只有在拒绝解除请求在事实上"对双方都不利"的前提下，才可以按照该文件规定的三项条件来考虑是否支持违约方的解约请求。

另外，《民法典》新增加的第 580 条第 2 款，也在符合该条法定条件的前提下，为违约方主动请求终止合同提供了思路，在此不再重复。

3.6　小结

本章针对艺人与公司的解约纠纷进行了详细的讨论。我们根据我国《合同法》《民法典》等法律与司法解释的规定，列举了不同的合法解约途径、不同途径的适用条件，并对司法实践中存在争议的一些问题进行了说明。

从现实状况看，目前文化产业的各个领域中，艺人与签约公司之间的解约纷争呈现快速上升趋势。希望本章的内容能帮助艺人与签约公司在签订合约时即做好相关的约束工作，这样即便在事后产生争议，也有相对确定的解决路径可寻。

本章参考文献

［1］北京市高级人民法院（2013）高民终字第 1164 号民事判决书

［2］湖北省武汉市中级人民法院（2018）鄂 01 民终 10642 号民事判决书

［3］上海市静安区人民法院（2017）沪 0106 民初 33674 号民事判决书

［4］北京市第三中级人民法院（2016）京 03 民终 13936 号民事判决书

［5］北京市第三中级人民法院（2018）京 03 民终 11603 号民事判决书

［6］广州市天河区人民法院（2008）天法民二初字第 199 号民事判决书

［7］长春市绿园区人民法院（2018）吉 0106 民初 3884 号民事判决书

［8］广州市中级人民法院（2018）粤 01 民终 13951 号民事判决书

［9］北京市第三中级人民法院（2016）京 03 民终 13455 号民事判决书

第二章

艺人合约中的重要法律问题

在实践中，"艺人合约"并不是一个固定的合同名称，甚至不是一类固定的合同。从内容上看，这些合同有的包括艺人经纪事务，有的是约束某一具体服务，有的兼而有之。

因此，从狭义上来理解，艺人合约一般是指为艺人提供经纪服务的公司（包括但不限于艺人直接签约的经纪公司、影视公司、音乐制作公司、演艺公司、直播平台公司等）与艺人之间规范彼此权利义务关系的合同。如果从广义来理解，艺人合约也可以包括艺人与其提供服务的公司签署的各类服务合同（包括但不限于影视剧演出服务合同、综艺演出服务合同、音乐制作合同等）。

造成这种合同命名的随意性的原因，主要是文化产业的发展速度远远超过了这一产业法律规范化的发展速度。文化产业的法律合规问题也是近些年才逐渐引起重视的。

其实不仅仅是合同命名，合同内容也体现了较大的随意性。尤其是在经纪人制度、影视剧拍摄、音乐制作与表演、综艺与商演等领域，因为我国香港与台湾地区有比较大的先发优势，相关产业比较成熟，法律规范化程度高，因此我国大陆地区的经纪公司、影视公司、演艺公司等众多文化产业单位，在签订合同时往往使用我国的香港与台湾地区的相应合同版本。

然而这是存在很严重的法律隐患的。因为我国内地（大陆）地区与我国的香港地区及台湾地区的法律规定各不相同，在很多方面可以说是差异很大。将我国香港或台湾地区的相应合同版本使用于大陆地区，不但在内容及表达上与大陆地区的司法习惯不一致，而且在具体法律规定上也往往存在牛头不对马嘴的情况，最终导致在发生纠纷后该合同约定的内容无法得到大陆地区司法制度的保护，甚至出现合同因违法而无效的情况。

因此，根据我国大陆的法律制度书写符合法律要求的相关业务合同，对参与我国文化产业的各个组织与个人来讲，都是非常重要的。

鉴于篇幅有限，本章仅对艺人经纪合同、艺人影视服务合同、艺人广告服务合同涉及的重要法律问题进行探讨。

第一节　艺人经纪合同中的重要法律问题

艺人经纪合同，或演艺经纪合同，从法律关系上看是规范艺人与经纪公司（经纪人）之间权利义务关系的合同。我国《合同法》对于这类合同及其内容没有特别的规定，对于"经纪公司或经纪人"也没有专门的定义。

原国家工商行政管理总局曾经发布过《经纪人管理办法》（最后的版本为2004 年修订版），但是该办法已经失效。不过在该文件中，对于"经纪人"有一个仍具有参考价值的定义：经纪人，是指在经济活动中，以收取佣金为目的，为促成他人交易而从事居间、行纪或者代理等经纪业务的自然人、法人和其他经济组织。

此外，国务院《营业性演出管理条例》（2016 年修订版）与文化部《营业性演出管理条例实施细则》（2017 年修订版），对于个体演出经纪人与演出经纪机构的定位与经营内容进行了明确。

《营业性演出管理条例》第 6 条规定"……演出经纪机构申请从事营业性演出经营活动，应当有 3 名以上专职演出经纪人员和与其业务相适应的资金，并向省、自治区、直辖市人民政府文化主管部门提出申请。文化主管部门应当自受理申请之日起 20 日内作出决定。批准的，颁发营业性演出许可证；……"

第 9 条规定："以从事营业性演出为职业的个体演员（以下简称个体演员）和以从事营业性演出的居间、代理活动为职业的个体演出经纪人（以下简称个体演出经纪人），应当依法到工商行政管理部门办理注册登记，领取营业执照。"

《营业性演出管理条例实施细则》第 5 条规定了符合上述《营业性演出管理条例》第 6 条的演出经纪机构的活动与经营范围：①演出组织、制作、营销等经营活动；②演出居间、代理、行纪等经纪活动；③演员签约、推广、代理等经纪活动。

从上述这些法规与规范性文件可以看出，演艺事务的经纪机构（经纪人）可以被理解为：在演艺事务中以收取佣金为目的，为促成演艺事务从事组织、制作、营销、居间、代理、行纪、演员签约、推广等业务的自然人、法人和其他经济组织。

那么艺人经纪合同，或演艺经纪合同，从内容角度看也就是经纪公司（经纪人）为艺人的演艺事务提供组织、制作、营销、居间、代理、行纪、推广等业务的合同。

本节将主要围绕艺人与经纪公司之间的权利义务关系以及经纪公司依法可以提供的经营服务内容，对合同的法律条款进行讨论。

1.1　合同的首部

合同的首部，主要包括双方当事人的姓名或名称、各自的住所地、身份信息、联系人与联系电话、电子邮箱。这些内容虽然很常见，但是千万不要忽视。实践中有很多合同的首部并不完整，有些甚至只有双方的姓名或名称。当事人可能觉得这是不重要的内容，但实际上并非如此。准确的双方当事人信息在后续履行合同及万一产生争议时，是首先需要明确的问题。

1.1.1　艺人的姓名与公司的名称

艺人的姓名应当与身份证上的一致，避免使用艺名，同时应将艺人的身份证号码列在后面。出于文化产业的特点，有些艺人不愿意暴露出生日期以避免泄露年龄等个人信息，也可以用护照号码取代身份证号码。如果确实需要明确艺名，可以在艺人真实姓名后面备注。

对于公司一方，名称必须和营业执照上登记的名称保持一致，避免直接使用简称。如果在正文中准备使用简称，最好在此处公司全称后注明使用的简称。

1.1.2　双方的住所地及司法送达地址

正确填写合法有效的地址，是双方履行合同的需要；一旦发生纠纷，还可以获得司法机关认可的有效送达地址。实践中，很多合同当事人在填写双方地址时，艺人一方往往按照身份证上的地址或艺人签约时所住地址填写，公司一方则是按照营业执照上的地址填写。这样的操作是符合法律基本规定的，但是在实践层面留下了风险。

考虑到文化产业的主要机构集中在经济发达地区，甚至是在几个较大城市，而艺人往往来自五湖四海，因此如果仅仅填写艺人的身份证上的地址，将来一旦需要书面送达文件，有可能出现艺人的身份证地址所在地无人签收的情况；如果填写的是艺人签约时的地址，除非是艺人自己享有产权的房屋，否则一旦艺人搬离，那么书面送达就几乎成为不可能。特别是在产生诉争的时候，法院的立案管辖与司法送达对地址都有较严格的要求，因地址出现问题导致"立案难""送达难"的情况并不少见。

因此，在填写艺人地址的时候，首选其自己享有所有权的房产；其次，选择其身份证上注明的地址。与此同时，应当同时注明此地址为司法送达地址（在后面的合同内容中还应再次专门对此进行约定）。这样可以尽可能减少将来的麻烦。

对于公司地址，可以填写营业执照上的地址；但是对于那些不在登记地址办公的机构，比如在影视园区注册的工作室或公司，可以填写其主要办事机构所在地的地址。

1.1.3　联系人及其电话与电子邮箱

写明联系人及其电话与电子邮箱，是为了便于向具体人发出通知或进行联系；尤其是电子邮箱非常重要。现在很多机构都是无纸化办公，电子邮件已经是日常的正式沟通方式。确定了电子邮箱，此后的通知送达也可以通过电子邮件来进行（当然还要在合同正文中进一步约定）。这样进一步弥补了上述的地址可能出现的问题。

1.1.4　微信号

现在人们联系的最快捷方式就是微信。考虑到文化产业的特点，从业人员之间很多工作文件的传递也使用微信。因此，也可以考虑将艺人与公司为其指定的联系人或经纪人的微信号列明在合同中。当然，在业务操作过程中，我们并不建议使用微信作为发送重要文件的方式。因为微信文件保留难度较大，查证难度也远比电子邮件大。

1.2　合同目的条款

双方订立本合同的目的是什么？这一约定的重要性，在本书第一章对行使法定解除权的条件进行阐述时已经说过。合同目的是否可以实现，在某些情况下直接决定了某方当事人行使法定解除权是否会得到法院的支持。因此，没有对合同目的的约定，那么合同目的就处于合同当事人各自解释的状态，只能寄希望于法院的判断。但是如果事先在合同中明确地约定出来，则因合同当事人各自解释而产生争议的可能性就会大大降低。

另外，在合同目的条款中，还可以明确双方签订合同的原因及签约时各自的状态。对于公司一方来讲，这是相对有意义的一件事。因为不同的艺人在与公司签约时状况不同，可能是新人、成名的艺人。对于新人，确定其是否受过专业训练、有过何种演艺经历、其与公司签约的目标等信息，对于公司来讲是一种证据固定。将来一旦发生解约等纠纷，也可以看出签约时与纠纷发生时艺人是否存在着进步，是否在公司的帮助下有所收获。目前实践中发生的艺人解约纠纷，很多都是新人走红之后要求与公司解约。而不少艺人在解约时提出的一个重要理由就是公司没有尽到合同义务，对艺人帮助很少。

1.3 关于经纪事务的条款

这是艺人经纪合同全部条款中最重要的条款之一，双方在此处应该对经纪事务相关的内容作出全面的约定。其中至少要包括：

经纪事务的内容，是全面的还是部分的（对比较重要的内容应直接列明）；

经纪事务的期限及起止时间（精确到日）；

经纪事务的地域范围，是全世界还是某一国家或地区；

经纪事务的方式，是独家还是非独家；

公司作为经纪机构的权限；等等。

这部分内容关键在于要写得准确具体，充分表达。由于艺人的个人情况差别很大，这方面具体条款该如何约定，一般是根据艺人的情况量身定制。

1.4 关于艺人的人身权利与知识产权的约定

艺人与经纪公司签约后，一般其姓名权、肖像权、名誉权等人身权利也都会委托经纪公司予以保护，部分权利还牵涉授权使用的问题。另外，在履约过程中，一旦形成相应的知识产权，或具备申请相应知识产权的权利，其归属与申请权需要予以约定。

1.5　关于报酬、费用及分配原则

艺人的报酬该如何计算，获取收入后经纪公司与艺人该如何分配是必须要写明的。针对新人，有些经纪公司会支付生活费，那么生活费该如何计算和支取，是否需要在将来形成报酬后返还，也需要明确。还有经纪公司为培训、宣传艺人所支出的款项，虽然一般不会由艺人承担，但是最好也落实在书面上，确保没有争议。

由于艺人的个人情况差别很大，这方面具体条款该如何约定，一般是根据艺人的情况量身定制。

1.6　双方的其他权利义务

除了上述约定的权利义务之外，双方可以对协商一致的其他权利义务进行约定。对于经纪公司来讲，一般会要求签约艺人遵守经纪公司已经形成的一些制度与工作要求；针对行业特点，会要求艺人从事或不从事某些行为；对于艺人来讲，可以在这里要求公司列出一些培养与推进的计划；列明艺人一方的一些特别要求。

这里需要重点提及一个艺人有义务维护自己的职业形象的问题。

近年来，经常有一些艺人因为发生违法违规、违反社会公德、发表不当言论等事件被媒体曝光，甚至有些艺人还因为犯罪被判承担刑事责任。出现这些重大事故的艺人，轻则职业形象一落千丈，在社会公众中遭到恶评；重则被国家文化宣传主管部门或各媒体平台慎重对待，难以再次出现在社会公众视野之中。无论如何，作为与其签约的经纪公司都因此遭受了很大损失。

因此，在艺人经纪合同中有必要约定艺人应有维护自己职业形象的义务，并且具体对艺人出现哪些行为属于违反义务进行明确。一旦艺人违反此义务，将承担相应的违约责任并赔偿经纪公司的全部损失。

1.7　违约责任条款

违约责任条款是对合同双方的约束，其目的一是确定哪些行为与情形属于违约；二是使合同双方一开始就知道一旦违约将要承担的后果。对于前者，

需要在合同中对违反双方之间重要权利义务约定的情形作为违约情形予以具体确定，避免仅仅是简单概括的陈述。对于后者，最好将违约后果予以具体化。

违约后果主要是指对受到损失一方的弥补或赔偿，兼具对违约一方的必要惩罚。因此，违约责任的内容最好以违约金的形式体现，并明确赔偿损失的内容。这样一旦要追究某方的违约责任时，容易有一个明确具体的请求。

但是在约定违约金时，数额如何确定是一个需要慎重考虑的问题。实践中经常看到经纪公司在合同中写有巨额的违约金，并约定在艺人解约或严重违约时适用。这是否可以得到法院或仲裁机构的支持？从司法实践中来看存在一定的风险。

因为我国法律体系下的违约金制度，其主要目的在于弥补守约方的损失，对违约方在弥补损失之外的惩罚是次要的。

因此，我国《合同法》第114条第2款规定："约定的违约金低于造成的损失的，当事人可以请求人民法院或者仲裁机构予以增加；约定的违约金过分高于造成的损失的，当事人可以请求人民法院或者仲裁机构予以适当减少。"《民法典》与之相对应的是第585条第2款，内容没有改变。

《合同法解释（二）》中第29条第2款规定："当事人约定的违约金超过造成损失的30%的，一般可以认定为合同法第114条第2款规定的'过分高于造成的损失'"。

从上述法律规定可以看出，在发生违约事实进入诉讼或仲裁程序后，守约方认为原来约定的违约金低于损失的，可以请求增加；如果违约方认为原来约定的违约金过分高于损失了，可以要求降低。过分高于的一般标准，是违约金的数额超过造成损失的30%。

在这种规定下，经纪公司与艺人约定的巨额违约金，常常难以得到全额支持。经纪公司如果想获得巨额赔偿，通常需要准备好确实有效的证据证明自身的损失也是巨额的。

1.8 续约与解约条款

1.8.1 续约条款的重点在于优先续约权的问题。

经纪公司在与新人签约的合同里尤其会对此作出约定。毕竟经纪公司对新人会有一定程度的投入，如果合同期内新人成长得比较好，那么经纪公司自然不愿意出现合同期满艺人被其他公司签约的情况。实践中，有的合同直接约定合同期满时公司一方享有优先续约权；也有的约定合同期满时公司一方"在同等条件下"享有优先续约权。相比之下，后面这种约定对艺人一方更有保障。

那么什么是"同等条件下"？一般是指在续约商谈期间，艺人方可能会收到其他公司的签约条件。如果该签约条件优于原公司的续约条件，那么艺人就不再受优先续约条款的束缚，可以与其他公司签约。当然这也往往会成为艺人要求提高续约待遇的手段，此时就需要经纪公司从商业等角度综合进行衡量。

1.8.2　解约条款也是艺人经纪合同中最重要的条款之一

如本书第一章所述，艺人解约争议已经呈现日益高发的态势。合同中的解约条款，是约定一方在何种事由发生的情况下享有合同解除权的重要内容。在该条款中，应当避免出现笼统性、概括性的解除事由。比如"一方严重违约，相对方享有解除合同的权利"，这种约定就很容易对什么是"严重违约"产生争议。

另外，在约定解约事由时，建议对确实影响合同目的实现的具体情形予以约定，可以对导致某一方受到严重损失的具体情形予以约定。考虑到不同艺人与经纪公司的具体情况不同，此处无法详尽写出，但是其基本原则就是约定要具体量化，可操作性强。

1.9　竞业限制条款

在艺人与签约公司的合同中，经常会有对艺人解约后进行限制的条款，比如："自本合同解除之日起××个月内，乙方（艺人）不得委托任何第三方从事与本合同中甲方（公司）所代理的事项相同的事务"；或者是"自本合同解除之日起××个月内，乙方（艺人）不得与演艺行业除甲方外的任何第三方签约"等。

当然，上述举例的条款内容可能存在法律上的问题，我们举这些例子不代表认可其表述，只是要说明在艺人经纪合同中确实存在类似情形。我们一般将其称为竞业限制条款。

由于这类条款的内容，本质上是限制了艺人解约后在同行业中发展的机会，有些甚至是限制了艺人工作的权利，因此其法律效力如何，能否得到司法机关的支持，一直是存在争议的话题。对这一问题我们会在本书其他章节专门讨论。

从起草、审查合同的角度简单来讲，公司一方可以限制艺人签约其他公司的行为，但是不宜限制艺人工作的权利，以免承担约定被司法机关认定为无效的风险。而且考虑到约定的可执行性，还应当在此条款中约定违反之后应承担的违约金数额。这样，在约定有效的前提下，一旦艺人一方违约，法院或仲裁机构一般都会支持要求违约方支付违约金的主张。

1.10　通知与送达条款

在上文关于"合同首部"条款的讨论中，我们强调过通知与送达的重要性。现在，与合同首部准确写明地址、联系人、电子邮箱相结合，合同当事人应当在此处进一步写清通知与送达的要求。

下面就通知与送达条款的表述举一个例子。因各种合同应用的实际情况不同，该举例仅供参考：

"因订立、履行本合同或根据本合同双方需要发出的全部通知，均须采取书面信函或电子邮件形式。甲、乙双方互相发出的所有通知、文件、资料等，均应按照本合同首部所列明的各方地址、电子邮箱以邮寄或电子邮件方式送达。通过邮寄方式的，签收或拒签之日视为送达；通过电子邮件方式的，在电子邮件进入对方电子邮箱系统当日视为送达。一方如果迁址或者变更电子邮箱，应当在变更之日起5日内以书面形式通知对方，否则视为未变更。双方一致同意，在双方发生争议进入司法或仲裁程序时，本合同首部所列的双方地址与电子邮箱，均分别为双方各自的司法文书或仲裁文书送达地址与电子邮箱。司法文书或仲裁文书送达该地址或电子邮箱的，为有效送达。"

1.11　管辖条款

管辖条款是约定一旦双方发生争议需要进入诉讼或仲裁程序，同意由哪里的法院或仲裁机构处理的约定。

1.11.1　选择法院还是选择仲裁机构

法院的特点是绝大多数情况下公开审理，对一审不服可以上诉，由二审法院作出生效裁判。生效判决可以强制执行，公开审理的案件一般都会将判决书公开。当然，当事人双方也可以随时调解，由法院出具具有强制执行力的调解书。

仲裁机构的特点是一裁终局，没有上诉或申诉的机制。裁决书或调解书也是由法院执行机构予以强制执行。与法院一般都是公开审理不同，仲裁以不公开审理为原则，以公开审理为例外。同时裁决书与调解书是不公开的。

1.11.2　选择哪家法院或仲裁机构

在符合《中华人民共和国民事诉讼法》（以下简称《民事诉讼法》）相关规定的前提下，合同当事人可以约定管辖法院。由于合同双方很多不在一个城市，甚至不在一个省份，因此会出现都想约定由自己所在的地区法院管辖的情况。对此，如果争执不下，为了不影响合同签约，也可以笼统地约定"由具有管辖权的法院管辖"。这相当于按照我国《民事诉讼法》关于"管辖"的法律规定执行。

选择仲裁机构要复杂些。我国仲裁机构虽然按照不同地域设立，但是受理案件并不受地域的限制。合同双方只要协商一致，可以选择国内任何一家仲裁机构。如果双方协商确定了，需要在管辖条款中准确写明仲裁机构的全称，并同意按照该仲裁机构最新版的仲裁规则进行仲裁并接受仲裁结果。

以上是艺人经纪合同可能会涉及的主要法律条款，鉴于只能表述一些基本的重要原则，在具体操作中仍需要结合实际情况书写。对于没有在此提及的众多其他条款，也并非无关紧要，在起草、审查、修改合同时都应当慎重对待。

第二节　艺人影视服务合同中的重要法律问题

艺人影视服务合同，是指艺人与电影或电视剧（包括网络大电影、网剧）的制片方或承制方签署的、以艺人出演影视作品中某个角色、提供表演服务并获取报酬为主要内容的合同。从广义来讲，艺人的范围不仅仅指演员，还可以包括导演、制片、监制、服装、化妆、道具等演职人员。本节是以演员为例，讨论影视服务合同的重要法律条款。

2.1 合同的主体

任何合同都要首先明确签约的各方当事人，也就是合同的主体。在艺人影视服务合同中，合同的主体分为邀约方和服务方两大类，但不一定就是两方当事人，邀约方和服务方各自都可以是一名当事人，也可以是多名当事人。

邀约方，就是邀请艺人出演影视剧中角色的制片方或承制方。由于绝大多数的影视作品，其投资方都不止一家，因此在各投资方签署的联合投资摄制合同中一般会约定一家投资方作为主控方（第一出品单位），主持影视剧项目从立项到摄制、宣发等事宜。这里的主控方就是主要制片方。如果其负责与艺人签约，则是合同的邀约方。当然也有另外的情况，就是主控方将影视项目的拍摄制作委托给一家制作公司，该制作公司就是承制方。主控方可以将与演职人员签约的权利交给承制方，由其全面负责签约、建组、拍摄与制作。这种情况下，承制方就是合同的邀约方。

这里需要强调的是，在实践中，有不少合同的邀约方写的是×××剧组，即以剧组的名义与艺人签约。这种做法存在较大法律风险。因为剧组并不是法律上能够独立承担责任的主体，事实上也是为影视作品的拍摄而临时成立、拍后即散的组织。艺人与剧组签约，一旦发生纠纷（如拖欠报酬），只能去要求制片方承担。但由于合同的签约主体不是制片方，因此在维权路上会增加不少障碍。因此，在起草、审查艺人影视服务合同时，对邀约方主体资格的审查中，一定要避免与剧组签约，而要与该影视项目的制片方或承制方签约。

对于服务方来讲，一般存在两种情况。一种是服务方为艺人个人或者其签约的经纪公司（或工作室），另一种是艺人签约的经纪公司（或工作室）与艺人共同作为服务方。选择不同的方式，合同内容自然会有相应的不同，实践中考虑较多的是不同方式可能会导致税务负担的不同，具体选择应当根据签约时的法律与税收政策决定。

至于当事人地址、联系人、联系方式等内容，在上面第一节已经讨论过，这里不再重复。对于邀约方来讲，尤其要在合同上写明艺人的联系人与联系用电子邮箱及微信号。因为不少艺人日程紧张，剧组开机后不一定一直在剧组参与拍摄。一旦其离开，剧组联系艺人时如果电话联系不上，电子邮件与微信是相对比较容易证明剧组或邀约方发出过通知的证据。

2.2 工作内容

工作内容条款应当约定与艺人履行本合同的工作内容相关的重要因素。主要包括：

（1）拍摄的影视作品名称。鉴于不排除此后更名，可以在名称后加注："剧名为暂定，如有变化不影响本合同的效力与履行，不影响合同当事各方在本合同中应享有的权利和应承担的义务。"

（2）出演的角色。

（3）工作地点。如果不确定，应尽量约定宽泛。

（4）工作时间。应当根据影视作品的拍摄周期，确定艺人的进组时间与工作周期。同时，从实践角度考虑，为防止争议产生，此部分还应当约定：艺人每日的工作时长，艺人原因导致进组延迟应如何处理，剧组原因导致拍摄延迟应如何处理，艺人请假外出应如何办理，拍摄前的筹备期艺人应如何配合剧组，杀青后需要重拍、补拍的情况下应如何协调，等等。

2.3 报酬、费用与付款方式

对于报酬的支付，付款方首先应当根据合同主体及约定，确定付款对象。有些合同是要求将报酬支付给艺人的经纪公司，有些是要求直接支付给艺人个人；其次是明确报酬是税前还是税后，相关税费如何承担；最后是明确支付的时间节点与逾期付款的违约责任。

鉴于影视作品拍摄的特点，除报酬之外，艺人还有一些必要的支出，这部分费用由谁负担、如何支付也应当约定清楚。比如，艺人化妆及聘请化妆师的费用，艺人及经纪人（或助理）的交通费、食宿费等。

2.4 著作权与艺人的人身权

2.4.1 影视作品的著作权

艺人参与拍摄的影视作品的著作权归属，是合同中必须约定清楚的重大事项。

我国《中华人民共和国著作权法》（以下简称《著作权法》）第15条第1款规定："电影作品和以类似摄制电影的方法创作的作品的著作权由制片者享有，但编剧、导演、摄影、作词、作曲等作者享有署名权，并有权按照与制片者签订的合同获得报酬。"

根据上述法律规定，影视作品的著作权权利人是法定的，即制片者。需要明确的是，制片者不是通常所讲的"制片人"。制片者是一个法律概念，可以确定影视作品著作权的归属；制片人不是法律概念，而是影视行业从业务角度设置的一个职位，与著作权的确定无关。

那么谁是制片者？法律对此没有明确规定。从影视行业的实际管理中观察：首先，获得摄制资格的制片单位属于制片者；其次，由于我国影视作品的摄制实行许可制度（《电影产业促进法》实施后改为备案制），因此除制片单位以外的其他获得摄制许可（《电影产业促进法》实施后为备案通过）的主体，也可以算是制片者。制片者在实践中通常被称为出品单位或制片方。

那么不符合上述条件的影视作品的投资人是不是制片者？从法律规定与实践的角度看应当不是，却并不妨碍其享有相应的著作权。这是因为著作权是允许权利人进行处分的。部分投资人虽然不具备上述条件，但是其只要与制片者联合投资，并在联合投资合同中约定好著作权的分配或归属，这样虽然不是制片者，但实际上也可以根据该协议约定享有相应的著作权。

当然，具体到艺人影视服务合同中，艺人对于影视作品肯定不享有著作权，但是对自己的表演享有表演者权，以表明自己的身份。因此，在此条款中应当明确约定影视作品本身的著作权与艺人表演者权（署名的权利）的归属。同时，由于任何一部影视作品都有多名艺人参演，因此还应当约定清楚本合同中艺人在署名时的排名情况及地位。

不过，我国《著作权法》（2020年修正版）将电影作品和类电作品统一改称为"视听作品"；同时将"视听作品"中的电影与电视剧作品的著作权人规定为"制作者"。上述变化非常重要，改变了原有将著作权人限于"制片者"导致定义过于狭窄的问题。因此，在修正的《著作权法》正式实施后，我们审查合同的相关内容时，应当注意做好新法与旧法不同规定的切换与适应。

另外，考虑到世界各地的《著作权法》内容不一致，而且法律存在不断更新的必然情况，因此也有很多制片方要求签订比较复杂的条款，约定在任何国家和地区、多种情况下，影视作品著作权均属于制片方。类似表述虽然繁杂，但是不失为一种保险的方式。尤其是不少影视作品存在向中国境外销售、放映、传播的情况，这类约定确实存在其合理性。

2.4.2　艺人的人身权

影视作品可能涉及的艺人的人身权，主要是表明表演者身份（署名）的权利与肖像权，其中因为肖像权产生的纠纷更多。当然，对于艺人在参演的影视作品中是否享有肖像权，目前的司法实践中存在争议。部分观点认为影视作品作为一个合作作品，其整体的著作权已经由法律确定归属于制片者，参演的演员不享有独立的肖像权；主流观点认为著作权的归属不影响参演者的个人肖像权。尽管这个问题仍略有争议，但是对于影视作品的著作权人不得滥用其著作权从而侵犯参演艺人的肖像权这一点，应该不存在争议。我们在起草、审查该条款时，重点即放于此处。

因为一部影视作品拍摄完毕后，不仅仅是通过传统渠道放映或进行网络传播，还有可能衍生出其他许多著作权使用方式，比如衍生商品开发、衍生作品的改编、游戏制作与传播等，在这些著作权使用方式中，对于包含参演艺人肖像的元素，影视作品的著作权人如果未经肖像权人许可就进行使用，则存在侵犯参演艺人肖像权的可能。比如利用参演艺人的肖像或剧中形象开发的各类纪念品、开发的游戏人物等。

因此，作为参演艺人一方，有必要对此种情况作出预防性约定，比如，"如甲方（制片方）将乙方艺人的肖像、在该剧之形象、造型或含有前述肖像或形象的剧照、视频使用于其他形式的作品，或用于开发与该剧相关的衍生产品（包括但不限于各类用品、游戏等），或用于与履行本合同无关的广告与宣传，事前必须得到乙方书面同意及商议乙方应得收益"。（此表述仅用于本书举例，读者使用时需参考个案实际情况进行修改，切勿盲从。）

同样，作为与艺人签约的制片方或承制方，也会希望尽量扩大自己的权利，希望在合同约定中作出相反的表述，即约定甲方有权利将上述乙方艺人的肖像、在该剧之形象、造型或含有前述肖像或形象的剧照、视频使用于其他作品及衍生品开发及各类广告。

这两种情况下，究竟是采取哪方的条款，是双方的经纪人与律师共同讨论、动态博弈的过程。当然，最终仍应在尽力促成合同的前提下，妥善协商解决方案，使利益不至于过分偏向某一方。

2.5 拍摄要求

拍摄要求条款一般用于约束双方的权利义务，内容较多，重点应考虑的包括：

（1）邀约方应当具备合法的拍摄资格。由于我国对影视作品的拍摄有监管制度，因此参演艺人一方应当在合同中要求邀约方承诺已经完成立项或获得合法的拍摄资格，以避免在这方面出现不必要的损失。

（2）艺人应服从剧组的规章制度，服从制片人及导演的业务指导。在此条款中应通过约定，避免出现艺人不按照剧本或导演的要求表演，擅自离组或拖延不归、不遵守剧组制度，与其他演职人员主动发生冲突，在拍摄期间擅自改变造型、定型等情形。

（3）强调艺人应当做好身体方面的准备，保证身体条件足以提供合同约定的表演服务是有必要的。由于拍摄周期的原因，艺人每个工作日的工作负荷一般较重。考虑到有些艺人时间排得很紧，工作繁忙，因此一旦身体存在隐疾或长期疾病，就有可能发生身体方面的突发事件。这既严重损害了艺人的身体健康与生命，也会对剧组的拍摄周期甚至拍摄成本造成重大影响。为此，影视项目的主控方一方面应当为艺人购买一定额度的意外保险，另一方面也应当在合同中明确艺人故意隐瞒已有疾病强行签约参与拍摄的后果。当然，对于没有隐瞒宿疾，确实属于拍摄过程中临时生病的，双方也应当妥善处理。这对双方都是比较负责任的做法。

比如，"为确保乙方艺人在表演过程中的人身、财产安全，甲方需为乙方艺人购买人身意外伤害保险（保险金额不低于人民币×××万元）。如乙方艺人在本合同约定的正常工作期间发生意外伤亡事故，可向保险公司理赔"。

"乙方（艺人）在签署本合同时，即应保证不存在妨碍本合同项下电影/电视剧拍摄的各类病史（包括但不限于心脏/肺部/肝胆/脑部/肾脏/血液/传染病等方面的病症）。如有上述病史的，甲方不予聘用。如乙方隐瞒病情参加剧组，其医药费及相应风险全部由乙方自行承担。在拍摄过程中，一旦出现上述隐瞒的疾病发作且导致拍摄延期的情况下，甲方有权选择解除本合同"。

"除本合同约定的艺人隐瞒病史的情况外，拍摄期间，如遇乙方艺人临时生病导致耽误拍摄的，在提供有效证明（需由中国三级甲等医院出具）后，甲方同意乙方艺人请假并补偿甲方延误的拍摄时间，甲方同意上述情形不视为乙方违约。艺人因病延误超过××日的，甲方有权解除本合同。"

（以上表述仅用于本书举例，读者使用时需参考个案实际情况进行修改，切勿盲从。）

2.6 违约责任

违约责任条款一般是针对合同中各方应履行的义务进行设定，在一方违反合同中某项约定义务时，应承担相对应的违约责任。但是，鉴于合同义务重要性不同，因此也不必每条合同义务都写出对应的违约责任。

2.6.1 对于参演艺人来讲，针对邀约方需要约定的违约责任

（1）不能按期足额支付报酬或其他费用的违约责任。

报酬与其他费用的支付，是邀约方最主要的合同义务。如果违约，应承担相应的违约责任。一般情况下是约定一定比例的违约金。可以按照报酬或费用总额的百分比约定，也可以逐日按照应付未付款项的某个比例来约定（日万分之五至千分之一为常见的逾期付款违约金比例）。同时，对于提前付款或分期支付的合同，艺人一方还可以约定逾期付款达到××日，艺人有权中止履行合同或解除合同。

（2）不能如期开机拍摄或中途停机的违约责任。

在实践中，由于政策原因、资金原因、筹备原因等，确实存在艺人签约后，却发现剧组没能按时筹建、迟迟不开机，或拍摄中途停机的情形。作为艺人一方，尤其是知名艺人，档期安排得往往比较紧张。如果剧组不能按照合同约定的时间完成建组开机或拍摄中途出现停机，则艺人的已有工作安排可能会被打乱。这种情况显然是邀约方违约，一般会与艺人约定另行协商安排拍摄时间。对于艺人已经收到部分款项的，一般约定不予退还，但在重新开始拍摄时也不再另收这部分报酬。

（3）艺人被无合法依据解约的违约责任。

实践中，影视项目洽谈好参演艺人，然后开机前突然换人的情况并不少见。当然，只要还没签约，一般不会产生法律纠纷。但是如果在合同签订之

后，那么艺人一方要保护自己的合法权益，就有赖于事先在合同中对此类违约行为应承担的责任作出约定。

艺人可以约定此种情况下，邀约方应当按照合同中约定的报酬总额的一定比例支付违约金并赔偿艺人一方的全部损失。

不过，某些情况下也可能会存在一个艺术与法律出现冲突的问题。也就是在艺人进组甚至开机以后，导演发现该艺人确实不适合出演该角色，这种情况下制片方决定按照导演的意见与艺人解约。从艺术创作的角度来看，这种解约存在一定合理性；但是从法律角度看，如果没有相应的合同约定，制片方被认定违约的概率会比较大。

因此，很多制片方会考虑在合同中增加因艺人难以承担相应角色的原因，制片方有权单方解除合同并与艺人据实结算工作费用的条款。对此，艺人一方是否接受，需要根据双方的实际情况个案而定。

2.6.2 对于制片方或承制方来讲，针对参演艺人需要约定的违约责任

（1）不能按照合同约定履行表演义务的违约责任。

导致艺人履行不符合约定的情形可能很多，比如，不按期进组、违反剧组制度、不听从制片人或导演的业务指导、不按照剧本表演、拍摄中途违规外出或超期不归甚至暂时失去联系、因伤病原因或其他意外原因无法正常履约等。

因此，既然不好针对每一种情况都约定相应的违约责任，那么可以抓住艺人履行义务不符合合同约定这个关键点，统一约定违约责任。即除合同另有约定以外，艺人履行合同不符合约定的，视为违约，应承担违约责任并赔偿另一方的损失。在这一表述里，违约责任可以具体化为违约金，并且明确其数额或者计算的标准。同时，对于情况严重且足以导致合同目的不能实现的情形，可以约定解除合同的条件。

（2）艺人擅自传播影视作品信息或存在贬低任何合作方的言行的违约责任。

任何影视作品在上映前，都非常注意对内容等多方面信息的保密。如果艺人未经制片方许可，擅自泄露或传播相关信息，会给制片方和宣传发行方的工作带来意外的被动。同样，艺人擅自透露剧组内部矛盾的不利信息或者

对制片方、其他演职人员发表不良评价，也会给影视作品的宣传发行甚至放映带来不利影响，直接损害了制片方与其他投资人的利益。

因此，在合同中事先对艺人提出要求，避免出现上述情况，是应有之义。对于违反这些要求的艺人，自然要承担违约责任。具体来讲，可以以约定违约金并要求艺人赔偿损失的方式书写此类违约条款。其中违约金必须约定具体金额或者计算违约金的方法。

（3）艺人发生事故后应承担的违约责任。

近些年来，经常有一些艺人因为出现违法违规甚至犯罪入狱、突破政治底线、违背社会公德、发表不良言论等情形，导致其参加表演的影视作品被延期上映甚至禁止上映。这给该影视作品的制片方及其他投资方带来巨大损失。

针对这种情况，制片方或承制方显然有必要在合同中对此类情形作出约定，写明一旦发生此类情况，艺人及其经纪公司需要承担的违约责任及赔偿损失的内容。

这种违约条款需要严格约定，比如"乙方（艺人）保证在本协议签订之日起向前1年至该剧首次正式公开放映（或上线）全部播出完毕之日起的2年内，乙方不存在可能对该剧摄制、宣传、发行、传播造成不良影响的不当行为（包括但不限于：涉毒、涉赌、涉黄、酒驾、醉驾；涉及支持"台独""港独""藏独""疆独"的言行；涉及违法犯罪，涉及婚内出轨、不良性行为等违背社会公德的言论、行为或事件；存在其他破坏社会公序良俗，发表不当言论引发严重争议等行为）。如乙方违反上述保证且因此导致确定为慎用影视演职人员，或者因乙方的行为导致电影院、电视台、网络平台等播映机构拒绝采购、拒绝播映该剧、播映该剧后停播该剧或中国大陆网络用户大量抵制该剧等，从而对该剧的摄制、宣传、发行、播出等产生任何不利影响的，则视为乙方根本违约，且视为乙方自动放弃在该影视作品中的表明表演者身份（署名）权利、获取报酬权等相关权益。同时，甲方有权单方解除本协议，并要求乙方立即退还全部已收报酬，向甲方支付合同约定的报酬总额的×倍作为违约金并赔偿因此给甲方造成的一切损失"。

（以上表述仅用于本书举例，读者使用时需参考个案实际情况进行修改，切勿盲从。）

同时，还应当约定甲方（制片方或承制方）遭受的损失的具体项目。损失一般包括直接损失和可得利益的损失。对于直接损失的具体项目也最好具体进行约定。

应当说，艺人一旦出现这类重大事故，给制片方及其他投资人造成的损失其实是难以预估的。合同条款只能尽量弥补损失，但是实际上更重要的作用在于给艺人以压力，希望其知道后果的严重性。

第三节　艺人广告服务合同中的重要法律问题

参与广告拍摄与宣传、为商品或服务代言是艺人演艺事业中必不可少的一项工作。对于企事业组织来讲，往往需要知名艺人的社会效应来宣传自己；对于艺人来讲，也需要借助各类媒体提升自己的知名度，扩大受众范围，塑造职业形象。好处虽然很多，但是风险也不小，尤其是在我国对于商业广告监管逐步加强的情况下，艺人一旦为存在问题的商品或服务进行代言，甚至为虚假广告进行代言，不但个人的社会形象会受到严重负面影响，还可能会承担法律责任。

事实上，近年来已经出现不少知名艺人代言广告出现负面影响的例子，比如，某艺人为亿霖集团购买林地的广告代言，不料此后证实该公司涉及非法传销，该艺人为此退还 50 万元广告代言服务费，声誉受到了负面影响；某艺人代言"藏密排油茶"，不料该商品被央视"3·15"晚会曝光是问题商品，该艺人的声誉也受到了负面影响。

2014 年，篮球明星姚某作为汤臣倍健公司的形象代言人也被消费者告上了法庭[10]。虽然原告因为证据不足，其诉讼请求被法院驳回，但是该案二审法院在（2016）京 02 民终 10572 号民事判决书中，有一段话却体现了司法机关对于明星代言的要求："'伯乐一顾，马价十倍'，是中国古老的'明星代言'。我国的消费者权益保护法和广告法已经对明星代言问题作出了明确的法律规定。公共明星背负公众信任，在用自己的形象和公信为产品代言时应谨言慎行，遵守法律法规和社会公德。"

从这段法院的判词可以看出，公共明星由于可以了公众的信任，其作为广告代言人代言产品，要承担更多的公共责任，要以审慎和合法合规作为标准。因此，为加强广告代言的合规性，一份规范的艺人广告服务合同对艺人自己与经纪公司来讲都很重要。

艺人广告服务合同是个总体性概念，根据具体内容不同会有不同的合同类型。比如，为某品牌或主体的代言合同、广告图片或视频的拍摄合同、出席现场活动进行宣传服务的合同、利用公共媒体或自媒体协助宣传的合同等。这些合同的内容根据业务类型各有差异，但是在很多法律问题上存在共性，可以一并研究。

3.1　合同主体

艺人广告合同也分为邀约方和服务方两大类。

3.1.1　服务方

服务方与艺人影视服务合同一样，一种是服务方为艺人个人或者其签约的经纪公司（或工作室），另一种是艺人签约的经纪公司（或工作室）与艺人共同作为服务方。

这里需要注意的是：不是所有艺人都可以提供广告代言服务。

《中华人民共和国广告法》（以下简称《广告法》）第 38 条规定："广告代言人在广告中对商品、服务作推荐、证明，应当依据事实，符合本法和有关法律、行政法规规定，并不得为其未使用过的商品或者未接受过的服务作推荐、证明。不得利用不满十周岁的未成年人作为广告代言人。对在虚假广告中作推荐、证明受到行政处罚未满三年的自然人、法人或者其他组织，不得利用其作为广告代言人。"

从上述法律规定可知，有以下情形的艺人不能进行相应的广告代言服务：

（1）该艺人没有亲自使用过准备代言的商品或没有亲自体验过准备代言的服务的；

（2）不满十周岁的未成年人（包括这个年龄段的童星）；

（3）因在虚假广告中代言被行政处罚且自处罚之日起未满 3 年的艺人。

任何广告主和经纪公司及艺人在签订广告代言服务合同前，都需要认真审查是否存在上述情形，并考虑解决办法。

但是这条法律规定还带来一个实际问题：广告服务包含的范围比较广，此条法律规定是禁止存在上述情形的人员进行广告代言，但是能否禁止这类人员通过图片、视频、出席活动来帮助广告主宣传？或者说，广告代言与一般广告宣传的边界在哪里？

这个问题没有明确具体的法律规定，但是在实践中又很有意义。在演艺行业中，艺人的广告代言和普通的广告宣传在业务内容与收费上是有比较明显的差别的。因此为了厘清思路，我们可以先观察一下法律对"广告代言人"的定义：

《广告法》第2条第5款规定："本法所称广告代言人，是指广告主以外的，在广告中以自己的名义或者形象对商品、服务作推荐、证明的自然人、法人或者其他组织。"

从这一法律规定可以看出，艺人提供的广告宣传服务，在同时符合以下条件的情况下，就很有可能被认定为属于广告代言服务：（1）广告中使用了艺人的姓名或肖像；（2）以艺人名义对商品或服务进行了推荐或起到了证明作用。

从这两个标准来看，《广告法》对于广告代言的认定所囊括的范围显然远远广于演艺行业从业务角度的认定。比如艺人出席某饰品公司组织的单场活动，免不了要佩戴该公司的饰品。从行业业务角度看，这并非品牌代言；但是从《广告法》的规定来看，有可能被认定为艺人亲自为该饰品进行了推荐，属于广告代言。再比如，艺人拍摄了自己手持某食品的照片，并允许食品生产者将该照片作为广告发布在公交车车身上。对于艺人或经纪公司来讲只是一次个案宣传，但是从《广告法》的规定来看，有可能被认定为艺人亲自为该食品进行了推荐并证明其品质，属于广告代言。

因此，在实践中，艺人及其经纪公司一定要严格把握住上述两个标准，尤其是第二个标准，在进行普通广告宣传的情况下，避免出现可以被解释为推荐或起到证明作用的广告效果。这需要艺人及其经纪公司在广告合同、广告方案设计、临场表现等方面进行更为慎重的操作。

3.1.2　邀约方

邀约方则存在两种情况，一种是广告主本身直接作为签约主体；另一种是广告主委托的主体（如广告代理公司）出面来签约。这两种方式，对合同内容影响不大。对于以广告主委托的主体来签约的合同，需要审查留存其自广告主处取得的授权书，并在合同中增加一些条款，以明确其已获得真实有效的授权；同时还应当书写其违背此承诺的责任承担条款。

比如，"甲方（广告主的代理方）承诺，其拥有×××公司（广告主）对本合同项下约定内容的完全授权；甲方承诺，其要求乙方（艺人）提供的全部服务内容包含在甲方获得的授权范围内，×××公司（广告主）对本合同项下约定内容完全知晓并同意。甲方承诺，如果因×××公司（广告主）对本合同内容提出异议或提出任何权利请求或拒绝接受本合同内容的约束，视为甲方违约，甲方应承担违约责任及全部损害后果。由此给乙方造成损失的，甲方应当全额赔偿。"

（以上表述仅用于本书举例，读者使用时需参考个案实际情况进行修改，切勿盲从。）

3.2　广告内容的合法性审查

我国于 2018 年修订的《广告法》，对广告的内容、形式、行为规范等，在监管方面进行了明显的强化，划定了多条"红线"并对违法行为加大了惩罚力度。

艺人进行广告代言，必须按照《广告法》的规定，对哪些商品与服务可以代言、哪些不可以代言、哪些广告存在明显的虚假隐患进行明确。这就是对代言内容进行合法性审查，避免出现违法情形从而造成损失。

3.2.1　艺人不能进行广告代言的商品与服务

（1）医疗、药品、医疗器械。（《广告法》第 16 条第 1 款规定：医疗、药品、医疗器械广告不得含有下列内容：……（四）利用广告代言人作推荐、证明;）

（2）保健食品。（《广告法》第 18 条第 1 款规定：保健食品广告不得含有下列内容：……（五）利用广告代言人作推荐、证明;）

（3）未使用过的商品或者未接受过的服务。（《广告法》第 38 条第 1 款规定：广告代言人在广告中对商品、服务作推荐、证明，应当依据事实，符合本法和有关法律、行政法规规定，并不得为其未使用过的商品或者未接受过的服务作推荐、证明。）

（4）明知或者应知属于虚假广告的商品或服务。

如果违反了上述规定，作为广告代言人的艺人将直接面临行政处罚的巨大风险，有可能会遭到市场监督管理部门没收违法所得，并处违法所得1倍以上2倍以下罚款的处罚（见《广告法》第62条）。

3.2.2　艺人及经纪公司对虚假广告隐患的审查

实践中，艺人及其经纪公司往往抱怨自己没有能力对准备合作的广告是否属于虚假广告进行审查，甚至有人觉得这根本就不是广告代言人应该履行的义务。但是根据《广告法》第56条的规定，广告代言人代言虚假广告的，如果广告内容是关系消费者生命健康的商品或者服务的，要对消费者的损害后果与广告主一起承担连带赔偿责任；如果是前述规定以外的商品或者服务的，广告代言人只在"明知或应知"属于虚假广告但仍然代言的情况下，才要对消费者的损害后果与广告主一起承担连带赔偿责任。这就等于从法律上直接规定了广告代言人必须承担相应的责任与义务。因此，艺人代言广告，对广告是否存在虚假的情况进行必要的审查，属于法定义务，必须履行。

要履行好这一法定义务，首先要明白什么情况属于虚假广告。

我国《广告法》第28条规定：广告以虚假或者引人误解的内容欺骗、误导消费者的，构成虚假广告。广告有下列情形之一的，为虚假广告：（一）商品或者服务不存在的；（二）商品的性能、功能、产地、用途、质量、规格、成分、价格、生产者、有效期限、销售状况、曾获荣誉等信息，或者服务的内容、提供者、形式、质量、价格、销售状况、曾获荣誉等信息，以及与商品或者服务有关的允诺等信息与实际情况不符，对购买行为有实质性影响的；（三）使用虚构、伪造或者无法验证的科研成果、统计资料、调查结果、文摘、引用语等信息作证明材料的；（四）虚构使用商品或者接受服务的效果的；（五）以虚假或者引人误解的内容欺骗、误导消费者的其他情形。

本条款是法律对于"虚假广告"的界定。

该条第1款是对"虚假广告"的总体定义。其关键点在于：一是存在虚假或引人误解的内容，二是出现了欺骗或误导消费者的事实。这里面的"虚假"显然是存在欺诈的故意；"引人误解"可以是故意为之，也可能是疏忽大意所导致。

该条第2款规定了几种具体情形，可以作为第1款的具体化解释。

那么对于虚假广告，什么属于"明知或应知"？对于艺人或经纪公司来讲，对广告内容的审查至少不能低于一般社会公众的认知或理解水平。

比如，广告主自身企业没有通过工商年检的、生产的商品需要相应资质但没有的、以前曾经受过处罚但与宣传的内容不一致的等通过公开信息可以明确了解的情形。再比如，宣传化工产品是纯天然的、宣传产品或服务可以使人长寿或包治百病的、宣传产品或服务可以使人立刻变聪明的等明显与常识不符的情形。

当然，注意了这些问题并不等于回避了所有风险。对于关系消费者生命健康的商品或者服务的虚假广告，不管是否"明知或应知"，只要出现了消费者合法权益受到损害的后果，广告代言人就存在与包括广告主在内的一系列主体承担连带赔偿责任的可能。

对此，在审慎审查广告内容但仍无法彻底规避风险的情况下，退而求其次，可以选择转移风险。即在广告代言合同中，通过合同约定，将相应风险转移给邀约方（广告主或其代理公司）。

比如约定以下条款："甲方（邀约方）保证所投放的广告不属于虚假广告。甲方保证其广告不包含任何违反国家法律法规的内容，不包含任何色情、裸露及暴力等违反社会公序良俗的内容，不会有损乙方（艺人）的人格与健康的社会形象。甲方保证，广告中商品（或服务）的质量符合国家法律法规及行业相关标准，不存在安全隐患。甲方保证，广告涉及的商品或服务出现的任何质量瑕疵、安全瑕疵、不符合行政监管政策法规、被取消生产或经营资质等问题，且经查证属实的，即视为甲方已经给乙方造成了形象损失与声誉损失，属于甲方根本违约。此种情况导致的全部法律责任均由甲方承担，与乙方无关。如甲方商品或服务给第三方造成了损失，导致乙方须先行承担相关赔偿责任，乙方有权要求甲方全额赔偿。

如出现与甲方上述任一保证不符的情形，均视为甲方根本违约，乙方有权单方解除本合同，且乙方已收取的本合同项下服务费及其他费用不予退还。甲方还应承担违约金××万元，且根据乙方的要求，甲方应在国家级媒体上刊登经乙方确认的道歉函。"

（以上表述仅用于本书举例，读者使用时需参考个案实际情况进行修改，切勿盲从。）

3.3 服务内容

艺人广告合同的服务内容，主要包括出席现场活动进行公关、照片或视频等广告拍摄、通过微博或自媒体配合宣传等。涉及的重要问题一般有：

第一，艺人出席现场活动或外出拍摄照片或视频的，要明确约定活动的具体时间、地点、活动流程、艺人报酬、相关的其他费用（妆发、保险等）、接待条件（食宿交通、随行人员待遇等）。

第二，应对活动中形成的视频、照片或直接拍摄的照片、视频等作品的著作权归属进行明确约定。

第三，对可能对活动或拍摄产生影响的不良因素进行预估，并约定各方责任与处理方式。比如，对活动的审批手续、安保问题、正常与延期的处理、艺人病休、交通延迟等提前作出约定安排。

第四，对于广告主要求艺人在自己的微博账号等自媒体账号进行宣传的，鉴于微博与其他自媒体均有内容审查功能，因此艺人一方应当排除所发内容被删除或发不出的风险，避免因为发布平台的原因导致的艺人一方无法履约的责任。

比如可以考虑类似条款："因甲方（广告主）或甲方产品的原因导致乙方艺人发出的微博被平台方删除或不能发出的，视为乙方已经履行完毕合同义务。不过在甲方解决导致上述问题的原因后，乙方应予以补发一次（一条）。因乙方原因导致所发微博被平台方删除或不能发出的，乙方应解决该原因并补发一次（一条）。因甲乙双方以外的原因导致所发微博被平台方删除或不能发出的，此项合同义务的履行暂时中止，待导致该微博内容被平台方删除或不能发出的原因消失后，乙方应予以补发一次（一条）。"

（以上表述仅用于本书举例，读者使用时需参考个案实际情况进行修改，切勿盲从。）

3.4 授权内容

艺人主要是通过对自己的肖像权的授权使用，来完成邀约方各类广告的后续宣传。因此授权内容是此类合同最关键之处，一般包括：

（1）授权期限：建议写明准确的起止日期或约定明确的计算方法；当然，

同时应当约定使用方一旦超出授权期限仍然使用的补救措施或赔偿责任。

（2）授权地域：艺人肖像权的授权使用应明确地域范围，是某国、某地区还是全世界。当然，同时应当约定使用方一旦超出约定地域使用的补救措施或赔偿责任。

（3）授权范围：艺人的肖像权应当使用于哪些商品或服务以及超出的补救措施或赔偿责任。

（4）授权使用方式：明确是通过广告牌、电视媒体、网络传播还是其他什么方式，应当尽量写得全面、准确。

（5）转授权的许可：一般情况下，艺人一方不宜许可被授权方再进行转授权。

（6）肖像权与拍摄形成的著作权的使用冲突问题。实践中，对于现场活动的视频与照片、专门拍摄的视频与照片，一般情况下会约定其著作权都归属于广告主。按理说，既然广告主拥有了上述作品的著作权，就有权依法自由行使。但是，这些作品都是含有艺人肖像的作品，使用艺人的肖像又不能超过授权期限。因此，这里会产生潜在的权利冲突。

为此，双方有必要在合同中对这一问题进行约定，比如，要求广告主承诺对其获得的作品著作权的行使自愿进行限制，对于含有艺人肖像权的部分在超过授权期限后即不可再以任何方式使用。

3.5 竞品限制

所谓竞品，一般是指与广告宣传的商品或服务有竞争关系的商品或服务。比如可口可乐的广告代言人在限制期内绝不会被允许去参与百事可乐的广告宣传；耐克的广告代言人在限制期内绝不会被允许去参与阿迪达斯的广告宣传。

这很好理解，但又没那么简单。因为越是著名的品牌，其要求列入竞品名单里的商品或服务可能就越多；同时其对艺人在何种条件下属于违反竞品限制条款的要求就越苛刻。比如，某国际化妆品品牌，在与艺人签订广告代言合同时，不但会把其他知名化妆品牌都列入竞品行列，还可能会把知名化妆品牌旗下的其他产品，或者授权地域范围内的全部化妆品牌都列入竞品行列。这对艺人及其经纪公司而言是个挑战。因为这相当于在约定的限制期间内，该艺人无法再承接上述大量商品或服务的广告宣传业务。

还有比以上所述更棘手的问题。关于什么情况下属于艺人违反竞品限制条款，出现为竞品进行宣传的情形，不同广告主的要求也不同。当然，一般情况下，仍然是品牌知名度越高其要求越苛刻。比如，要求艺人不能在任何场合下与竞品出现在同一张照片或视频页面上。这是难度极大的要求。

众所周知，高知名度的品牌选择的艺人也是著名的艺人。这些艺人都是邀约不断，影视拍摄、综艺演出、公关活动等安排的行程满满。在这些大量工作中，很难保证在限制期内永远不会与竞品出现在同一画面之中，在著名品牌设置了大量竞品种类的情况下尤其如此。比如艺人为某著名品牌的矿泉水做广告代言人，但是在出席某现场活动时，主办方在桌子上放了另一个知名品牌的矿泉水。一旦有艺人的特写照片且包含了桌子上的矿泉水，是不是就会很麻烦？但这种情况实际上是艺人一方没办法完全控制的。

因此，如何约定竞品范围、如何约定限制期与限制条件，是非常重要的内容。约定得苛刻了，会给艺人的后续工作造成巨大不便；约定得宽松了，品牌方又很难接受。所以，在约定时应该尽量排除将那些不易控制的场景列入限制条件。

3.6 艺人形象保持

广告主邀请艺人为其商品或服务进行宣传，自然是因为看中了该艺人的市场形象与号召力，因此广告主对于艺人形象的关注绝不低于影视剧投资方。所以在艺人广告合同中，一般都会写有要求艺人慎重保持其社会形象的条款。

比如，"乙方（艺人）保证在本合同签订之日起向前1年至本合同合作期限到期之日起的半年内，乙方不存在可能对×××公司（广告主）及聘请乙方宣传的广告商品（或服务）造成不良影响的不当行为（包括但不限于：涉毒、涉赌、涉黄、酒驾、醉驾；涉及支持"台独""港独""藏独""疆独"的言行；涉及违法犯罪，涉及婚内出轨、不良性行为等违背社会公德的言论、行为或事件；存在其他破坏社会公序良俗，发表不当言论引发严重争议等行为）。如违反上述保证且违反的事由被公共舆论传播的，则视为乙方根本违约。同时，甲方有权单方解除本协议，并要求乙方并向甲方支付合同约定的报酬总额的××%作为违约金及赔偿因此给甲方造成的一切损失"。

　　（以上表述仅用于本书举例，读者使用时需参考个案实际情况进行修改，切勿盲从。）

本章参考文献

［1］北京市第二中级人民法院（2016）京 02 民终 10572 号民事判决书

　　文化产业有一些独有的特点。比如公众人物较多，经常会产生涉及公众人物的话题；比如与知识产权尤其是著作权的关联非常紧密等。本章将会对文化产业中涉及的人身权保护问题进行一些讨论。

　　我国法律上的人身权，主要包括人格权与身份权两个方面的权利。人格权一般包括生命权、健康权、姓名权、肖像权、名誉权、隐私权等；身份权一般包括监护权、亲权、知识产权中的人身权等。

　　在本章中，将重点对人格权中的姓名权、肖像权、名誉权与隐私权以及身份权中的署名权、表演者权的相关问题进行探讨。

第一节　姓名权的保护

　　对姓名权的规定，见于我国《民法通则》第99条第1款："公民享有姓名权，有权决定、使用和依照规定改变自己的姓名，禁止他人干涉、盗用、假冒。"根据这一法律规定，姓名权是公民个人的绝对权利，有权自主决定如何使用；未经姓名权的权利人许可，他人不得擅自使用（盗用、冒用）。姓名权作为人身权的一种，本身不具有财产权利的属性，但是对于特殊的人群（如公众人物），其姓名的商业化使用有可能会产生某种形式的经济利益。

　　我国《民法典》在原有法律保护思路的基础上对姓名权的保护作出了更为丰富的规定。《民法典》第993条规定："民事主体可以将自己的姓名、名称、肖像等许可他人使用，但是依照法律规定或者根据其性质不得许可的除外。"第1012条规定："自然人享有姓名权，有权依法决定、使用、变更或者许可他人使用自己的姓名，但是不得违背公序良俗。"第1014条规定："任何组织或者个人不得以干涉、盗用、假冒等方式侵害他人的姓名权或者名称权。"第 1017 条规定："具有一定社会知名度，被他人使用足以造成公众混淆的笔名、艺名、网名、译名、字号、姓名和名称的简称等，参照适用姓名权和名称权保护的有关规定。"上述规定改变了原有的姓名权、肖像权等人身权仅具有人身属性，不具有财产权利属性的传统观点，对姓名的使用许可、可能涉及的不正当使用等作出了新的约束。在 2021 年 1 月 1 日《民法典》正式施行之后，这些新内容必将更有利于司法审判对姓名权争议的处理。

公众人物较多且他们容易起到引导部分社会公众经济活动的作用，这是文化产业的特点之一。因此在文化产业里，涉及姓名权的纠纷也比较多见，而且情形不一。

1.1　擅自使用他人姓名

比如阿根廷著名足球明星马拉多纳起诉上海第九城市信息技术有限公司等被告侵犯姓名权、肖像权纠纷一案[1]，北京市第一中级人民法院（2011）一中民初字第 10291 号与北京市高级人民法院（2013）高民终字第 3129 号先后作出了一审与二审判决，其中对于姓名权保护的观点不尽一致，但阐述得相当具体。

【案件基本事实】 被告第九城市信息技术公司的关联公司开发了一款网络游戏"热血球球"，并由被告于 2010 年 6 月发布上线运营。在该游戏运营页面上，使用了马拉多纳的形象及其外文签名字样，并附有"马拉多纳豪情代言！史上最牛足球游戏！"及"一代球王马拉多纳，豪情代言《热血球球》"等文字。对此，马拉多纳认为，其并没有授权被告使用其形象、签名，被告已经侵犯了其姓名权及肖像权。但是被告提交了有外文"马拉多纳"签名字样的"代言协议"，用以证明其已经获得了授权。为辨明签字真伪，一审法院委托司法鉴定。鉴定结论认定前述"代言协议"上的签名并非马拉多纳本人签署。对此，被告指出当时是通过中间人陆某进行签约的，陆某向其提供了该份"代言协议"，且被告已将 25 万美元代言费全部支付给了陆某。陆某当庭作证，并称其先后通过两个中间人联系马拉多纳，认可收到了 25 万美元代言费且已经转交给中间人。最后签好马拉多纳名字的正式文本也是中间人转交给他的。

【案件评析】

从案件基本事实看，马拉多纳认定授权的文件上的签名并非本人所签。被告第九城市信息技术公司确实为获得马拉多纳的代言许可支付了费用，但是由于并未与本人当面签约，存在被欺诈的可能。可以讲，本案的侵犯姓名权与肖像权的情节中，被告主观上的侵权故意并不明显。由于证人出庭作证支持了被告的说法，甚至可以认为被告不具有侵权的故意。但是在没有侵权故意的情况下，是否可以构成侵权呢？

我国法律对于一般侵权行为的成立，要求同时具备四个条件：一是行为人存在主观过错，二是有损害后果发生，三是存在加害行为，四是行为人的加害行为与损害后果之间具有因果关系。这里面行为人的主观过错，包括了故意，也包括了过失。

本案中，被告即便不具有侵犯马拉多纳的姓名权与肖像权的故意，但存在过于轻信中间人的安排，或者存在对理应查验中间人是否持有权利人马拉多纳的授权书等正常商务流程的疏忽，因此仍然是有过失的情形，属于具有主观过错。

因此，两审法院均支持了本案侵权行为成立。但有趣的是，两审法院对于侵犯姓名权的认定并不相同。

一审法院认为："从法律规定上来看，姓名权的权能主要表现为禁止他人盗用、冒用其姓名。而从盗用、冒用的词义分析来看，主要表现为一种主观上的故意。"结合本案证据，被告不存在故意的情形。另外，"马拉多纳作为全球知名人士，其签名已经可以视为其个人形象的一部分，与其肖像一样具有形象标识意义"。因此法院认为本案中马拉多纳的签名应可视为其肖像的一部分，"在此不具有侵害姓名权行为的独立意义"。可见，一审法院是否定了姓名权侵权，将其作为肖像权侵权的一部分进行处理。

二审法院对一审此种审判思路显然持有异议。二审法院在终审判决书中，明确指出：一审法院将签名与姓名完全等同，将姓名视为个人形象的一部分，作为肖像密不可分的一部分予以保护，没有法律依据，欠缺理论基础，会导致肖像权与姓名权两种不同权利的混淆。同时，二审法院进一步指出：签名仅作为使用姓名的外在表现形式，打印文字、音像等形式亦可作为使用姓名的外在表现形式。姓名的实质在于对特定人的识别功能，并不受限于载体的形式。因此，二审在实质上支持了本案被告的行为构成对原告马拉多纳的姓名权的侵犯。

本案的一审判决思路确实是偏离了法律理论与法律规定，客观上将姓名权与肖像权混在了一起。姓名权作为人格权的一种，之所以被法律单独列明，必然有其特定的权利构成、社会价值与法律意义。

传统观点认为，人身权不具有财产属性，从而与财产权相区分。但是随着社会经济生活的发展，人身权中的部分权利，比如姓名权、肖像权，其商业利用价值日益突出。尤其对于公众人物而言，其姓名本身不但具有标志自己区别他人的功能，还往往通过许可使用，具有了经济价值，具有了财产权利属性。或者说，权利人通过对自己姓名的商业化使用，具备了获取相应收益的权利。这里面所说的商业化使用，即是可以使权利人获得财产性收益的使用自己姓名的方式。

此种状况下，侵权人擅自使用公众人物的姓名，不但侵犯了权利人人身属性方面的合法权益，也侵害了权利人商业化使用自己姓名的合法权利与利益，使权利人的姓名与肖像的整体价值处于不确定的风险之中。

当然，《民法典》在这些实践的基础上，实质上已经对姓名权的财产性权利属性予以了认可，并作出了商业化使用方面相关的规定。

本案的特点，一是明确了姓名权作为一种独立的人身权，任何故意或过失的加害行为导致对权利人的损害，均属于侵权。二是指出了对姓名权的保护，不仅仅是对签名的保护，对以其他存在方式呈现的权利人姓名，均属于姓名权的范畴，概无例外地受到我国《民法通则》与《中华人民共和国侵权责任法》（以下简称《侵权责任法》）等法律法规的保护。

1.2 "投机取巧"利用他人姓名的纠纷

传统上侵犯姓名权的情形，基本都是擅自使用（盗用、冒用）他人的姓名。但是正如人们常讲的，法律永远处于落后于社会的发展。随着社会经济与技术的发展，在传统方式之外，出现了以"投机取巧"的方式利用他人姓名谋取不当利益的情形。比如，利用他人姓名的谐音作为商品名称或进行广告宣传（如给止泻药起名为"泻停封"）；利用他人姓名的拼音注册网址；利用他人姓名或拼音注册商标；等等。

这类纠纷显然正是基于公众人物的姓名越来越频繁地被商业化使用这一背景而发生的。我国对于这些新类型纠纷的具体法律规定还比较匮乏，实践中也很难用传统的侵犯姓名权理论来处理，因此没有统一的司法审判标准。可以说，如何从现有法律角度找出对应思路是一个实践中的难点。

岳彤宇与周立波域名权属、侵权纠纷案[2]就是其中一个经典案例。

该案一审由上海市第二中级人民法院审判［（2011）沪二中民五（知）初字第171号］；二审由上海市高级人民法院审判［（2012）沪高民三（知）终字第55号］。

【案件基本事实】 2007年原告岳彤宇以其他名义在域名注册商处注册了zhoulibo.com域名用于开设网站。2011年，原告标价10万元，在zhoulibo.com网站上刊登"周立波zhoulibo.com本域名诚意转让出售中，期待有识者联系"的广告，并宣传很乐意由海派清口表演者周立波来购买此域名。此后不久，本案被告海派清口创始人周立波以其对拼音"zhoulibo"享有合法民事权益，域名中的"zhoulibo"系周立波姓名的拼音形式，且岳彤宇恶意注册、高价转让为由，向亚洲域名中心投诉，要求将涉案域名转移给周立波所有。该中心认可了周立波的投诉，裁定该域名转移给周立波所有。原告对此持有异议，遂起诉至法院。

原告认为：拼音"zhoulibo"并非只是对应汉字"周立波"；原告是为了宣传另一位姓名是周立波的作家才注册此域名。在涉案域名对应的网站网页上有"缅怀周立波（1908~1979）"；还有作家周立波的生平及部分小说的链接。这可以证明原告实际是为了宣传作家周立波，没有抢注的恶意。

被告周立波对原告的表述不予认可。被告认为，其个人是知名度极高的演员；拼音"zhoulibo"足以使相关公众产生将该域名与被告周立波联系在一起，产生误认；原告注册该域名没有合法与正当的理由；原告高价出售该域名，可以体现其主观恶意。

法院经审理后认为：被告周立波对其姓名"周立波"及其拼音"zhoulibo"享有合法权益。原告岳彤宇对此不享有合法权益。被告周立波的姓名"周立波"及其拼音"zhoulibo"亦为相关公众所知悉，原告注册的域名极易引起相关公众误认。涉案网站上刊登"周立波zhoulibo.com本域名诚意转让出售中，期待有识者联系"的广告，并宣传很乐意由海派清口表演者周立波来购买此域名，也证明域名中的拼音与被告存在对应关系。此种情况下，原告以高价出售该涉案域名具有明显恶意。由此一审法院认为原告的行为系不正当竞争行为，涉案域名应由被告周立波注册、使用。最后一审法院判决驳回原告的诉讼请求。原告提出上诉，二审法院维持原判。

【案件评析】

本案涉及对个人姓名权保护的新的思路：

首先，姓名所对应的汉语拼音是否可以与姓名一样受到保护？

这里的争议在于：汉语拼音对应的汉字不是唯一的，在没有标注声调的情况下，拼音对应的汉字更多。比如拼音"zhoulibo"，可以解释成"周里博""周力泊""周丽帛"等。理论上，只有确定被抢注的拼音与特定姓名对应，才有可能一体进行保护。本案中，原告在网站售卖域名时频频点名"海派清口表演者"周立波的行为，恰好解决了这个问题，拼音与汉字形成了一一对应的关系。但是如果没有类似证据，该如何认定是有争议的。

其次，如何适用《中华人民共和国反不正当竞争法》（以下简称《反不正当竞争法》）对姓名权进行保护？

本案适用《反不正当竞争法》来保护姓名权是根据以下法律与司法解释的规定：

1)《反不正当竞争法》（1993年版）第5条第3项规定，擅自使用他人的企业名称或者姓名，引人误认为是他人的商品，属于以不正当手段从事市场交易、损害竞争对手的不正当竞争行为。

该法2017年修正版已经有变化，改为第6条第2项：经营者不得实施下列混淆行为，引人误认为是他人商品或者与他人存在特定联系：擅自使用他人有一定影响的企业名称（包括简称、字号等）、社会组织名称（包括简称等）、姓名（包括笔名、艺名、译名等）。

2) 最高人民法院《关于审理不正当竞争民事案件应用法律若干问题的解释》第6条第2款规定，在商品经营中使用的自然人的姓名，应当认定为《反不正当竞争法》第5条第3项规定的"姓名"。具有一定的市场知名度、为相关公众所知悉的自然人的笔名、艺名等，可以认定为《反不正当竞争法》第5条第3项规定的"姓名"。

从上述法律与司法解释的规定可以看出，擅自使用自然人的姓名导致误认，属于不正当竞争行为。只是本案中引用该法之时，仍然只能适用1993年版，因此似乎不符合"损害竞争对手"这一情形；但是2017年及2019年修正版就扩大了该条款的适用范围，只要是因为混淆行为导致误认为与他人存在特定联系即可。

这一思路的核心是"混淆"，即擅自使用自然人的姓名导致相关公众对使用者与姓名所有者之间产生了特定的联系，误认为二者之间存在特殊关系。这种混淆行为会导致其他竞争者处于某种劣势，也会使部分消费者在被误导的情况下作出不真实的意思表示，从而导致利益受损。因此使用人的这种行为构成不正当竞争。

具体到本案这种利用注册域名擅自使用他人姓名实施不正当竞争的行为，还需要与域名保护相关的法律规定来配合确认相关要件。

比如对于使用者注册、使用域名是否构成侵权或者不正当竞争，使用者的行为是否存在主观恶意，均可以根据最高人民法院《关于审理涉及计算机网络域名民事纠纷案件适用法律若干问题的解释》来认定。

该解释第4条规定：人民法院审理域名纠纷案件，对符合以下各项条件的，应当认定被告注册、使用域名等行为构成侵权或者不正当竞争：①原告请求保护的民事权益合法有效；②被告域名或其主要部分构成对原告驰名商标的复制、模仿、翻译或音译；或者与原告的注册商标、域名等相同或近似，足以造成相关公众的误认；③被告对该域名或其主要部分不享有权益，也无注册、使用该域名的正当理由；④被告对该域名的注册、使用具有恶意。

该解释第5条第1款规定：被告的行为被证明具有下列情形之一的，人民法院应当认定其具有恶意：①为商业目的将他人驰名商标注册为域名的；②为商业目的注册、使用与原告的注册商标、域名等相同或近似的域名，故意造成与原告提供的产品、服务或者原告网站的混淆，误导网络用户访问其网站或其他在线站点的；③曾要约高价出售、出租或者以其他方式转让该域名获取不正当利益的；④注册域名后自己并不使用也未准备使用，而有意阻止权利人注册该域名的；⑤具有其他恶意情形的。

对照上述法律与该司法解释的条款，并结合本案具体事实，可以发现：

（1）原告在网站上刊登"周立波 zhoulibo.com 本域名诚意转让出售中，期待有识者联系"的广告，并宣传很乐意由海派清口表演者周立波来购买此域名，明显排除了该拼音可以对应多个不同汉字的解释，而是合理地指向了本案被告的姓名。因此本案被告对该域名主要部分的拼音享有合法权益，原告不享有。

（2）既然该拼音合理地指向了本案被告姓名，且考虑到被告举证证明的其较高的社会知名度，则从常理来看，会导致相关公众误认为此网址与被告存在特殊关系，发生误认。

（3）原告高价出售域名的行为，既符合上述司法解释关于主观恶意的判断标准，也导致其自称注册该域名是为了宣传另一位同名作家的辩解丧失了合理性，从而导致原告注册该域名丧失了正当理由。

因此，法院判决驳回原告的诉讼请求是有理有据的。

1.3　混淆与联想——如何保护姓名的商业化使用权利

如上文所述，姓名的商业化使用是可以使权利人获得财产性收益的使用自己姓名的方式。

利用《反不正当竞争法》中关于"混淆行为"的规定来保护姓名的商业化使用权利，确实是一条很有价值的思路。尤其是该法 2017 年修正之后，进一步有利于对自然人姓名的保护。但是，上述周立波一案之所以能出现一个有理有据的判决，是因为该案恰好存在相应的证据能够解决一些难点（比如拼音与人名的对应、主观恶意的判断、哪方对人名享有合法权益等）。但是在证据不充分等情况下，很多问题依靠现有《反不正当竞争法》中的规定仍然不足以解决。

1.3.1　仅仅以"混淆"作为判断的标准还不够。

《反不正当竞争法》（2019 年修正版）明确了经营者与消费者均可以成为提起不正当竞争之诉的主体。该法将擅自使用他人有一定影响的姓名（包括笔名、艺名、译名等）的行为定义为"混淆行为"。所谓"混淆"，是相关公众对某项商品或服务的提供者产生误认。在姓名权问题上，是相关公众将同名的 A 误认为同名的 B。我们常说的"盗用""冒用"就会导致这种后果。

但是，在有些情况下，相关公众是明确知道或通过常识判断即可以知道 A 并不是同名或同音的 B，也不会误认商品或服务真的与 B 有什么特定联系，但是仍然因为想到了同名或同音的 B 而进行消费并受到损失，或者作出了导致其他竞争者于不利地位的商业选择。

比如，某药企给生产的止泻药起名为"泻停封"。对于社会公众而言，应该不会有人认为这个药名与谐音的影视演员存在任何特定联系，即不会发生混淆情形。但是，该药企利用谐音来获取不当利益的主观目的和行为非常明显。从后果来讲，不能排除确实有社会公众因为通过谐音想到了特定的名人，在感觉到好笑或感兴趣的心态下购买该药。

针对此例，《反不正当竞争法》规定的"混淆行为"就没办法规制了。

1.3.2 利用"联想"作为另一种评判标准：

上述情形虽然不属于"混淆"，但是属于一种"联想"的情形。

"联想"的情形是指侵权人的行为虽然没有导致相关公众发生误认，但是使相关公众轻易想到了某公众人物。侵权人利用相关公众的这种"联想"，客观上造成被联想到的公众人物为侵权人进行了宣传，并使得侵权人或其商品或服务获得了利益（如得到了相关公众的关注）。

采用"联想"作为评判标准，可以比较有效地解决一些难题。

比如上面提到的药企的宣传手段，就是利用"谐音"，通过使相关公众产生联想来获取不当利益。

比如拼音与汉字的一一对应问题，侵权者一般会辩解该拼音并非指向某公众人物，而是指向很多近似名字或指向某另外主体，但是通过相关公众的联想与该公众人物之间是否已经建立了稳定的对应关系，可以发现相关公众联想到的是不是该公众人物。

比如，由于重名的情况大量存在，对于某个拼音或汉字姓名，可能会有多人提出权利要求。特别是在某人与某公众人物重名的情况下，其将自己真实姓名用于商品或服务的宣传，是否侵犯某公众人物的姓名权，或者是否存在不正当竞争情形？利用"联想"作为评判标准，可以作为一种解决思路。即，相关公众的联想所稳定对应的姓名所有者，才是真正的权利人。因为自然人的姓名权与姓名的商业化使用权利并非同一概念。在姓名的商业化使用中，虽然不能否认同名者每个人姓名本身的真实性以及每个同名者对自己姓名的法定权利，但是导致相关公众产生联想的稳定对应目标却是某特定的公众人物。因此，在商业化使用中，相关公众产生联想所稳定对应的公众人物，才是在该特定情形下姓名所涉财产权利的权利人。

从上述这些举例来看，"联想"作为一种评判标准，可以作为"混淆"原则之外的另一个思路。由于行为人对争议姓名本身是否具有人身利益并不相同，因此可以分为两种法律适用情况：

一是行为人对争议姓名本身不具有人身利益。比如上述的利用他人姓名的"谐音""拼音""译音"或声称指向另外特定人等情形，可以仍然适用《反不正当竞争法》（2019 年修正版）第 6 条第 1 款，按照"引人误认为是他人商品或者与他人存在特定联系"来处理。

二是行为人对争议姓名本身具有人身利益。比如利用与公众人物同名的自己的姓名注册商标、注册网址、对外进行在商品或服务上使用授权等商业化使用情形，可以考虑适用《反不正当竞争法》（2019 年修正版）第 8 条第 1 款的规定："经营者不得对其商品的性能、功能、质量、销售状况、用户评价、曾获荣誉等作虚假或者引人误解的商业宣传，欺骗、误导消费者。"这一法律规定是对经营者虚假宣传的规制，其中"引人误解的商业宣传"比较符合利用消费者的"联想"来进行不正当竞争的情形。

使用"联想"作为评判的标准，其核心是将姓名商业化使用的利益归于真正使该姓名具备商业化价值的个人。很明显，某个姓名被用于商品或服务的宣传，一定是因为该姓名具备相当的知名度，会引导公众想到某个特定的公众人物。因此，只要在该姓名的群体中能够证明某个公众人物的知名度足以达到使相关公众一见即联想的程度，或者说在相关公众与该公众人物之间建立了稳定的对应关系，则该姓名的商业化利益即应归属于该人。

《民法典》实施以后，由于《民法典》第 993 条有"但是依照法律规定或者根据其性质不得许可的除外"的规定；第 1012 条有"但是不得违背公序良俗"的规定，因此在部分情况下可以考虑将其作为解决上述问题时适用的依据。

第二节　肖像权的保护

肖像权，是自然人的人身权利之一，具有专属性。特别是对于公众人物而言，其肖像在商业化使用过程中，还可以为肖像权人带来巨大的经济利益。《民法典》第 993 条，也是从法律角度确认了肖像权是可以商业化使用的。因此对肖像权的保护，一直是人身权保护的重要领域。

肖像权侵权作为侵权行为的一种，其构成要件自然是要求存在加害行为、损害后果以及加害行为与损害后果之间存在因果关系、侵权人存在主观过错。但是由于早期法律规定对"肖像"及"肖像权"的定义的缺失，以及出现了"以营利为目的"这一对主观故意局限性较强的提法，导致实践中产生了很大的争议。争议焦点就在于："以营利为目的"是不是认定肖像权侵权的构成要件之一。对这一问题的认识，司法实践中有一个逐步发展的过程。

2.1 "以营利为目的"是否属于认定肖像权侵权的必要条件之一

我国法律对保护肖像权早已有相关规定。我国《民法通则》第 100 条规定："公民享有肖像权，未经本人同意，不得以营利为目的使用公民的肖像。"因此，像擅自使用公众人物的肖像做广告谋利这类行为，毫无争议地属于侵犯肖像权的行为，可以依据该法律规定进行处理。但是，这一法律规定在近年来的实践中也引发了争议，即对肖像权侵权的判断，是否在"未经本人同意"这一事实之外，还要有侵权人以"营利为目的"这一事实，才能构成肖像权侵权？非营利为目的的情况下，未经本人同意使用其肖像权算不算侵权？

出现这类情况的原因是《民法通则》制订于 1986 年，当时的社会经济环境与现在差异巨大。虽然 2009 年进行了部分修正，但是对于肖像权的规定没有变化，因此显得该条规定不能满足现在多样的肖像权纠纷的判定。比如，该条规定指出了公民享有肖像权，但对于肖像权的定义没有具体化，使得该条款是被解释为肖像权的概念，还是保护肖像权的情形，始终存在争议。

司法实践中，对于肖像权侵权之诉，传统的观点一直是严格按照该条款，要求必须同时具备未经本人同意和以营利为目的这两个要件，才构成肖像权侵权。但是这样的观点显然存在问题。该条款规定"未经本人同意，不得以营利为目的使用公民的肖像"，并不等于就规定了未经本人同意，不以营利为目的使用公民的肖像就是合法的。这在逻辑上是显而易见的。2017 年 10 月 1 日开始实施的《中华人民共和国民法总则》（以下简称《民法总则》），实际上肯定了"以营利为目的"不属于侵犯肖像权的必要条件之一的观点。该法第 3 条规定："民事主体的人身权利、财产权利以及其他合法权益受法律保护，任何组织或者个人不得侵犯。"该法第 110 条第 1 款规定："自然人享有生命权、身体权、健康权、姓名权、肖像权、名誉权、荣誉权、隐私权、婚姻自主权等权利。"《民法总则》直接规定了肖像权是自然人享有的法定人身权利之一，没有规定任何其他条件的限制。

事实上，在司法实践中，早已出现了一些放宽对"以营利为目的"这一事实进行审查的做法。

比如刘某与《精品购物指南》报社侵犯肖像权纠纷案件[3]就比较典型。该案一审由北京市海淀区人民法院审理［(2005) 海民初字第 2938 号］、二审由北京市第一中级人民法院审理［(2005) 一中民终字第 8144 号］。

【案件基本事实】2004 年 10 月 21 日，精品报社在其主办的《精品购物指南》专刊封面中央刊载了刘某跨栏动作图片。精品报社自某公司取得刘某在第 28 届奥运会上进行比赛的新闻图片，并未经过刘某同意。精品报社在使用该图片前对图片个别内容进行了修改。该专刊封面还同时刊登了宣传中友公司第 6 届购物节的广告，该广告与刘某跨栏动作图片相连。为此，原告认为精品报社未经其同意擅自将其肖像用作《精品购物指南》的封面，并为中友公司第 6 届购物节作封面广告。因此，原告起诉被告侵犯其肖像权。

被告精品报社不认可自己侵犯肖像权，并认为其使用刘某肖像图片属于正常的新闻报道，图片有合法来源。中友公司的广告与该图片及肖像无关。刊登含有刘某肖像的图片属于对公众人物肖像的合理使用。被告中友公司认为《精品购物指南》的版面使用刘某的肖像图片与该公司无关，该公司没有利用刘某的肖像做广告，因此不认为自己侵犯肖像权。

【案件评析】

本案事实有以下几个关键：首先，精品报社没有经过刘某本人同意使用了含有其肖像的图片；其次，该图片是另外一家公司享有版权的，精品报社从版权方合法取得了图片的使用许可并在使用前作了个别修改；最后，精品报社与中友公司均指出，中友公司的广告只是与含有刘某肖像的图片出现在同一版面，但不存在利用该图片做广告的关系。

从上述关键事实可以看到，本案的独特之处在于：媒体使用从合法版权方取得的含有公众人物肖像的图片，是否还需要肖像权人同意？同一版面的图片与广告，能否认定彼此之间存在特定的关系？在未经肖像权人同意的情况下，没有为营利目的使用肖像是否涉及侵权？

【判决结果】

一审法院认为：精品报社取得含有刘某肖像的图片来源合法，在回顾性报道中使用刘某在公共领域的肖像，属于合理使用。上述肖像并非用于中友公司的广告。因此本案被告没有侵犯刘某的肖像权。

二审法院认为：个人形象以图画影像等方式的客观再现，即为肖像，此为个人形象在特定时间、特定地点、特定背景环境下的客观展示。精品报社对合法来源的图片进行了修改，也不是报道原图片涉及的新闻，故不属于单纯的新闻报道。专刊封面刘某的图片虽然不是中友公司广告的一部分，但从专刊封面的整体视觉效果而言，足以令人产生"刘某为中友公司购物节做广告"的误解，使刘某人格受到购物节广告的商业化侵害。因此，二审改判精品报社侵犯刘某肖像权，但中友公司不侵权。

【案件评析】

本案一审与二审出现了截然不同的判决结果。从判决说理部分的内容，可以看到司法实践对于侵犯肖像权的两个构成要件的态度。

一审的认定是肯定了精品报社图片来源合法，因此不需要再获得肖像权人的同意。同时，该图片没有用于广告（相当于未用于营利目的），因此不侵权。

二审的判决，首先给了肖像权一个定义，这正是法律本身缺少的一个关键之处。从这一点，可以看到二审法院对于肖像权作为肖像权人的绝对权利的重视。其次，二审判决指出了该图片来源虽然合法，但是精品报社进行了修改且未用于新闻报道，因此不属于合理使用。这样一来，精品报社显然就触犯了"未经肖像权人同意"这第一个侵权构成要件。再次，二审法院也认可该图片并未使用于中友公司的广告，等于排除了"以营利为目的"这一主观故意的心理状态。最后，二审认为整体来看会引人误解是在做广告，结论就是这会引起肖像权人的人格受到商业化侵害。这一表述，实际上仍说明二审法院并不认为本案存在"以营利为目的"的使用行为，只是在客观效果上出现与营利使用相近似的后果。

因此，该案二审判决的思路，显然已经是将肖像权侵权的认定重点放在

"未经肖像权人同意"这一侵权构成要件之上了，至于是否"以营利为目的"在该思路中相对次要。当然，考虑到审判必须有明确的法律依据，将使人误解是在做广告作为近似于以营利为目的做广告，也是一种可以理解的变通。

如果说，上述案件由于时间较早，对于非营利目的下的擅自使用肖像权行为是否可以被认定为侵权还表述得比较含蓄的话，近年来的一些判决已经对此问题做出了明确认定侵权的表态。

比如 2018 年的叶某某诉广东花城职业培训学院肖像权纠纷案件[4]。

被告学院将申请作为其单位兼职教师的原告叶某某的照片，刊登在学院网站上宣传。原告以自己不是兼职教师且被告未经其同意为由，起诉学院侵犯其肖像权。学院认为自己作为非营利机构，刊登教师照片是正常展示和基本信息公开，没有在自己学院的网站上进行任何营利目的的宣传，不属于侵权。同时学院提交了原告申请担任兼职教师的申请表。

该案一审法院及二审广州市中级人民法院均判定被告侵犯肖像权成立。法院判决的理由很简单，就是学院未经叶某某同意，擅自使用叶某某肖像用于自身宣传，侵犯叶某某的肖像权。在这一表述里，强调了"未经肖像权人同意"，但是不再强调是否属于"以营利为目的"使用。可以互相印证的是：法院作出本案判决的依据，不再是《民法通则》，而是《侵权责任法》第 2、6、15 条。这些条款强调了人身权的绝对性与不可侵犯性，以及侵犯后责任承担的方式，但是没有关于是否"以营利为目的"的表述。

可见，现有的司法实践活动，已经开始明确支持"以营利为目的"不再属于侵犯肖像权的构成要件了。

我国《民法典》的实施，最终解决了这一争议。《民法典》不仅不再将"以营利为目的"作为侵犯肖像权的构成要件，而且对什么是"肖像"作出了法律定义。其第 1018 条第 2 款规定："肖像是通过影像、雕塑、绘画等方式在一定载体上所反映的特定自然人可以被识别的外部形象。"同时《民法典》还对肖像权人的权利、肖像权的控制范围、如何合理使用肖像权、肖像权人的单方解除权等内容作出了大量新的规定。具体见《民法典》第 1018 条至第 1023 条。

2.2 可识别性对肖像权保护的核心意义

《民法典》正式通过之前，对肖像及肖像权的含义没有具体规定，但是在司法实践中可以见到一些解释。比如上文刘某与《精品购物指南》报社侵犯肖像权纠纷案件中，二审法院就将肖像解释为"个人形象以图画影像等方式的客观再现"。

顺着这一思路，我们可以看到司法实践对人物肖像的几个关注点：一是人物个体拥有肖像，这也与法律关于自然人享有肖像权的规定相呼应。二是肖像属于一种个人形象。实践中，将个人面部特征认定为肖像没有争议，但是身体其他特征以及整体轮廓特征是否也属于肖像，还存在不同意见。如果将个人肖像解释为个人形象，则属于扩张解释，可以把个人的身体其他特征以及整体轮廓特征都包含进来，有利于保护肖像权人的权利。三是通过某种方式客观再现。客观再现，是指通过某种方式得到的成果要与个人形象具有整体视觉效果的高度相关性，即可以被准确识别为该个人。至于通过何种方式，则不是关键问题，传统的描绘、拍照等方式可以，根据科学技术发展产生的新方式也可以。

因此，再现成果与个人本身之间的可识别性，就是肖像与本人的核心连接点，也是认定是否存在侵犯肖像权行为的关键。对此，我国司法实践中的观点基本是统一的。下面两个案例就是体现可识别性在肖像权保护纠纷中的核心意义的典型案例。

《民法典》在第 1018 条第 2 款对于肖像进行了定义，规定"肖像是通过影像、雕塑、绘画等方式在一定载体上所反映的特定自然人可以被识别的外部形象"。可见，其核心要素仍是"可识别性"。

2.2.1 章某某与蓝港在线（北京）科技有限公司肖像权、名誉权纠纷案[5]

【案件基本事实】原告是国内著名的扮演孙悟空的演员。被告蓝港公司开发了网络游戏"西游记"并上线运营。原告发现该游戏中使用了孙悟空形象。原告认为被告使用的孙悟空形象是其在 1987 年央视版《西游记》电视剧中扮演的孙悟空形象；并认为此孙悟空形象是以原告的面部轮廓为基础形成的，已经享有盛誉，被社会公众熟知。被告未经原告同意擅自用于网络游戏，侵犯了原告的肖像权。被告蓝港公司不同意原告的观点，认为被告在游戏中使用的孙悟空形象是基于《西游记》原著独立创作的，没有使用原告的电视剧版孙悟空形象。另外，央视版《西游记》中的孙悟空形象与原告本人差距很大，不能等同于原告的肖像。因此本案不存在侵犯肖像权的情形。

【案件评析】

本案诉争双方对案件事实争议不大，只是对是否存在肖像权侵权持截然相反的态度。原告是我国著名演员，以表演孙悟空著称且享有盛誉。被告的游戏里使用了孙悟空形象。对以上事实双方并不否认。双方争议的焦点在于：被告的游戏版孙悟空形象是否抄袭了原告的电视剧版孙悟空的形象？原告扮演的孙悟空形象是否相当于原告的肖像？被告是否侵犯了原告的肖像权？

【法院判决】 本案一审由北京市西城区人民法院审理［（2010）西民初字第 10534 号］，二审由北京市第一中级人民法院审理［（2013）一中民终字第 05303 号］。

一审法院认为：肖像权仅限于反映真实人物的形象特征。原告塑造的孙悟空形象与其本人形象具有本质区别和差异。因此，原告塑造的孙悟空形象非其本人肖像，蓝港公司没有侵犯原告本人的肖像权。

二审法院认为：如果通过某一形象能够直接观察到某个人的特征，公众通过该形象可以直接识别出某个人时，该形象就是该自然人肖像权保护的范围。原告的孙悟空形象与其个人特征密不可分，相关公众一看到原告的孙悟空形象就能认出其饰演者章某某。因此该孙悟空形象具有可识别性，可以在第一时间识别到原告。这种某个形象与某个个人之间一一对应的情况下，该形象应该属于肖像权保护的范围。本案中，原告的孙悟空形象与被告使用的孙悟空形象存在一定的差异。这些差异，在同样的观众范围内能够分辨出，且导致相关公众不会将被告使用的孙悟空认为是原告饰演的，不会立即联想到原告。因此，原告虽然对其饰演的孙悟空形象享有肖像权，但是本案被告没有侵犯原告的肖像权。

【案件评析】

本案有趣之处在于，两审法院的判决结果是一致的，都认为被告没有侵犯原告的肖像权，但是判决思路却是大相径庭，在某些方面甚至完全相反。

一审法院的思路是传统的，对于肖像的理解是个人形象的真实再现。对于原告扮演的孙悟空这一艺术造型，由于其显然与原告本人的真实形象差别巨大，因此一审法院不认可该艺术造型属于肖像权保护的范围。原告既然对其扮演的孙悟空造型不具有肖像权，被告自然谈不上侵权。

二审法院显然对什么是肖像进行了扩张性解释。二审法院将可识别性作为原告扮演的艺术造型与原告本人之间产生联系的核心因素，并以相关公众的第一感受是否可以将两者一一对应作为判断标准。只要符合，就认可该艺术造型属于肖像权保护的范围。同时，也正因为这种可识别性与相关公众的第一感受，被告使用的孙悟空形象与原告的孙悟空形象的差异，导致了可识别性严重减弱，并且导致相关公众的第一感受无法将被告使用的孙悟空形象与原本人一一对应，因此认定被告没有侵犯原告的肖像权。二审法院是在承认原告对其扮演的艺术造型享有肖像权的情况下，以被告使用的造型不侵权为理由，驳回了原告的诉讼请求。

可见，两审法院的巨大分歧，在于自然人的艺术造型能不能构成肖像的一部分，能不能被纳入肖像权保护的范围之内。我国法律并没有对肖像与肖像权进行定义，因此给了司法实践充分的发挥机会。从传统理念来看，对肖像的理解从最初的面部特征与表情，逐步发展到人体特征与轮廓，但是无论如何也没有超越直观再现本人的特征这一标准。然而，法律是不断发展的，而且是不断跟随着社会经济的进步而更新的。肖像权作为人身权的一部分，原本没有财产属性的权利，仅仅是通过起到识别作用来区分不同的个体与其人格利益。但是，社会经济的发展使得肖像权的财产性价值愈发突出。对于肖像权人来讲，肖像的商业化使用所带来的财产利益在价值判断上在某些时候甚至超过了其人格利益。而肖像的商业化使用给肖像权人带来的利益，主要取决于肖像权人对其能力、声望、信誉等方面的积累与宣传。可以说，能够凝结这种能力、声望、信誉等方面的积累与宣传的载体，如果不能通过法律进行保护，则有失公平。

肖像权人的艺术形象或者艺术造型就是一种能够凝结这种能力、声望、信誉等方面的积累与宣传的载体，理应予以司法保护。当然，理应进行司法保护也要考虑究竟适用何种法律来保护。从现有法律规定来看，比较接近的是通过表演者权或者肖像权来保护。表演者权主要是表明表演者身份、保护表演者的表演不受歪曲等权利，与保护肖像权人的肖像商业化使用与获利的目的相距略远。因此，对肖像及肖像权进行扩张解释，将肖像权人的艺术形象或艺术造型纳入肖像权保护范围，也算是现有法律规定条件下可以接受的尝试。

当然，不是所有的艺术形象或艺术造型均在被肖像权保护之列。在这方面仍应遵循肖像权保护的核心条件：具有可识别性，而且是直觉层面的可识别性。这是因为（以本案为例）：如果看到孙悟空的艺术造型不能凭直觉第一时间想到原告章某某，那么该艺术造型相当于已经对应着多个孙悟空的扮演者。同时，也就很难讲孙悟空的艺术造型究竟凝结了哪位扮演者的能力、声望与信誉。

经过上面的分析我们再看本案：原告"美猴王"世家的传承与地位、个人一生扮演孙悟空的经历、1987年版《西游记》电视剧的轰动效应与经久不衰的影响力、孙悟空造型与原告个人条件的结合，这些因素综合在一起，显然使得原告扮演的孙悟空艺术造型已经具有直觉层面的可识别性，使得相关公众一看该艺术造型就知道是原告。原告扮演的孙悟空艺术造型已经成为凝结原告的能力、声望、信誉等方面的积累与宣传的载体。毫无疑问，这一载体理应进行司法保护，且在法律无明确规定时按照肖像权进行保护为最合理的方式。

至于被告使用的孙悟空形象不侵权，也正是因为被告使用的孙悟空形象与原告扮演的存在差异，这种差异导致被告使用的孙悟空形象无法被相关公众产生直觉层面的可识别性，也就不能成为凝结原告的能力、声望、信誉等方面的积累与宣传的载体。因此，被告不存在侵犯原告肖像权的行为。

2.2.2　迈克尔·杰弗里·乔丹与国家工商行政管理总局商标评审委员会、第三人乔丹体育股份有限公司商标争议行政纠纷案[6]

【案件基本事实】 迈克尔·杰弗里·乔丹是美国著名篮球运动员，其认为乔丹公司第6020570号图形商标（篮球运动员轮廓）的注册损害了其在先肖像权，而且涉案商标标识使用了其运动形象，侵犯了其肖像权，故申请再审。乔丹公司认为，乔丹就标识不享有肖像权。该图形对应的动作是篮球运动中的常见动作，没有表现出乔丹的个人特征，与再审申请人无关。该标识仅是人体轮廓，与乔丹不能对应，不具有可识别性，不能获得肖像权的保护。商标评审委员会亦请求法院驳回再审申请。

【案件评析】

本案是商标行政案件，因乔丹公司不服生效判决申请再审，最高人民法院对该案进行再审。从事实来看，是乔丹公司（与申请再审人乔丹没有关系）注册了某个商标，内容是一个篮球运动员的动作形象，但是只有人体轮廓没有表情、面部特征、身体特征等要素。乔丹认为这个动作形象就是自己，并举出了在美国杂志刊登的其运动形象照片与该商标图案基本一致。被告乔丹公司则认为这一标识图案根本无法识别是乔丹本人，只是篮球运动员通常的动作。因此乔丹公司认为自己不存在侵权。

【法院判决】 本案由最高人民法院审判 [（2015）知行字第 332 号]。该院认为：肖像权所保护的"肖像"是对特定自然人体貌特征的视觉反映，应当具有可识别性，其中应当包含足以使社会公众识别其所对应的权利主体，即特定自然人的个人特征，从而能够明确指代其所对应的权利主体。涉案商标标识仅仅是黑色人形剪影，除身体轮廓外，其中并未包含任何与再审申请人有关的个人特征。因此，再审申请人不能就该标识享有肖像权，其主张不能成立。

【案件评析】

最高人民法院在本案说理中，对什么是肖像，构成法律意义上肖像这一概念的要求作出了阐述。在该阐述中，最高人民法院强调了"可识别性"这一要素的核心地位，并且明确了可识别性是使社会公众能够识别具体的权利主体。最高人民法院的这些阐述具有非同一般的意义，可以作为肖像权保护类案件的一个直接参考。

综合本节援引的两个案例可以看出，对于"肖像"的解释，已经不再局限于面部特征或表情，先是具备可识别性的人体特征与轮廓普遍获得接受，进而扩展到只要满足可识别性的其他特征，只要能够使社会公众将该肖像与肖像权利人一一对应即可。

2.3　衍生品与剧照的肖像权保护

科学技术的发展，使得社会生活层面出现了很多新的应用，随之带来了法律不曾面对过的问题。比如互联网的发展，使得微博、微信等自媒体被广泛应用。于是，就出现了有人制作的微博或微信的表情包与某公众人物很近似的情况，这是否属于侵犯肖像权的行为引发了社会的议论。再比如，有人制作玩偶、屏保、卡通玩具等，但是与某个公众人物的肖像或者在影视节目中的形象很近似，这是否属于侵犯肖像权的行为也引发了社会的议论。

上述这些开发衍生产品的行为，显然都没有得到肖像权人的同意，但是由于其生产、销售的衍生品与具体公众人物相似程度不一，如何进行司法规制成为了肖像权保护的一个重要问题。我们可以通过葛某与江苏慧库天下软件科技有限公司肖像权纠纷案件[7]来观察这个问题：

【案件基本事实】 原告葛某系国内著名演员，在电视连续剧《我爱我家》中饰演"季春生"。被告在其官方微信公众号发布的文章"一张垫子引发的拯救［葛某瘫］行动"的文章中，擅自使用了原告饰演的"季春生"躺在沙发上的剧照截图10张作为文章配图，且文章存在大量广告。原告认为被告侵犯了其肖像权。被告对此不同意，认为"葛某躺"是2016年流行词，并非直接对应原告本人。而且被告使用的"季春生"的剧照并不是原告本人的肖像。

【法院判决】 此案由北京市海淀区人民法院审理［（2018）京0108民初64515号］。法院认为，被告使用的是原告在电视连续剧《我爱我家》中的剧照。影视剧照中的演员形象体现了演员的个性特征，具备肖像的法律特征，应当受到法律的保护。葛某作为剧照中"季春生"一角的表演者，对剧照中的肖像亦享有肖像权。因此，法院判决被告侵权成立。

【案件评析】

本案实际上涉及了两个问题，一是未经本人同意擅自使用本人的剧照，是否属于侵犯肖像权的行为；二是未经本人同意擅自将剧照中本人饰演的人物形象制作成衍生品，是否属于侵犯肖像权的行为。

（1）未经本人同意擅自使用本人的剧照

使用人的理由一般有两点：一是强调剧照中的人物形象不是本人的肖像，不属于侵犯本人的肖像权；二是强调剧照的著作权人是该影视剧的制片方，不是肖像权人。使用人使用剧照仅属于是否侵犯著作权的问题，与肖像权侵权无关。

对于剧照中的人物形象是否属于本人的肖像，这个问题在司法实践中早已有一致的认识。剧照中的人物形象只要具有可识别性，能够达到可以使社会公众直接识别出扮演者本人的程度，该人物形象即可以作为扮演者的肖像予以保护。

对于剧照著作权与人物肖像权如何保护的问题。二者之间并不存在矛盾或替代关系。影视作品的制片方是影视作品的著作权人，也是剧照的著作权人。剧照中人物形象的肖像权人作为表演者，在该影视剧中享有表演者权。制片方对影视作品及剧照的使用目的、范围等内容，可以由制片方与表演者通过双方之间签订的合同来约定。在约定不明确的情况下，由于表演者是为该影视剧提供表演并收取了报酬，因此制片方对影视作品及剧照的使用，只要不超越与影视作品宣传、放映、传播相关的用途，都应当视为合理的使用。但是对于制片方与表演者之外的第三方来讲，在没有获得表演者同意的情况下，对剧照的使用即属于侵犯肖像权的行为，当然前提是该剧照中人物形象与肖像权人本人之间具有可识别性。

本案中，原告是知名度极高的演员，其在《我爱我家》中出演的人物形象可以直接与原告本人一一对应。被告擅自使用载有原告出演的人物形象的剧照，显然侵犯了原告的肖像权。

另外，还可以扩展一下考虑范围：如果被告获得制片方许可使用该剧照是否还属于侵犯原告的肖像权呢？

蓝某某诉天伦王朝饭店有限公司等肖像权、名誉权案[8]是这方面的一个经典案例。在该案中，使用人从制片方处获得了使用原告蓝某某在电影《茶馆》中出演的"秦二爷"的剧照的许可。看起来使用人已经有了著作权的合法授权。但是，使用人与制片方均被法院认定为侵犯了原告的肖像权。

原因何在？正如上文所述，制片方虽然取得了影视剧与剧照的著作权，但是也有正确行使著作权的义务。在没有特别约定的情况下，著作权人超出合理使用目的使用表演者的肖像（剧照）时，即陷入侵犯表演者的肖像权的境地。使用人取得的所谓许可也是没有法律认可的权利基础的。

因此，一个看似简单的使用剧照行为，其背后隐藏的往往是多种权利的平衡与制约。著作权、表演者权、肖像权，这些权利之间既是彼此独立的，又是互相关联的。一旦不慎使用，就有可能导致侵权的后果。

（2）未经本人同意擅自将剧照中本人饰演的人物形象制作成衍生品

对于这一类行为，其判断标准也和前文所述一脉相承，即该衍生品与肖像权人之间是否具有一一对应的可识别性。只要具备可识别性，则使用人借助肖像权人的形象与声誉来谋利的主观故意昭然若揭。

本案中，被告制作的表情包直接使用了肖像权人在剧照中的形象。从该剧照在网络上被众口传播的名字"葛某躺"也可以看出，该剧照与肖像权人之间的识别性非常之强。被告利用肖像权人的剧照形象显然属于侵权。

第三节　名誉权与隐私权的保护

什么是"名誉"，什么是"名誉权"，《民法典》实施之前法律并未直接给出相应的定义。从自然人角度来讲，"名誉"是一个人对自己的人格尊严认知，既包括内在的对名誉的感受，也包括外在的来自他人或社会的名誉评价。由于我国法律对"名誉权"的权利主体，原先根据《民法通则》规定为"公民、法人"，现在根据《民法总则》规定为"自然人、法人及非法人组织"，因此在我国法律上，"名誉权"涉及的"名誉"仅仅指外在的来自他人或社会的评价，毕竟法人与非法人组织是不可能存在对名誉的感受这种内在心理活动的。

《民法典》也采用了这种观点，其在第 1024 条第 2 款规定："名誉是对民事主体的品德、声望、才能、信用等的社会评价。"

侵犯名誉权的认定也离不开侵权行为、损害后果、侵权行为与损害后果之间存在因果关系、侵权人存在主观过错这四方面的要求。只是对于侵权行为，法律具体表述为"侮辱、诽谤等方式"［见《民法通则》第 101 条］。这里面，侮辱、诽谤是确定的侵权行为方式，"等"该如何理解？显然，这是指出侵犯名誉权的方式不仅仅是"侮辱、诽谤"行为。

最高人民法院《关于贯彻执行〈中华人民共和国民法通则〉若干问题的意见（试行）》（1988年）第140条规定："以书面、口头等形式宣扬他人的隐私，或者捏造事实公然丑化他人人格，以及用侮辱、诽谤等方式损害他人名誉，造成一定影响的，应当认定为侵害公民名誉权的行为。以书面、口头等形式诋毁、诽谤法人名誉，给法人造成损害的，应当认定为侵害法人名誉权的行为。"

这一司法解释阐明：除了"侮辱、诽谤"行为以外，在造成损害后果的前提下，其他三种行为也可以被认定为侵犯名誉权的行为：①宣扬他人（自然人）隐私；②捏造事实丑化他人（自然人）人格；③诋毁行为。

《民法典》延续了以往的立法与司法成果，在第1024条与第1025条仍是将"侮辱、诽谤""捏造、歪曲事实""使用侮辱性言辞等贬损他人名誉"作为重要的判断标准，但同时也新加入了"对他人提供的严重失实内容未尽到合理核实义务"这一情形，使得规定更为具体和操作性更强。

对于隐私权，我国长期没有法律规定来规范，只是在2009年通过的《侵权责任法》里才开始明确规定自然人享有该项民事权利。此后的《民法总则》对此进一步确认。

长期以来，在我国隐私权并未被直接保护，只有在行为人侵犯了某个自然人的隐私，并且导致损害后果出现（有一定影响）时，才按照侵犯名誉权来保护。因此，在我国法律体系里，名誉权与隐私权一直联系比较紧密。这也是本书将二者列在同一节进行表述的原因。

当然，随着《侵权责任法》与《民法总则》的实施，隐私权终于成为一项独立的法定权利列于法律之中了。但是，对于何为"隐私"、何为"隐私权"，法律同样没有给出具体的定义。从法律保护隐私权的规定推导，"隐私"可以理解为自然人不为公众所知悉的信息；"隐私权"可以理解为非因国家安全、公共安全或法律规定的原因，自然人免于受到他人打扰、干涉、窥探等行为干扰或免于被泄露个人信息的权利，但这些仍是侧重于理论层面的解释。

《民法典》彻底改变了这一现象，不但为"隐私权"设置了专章，而且将隐私权与个人信息保护联系在一起，进行了明确的规定。《民法典》第1032条第2款给"隐私"作出了定义："隐私是自然人的私人生活安宁和不愿为他人知晓的私密空间、私密活动、私密信息。"在第1033条通过禁止性规定明确了侵犯隐私权的情形，包括："（一）以电话、短信、即时通讯工具、电子邮件、传单等方式侵扰他人的私人生活安宁；（二）进入、拍摄、窥视他人的住宅、宾馆房间等私密空间；（三）拍摄、窥视、窃听、公开他人的私密活动；（四）拍摄、窥视他人身体的私密部位；（五）处理他人的私密信息；（六）以其他方式侵害他人的隐私权。"

同时在第 1034 条，《民法典》对"自然人的个人信息"进行了定义，并给与了不低于隐私权的法律保护。该条第 2 款规定："个人信息是以电子或者其他方式记录的能够单独或者与其他信息结合识别特定自然人的各种信息，包括自然人的姓名、出生日期、身份证件号码、生物识别信息、住址、电话号码、电子邮箱、健康信息、行踪信息等。"

隐私权的保护与名誉权的保护一样，也应当遵循侵权责任法律规定的一般原则。但是侵犯隐私权与侵犯名誉权也有不同，那就是侵犯隐私权的损害后果只需要行为人"刺探、侵扰、泄露、公开"他人隐私即可（见《民法典》第 1032 条），不需要更有进一步的损害；如果发生进一步的损害，比如出现被他人嘲笑、诋毁等评价降低的情形，则构成侵犯名誉权的损害后果。从这一点上，也可以看出隐私权与名誉权的紧密联系。对于这二者的具体保护情形，我们在下文详述。

3.1　侮辱、诽谤、诋毁、捏造事实丑化他人，侵犯名誉权的常见方式

侮辱，是指通过书面或口头方式以及网络传播等方式，发表贬损他人声誉的言论或通过暴力、胁迫、制造心理压力等手段，实施贬损他人声誉的行为。诽谤，是指捏造并散布不实信息，贬损他人声誉的行为。捏造事实丑化他人，主要是指其情节可能达不到侮辱、诽谤的程度，但是确实存在编造事实并传播丑化他人的行为。这里面的他人，既可以是自然人，也可以是法人或非法人组织。

仅仅实施上述行为，还不足以构成侵犯名誉权，还需要存在一定的影响（损害后果）。这种损害后果一般是指对于受侵害人的社会评价有所降低。比如，某老师 A 捏造并在学校里散布某老师 B 抄袭别人的论文，导致学校其他老师和部分同学议论老师 B 学术态度不正，即属于社会评价有所降低。具体我们可以看一些法院判决的案例，以获得更明确的认识：

徐某某与宋某某、刘某某侵害名誉权民事纠纷案[9]是比较典型的一起涉及诽谤侵权的案件。

【案件基本事实】此案由上海市静安区人民法院审理。原告系著名导演谢某的夫人。谢某导演因心源性猝死于2008年10月18日病逝于酒店客房内。从次日开始，被告宋某某在其多个网上博客上传多篇文章，称谢某因性猝死而亡、谢某与刘某某在海外育有重度脑瘫的私生子等内容。被告刘某某不仅也多次发布类似文章，还公然宣称其亲耳听见了事件过程并告诉了宋某某。此事被多家电视台与报社采访并报道。此后，原告以两被告诽谤谢某、侵害其名誉权将两被告诉至法院。

【法院判决】法院认为，两被告发表诽谤文章，诋毁谢某名誉，使得谢某的名誉在更大范围遭到损害，且两被告有共同的意思联络，属于共同侵权。

【案件评析】

本案是利用诽谤手段侵犯他人名誉权的案件。从中，我们可以看到名誉权侵权的一般构成要件。（1）侵害行为，两被告捏造事实并利用博客在互联网上散布谣言；（2）损害后果，此事经过网络传播、电视台与媒体报道，得以在很大范围内为社会公众知悉，不实之词必然导致逝者的名誉受到损害；（3）因果关系，两被告的诽谤行为与损害后果之间具备直接的因果关系；（4）主观过错，两被告显然属于主观故意行为，同时两被告之间互相联络，存在共同的侵权故意。从上述构成要件分析，本案构成名誉权侵权当无异议。

吴某某诉王某等名誉权侵权案件[10]是一起诋毁他人从而侵犯名誉权的案例。

【案件基本事实】原告吴某某系知名艺人，社会关注度极高。被告王某系新浪微博账户"揭秘那些破事呀"的注册主体。其自称运营该账号的方式是通过对演艺明星的"八卦爆料"来提高关注度并招揽网络广告。某日，王某通过该账户转发了"#吴某某疑似毒瘾发作神情懈怠精神恍惚"的内容（含视频）。吴某某主张该微博内容编造并散布虚假信息，严重损害其公众形象及名誉权，遂向法院起诉。

【法院判决】北京市海淀区人民法院认为，对于虚假的内容，王某即便是"转发"，但考虑王某未尽到审慎注意义务，以及其经营账户发布微博的特定商业性考虑，仍彰显出王某诋毁原告吴某某声誉的故意或过失。涉嫌"吸毒"

的消极评价会严重降低原告作为明星的社会评价和商业价值，超出其作为公众人物应当克制、容忍的限度。因此，被告的行为构成侵犯原告名誉权。

【案件评析】

本案是常见的利用微博转发内容导致侵权的案件。近些年来，自媒体营销极其火爆。经营者利用微博或微信账户，独创或转发各种吸引眼球的内容，粉丝数量越多，能带来的广告收益等网络营销收益就越大。为此，有些自媒体经营者不惜冒险踩踏法律的红线。

一般情况下，自媒体转发他人的内容，相对而言被追究责任的不多，即使追究也比较轻微。但是从本案事实来看，存在两个比较重要的情形。一是内容比较恶劣。在文化产业里，任何一个公众人物都有一些不可践踏的红线，一旦触及，其演艺生涯必遭挫折甚至中断。涉及毒品就是其中一项。一旦艺人出现涉毒传闻，不仅仅是社会评价降低，相关的演艺事业合作方都会对其采取慎重的态度。因此，本案中被告转发的诋毁内容是非常严重的。二是本案被告自己承认，其是以爆料为手段，吸引粉丝与网络广告为目的的商业营销号。这种自媒体账户与一般社会公众自娱自乐的账户有着本质不同。一方面，这类账户粉丝量较多，任何爆料内容的传播范围都较大；另一方面，其完全是以营利为目的，主观过错程度就更加明显。基于上述两点，本案被告的侵权是明确且严重的。

值得注意的是，法院在判决被告侵权成立的同时，也部分提及了公众人物名誉权保护的边界问题。一方面，公众人物对于负面的评价应该有克制、容忍的态度。这是指公众人物的名誉权保护与普通人的略有不同，即公众人物面对舆论监督与批评，应该有更大的承担。另一方面，那些贬损公众人物人格的诋毁、诽谤言行，不属于应该要求公众人物克制、容忍的范围。本案中，被告的诋毁行为即属于应该承担侵权责任的范畴。

3.2 侵犯名誉权的新类型案件

法律知识的普及，或者说是一些典型的案件判决，让那些侵权者也开始注意自己的行为方式。既然法律对于名誉权侵权的认定是有构成要件的标准的，那么制造一些障碍或者避开一些关键要件，是不是就不会构成侵权呢？尤其是在自媒体上，一些新类型的侵权方式纷纷出现。

3.2.1 影射型名誉侵权

影射型名誉侵权的情形一般是：侵权人散布诋毁、丑化他人的言论，或制造、传播虚假事实，同时不指明影射的对象，仅有供人联想的明显线索。但是相关公众通过其表述的线索，结合自己的认知，可以直接联想到是某一具体人物。

构成名誉权侵权要求侵权行为针对的是明确具体的被侵权人。因此，在这类侵权里，侵权人刻意回避被侵权人的明确身份信息，可以制造没有明确具体的被侵权人这一假象。但是，为了确保满足读者的好奇心，又要留下比较明显的被侵权人指向线索。这种手法可以逃避法律的制裁吗？范某某与毕某某、贵州易赛德文化传媒有限公司侵犯名誉权纠纷案[11]是这类侵权的典型案例。

【案件基本事实】本案两审法院分别为北京市朝阳区人民法院和北京市第二中级人民法院。原告范某某是中国内地知名艺人，社会关注度很高。被告毕某某根据香港一家媒体对影星章某某的负面报道，发布微博内容，声称前述负面报道是"Miss F"组织实施的。此后另一被告易赛德公司以前述微博内容为基础在其主办的媒体刊登了《编剧曝章某某被黑内幕，主谋范某某已无戏可拍》一文。上述文章以及毕某某发表的微博被多家网站与报刊广泛转发，网络上也出现了大量对于原告范某某的侮辱、攻击性言论及评价。原告起诉追究两被告侵犯名誉权的责任。被告毕某某辩称该微博内容中的"Miss F"指的是美国女演员莉莉·科林斯（Lily Collins），并非原告。

【法院判决】法院认为：从毕某某发布的微博的时间、背景来看，易让读者得出"Miss F"涉及章某某报道一事。从对毕某某微博及文章的评论和相关报道来看，多数人认为"Miss F"所指即是范某某，毕某某并未就此作出否认。毕某某声称"Miss F"是指莉莉·科林斯（Lily Collins），诉讼前从未提及且证据不足。只要原告证明在特定情况下，特定公众有理由相信该内容指向原告即可确认其为被侵权人。因此法院判定两被告构成侵犯名誉权。

【案件评析】

从本案事实看，被告从一开始就回避了其指向的具体对象的身份信息，只是以"Miss F"这一线索示之于人。在诉讼中，被告果然抛出"Miss F"并非指向原告而是另有其人的表述，以否定本案原告的主体资格。如果严格按照名誉权侵权的构成要件来看，没有明确具体的被侵权对象，是不可能构成名誉权侵权的。

但是法院的认定相当精彩，以特定相关公众合理的识别作为理由，认定原告即为被侵权人。这实质上是借鉴了在处理肖像权纠纷中经常使用的核心要素：可识别性。即，被告发布的内容足以导致相关公众将内容中的指向线索与某一特定人物一一对应，那么该内容可以被认定为是在影射该特定人物。即便这种一一对应存在误差，但在客观上已经导致了该特定人物被公众认定并产生了名誉损害后果。从这一点来讲，不论原告是故意还是过失，其存在主观过错是确凿无疑的。

从本案可见，认定影射型名誉权侵权的关键，在于侵权人发布的内容中的线索是否可以与特定人物之间产生可识别性。这种可识别性不要求普通的社会公众的一致认识，只要在相关公众中存在就足以确认。

另外说一句题外话，被告关于"Miss F"指的是美国女演员莉莉·科林斯（Lily Collins）这一辩解理由，存在极大隐患。这相当于被告将相关事实指向了某个明确的人物。如果莉莉·科林斯（Lily Collins）在美国起诉本案被告侵犯名誉权，不知道本案被告是否想好该如何应对。美国法律的相关惩罚力度或许会超过被告的想象。因此，在法院诉讼中谨言慎行还是很重要的，即便希望进行有利于自己一方的辩解，也要充分考虑各种后果。

3.2.2　隐喻型名誉权侵权

隐喻型名誉权侵权，一般是侵权人在传播诋毁、丑化内容的同时，几乎淡化了所有可能指向具体某个人物的线索，或者通过表述制造一个特定的范围，该范围内所有人都可能是指向的对象，整体上形成了隐喻的效果供人猜测。仅仅通过侵权人发布的内容，是无法确认具体指向的。

那么如何满足好奇者揭开谜底的要求呢？一般是通过与发布内容无直接关联的信息进行配合。比如，某篇文章进行隐喻描述，由他方在评论中揭开谜底，或对公众猜出谜底进行跟评确认；比如，在另外的文章或自媒体内容中披露线索或给出貌似无关的答案；比如，利用转发其他相关文章或信息引导受众猜出答案。总之，侵权人采用的种种方式无非是要避免将侵权内容与侵权对象直接对应的后果。

比如邓某诉夏某某等三人名誉权纠纷案[12]就存在一些隐喻型侵权的特点。

【案件基本事实】 原告邓某系演员，社会知名度很高。原告参演了浙江卫视《奔跑吧兄弟》综艺节目（简称跑男），原告是该综艺节目的固定成员及队长。三名被告各自在新浪微博有供其使用的账户（以下分别以 A、B、C 代称）。某日，微博 A 先后发出内容："哎！又一跑男出轨了。""明天 10 点，约？"；此后不久，微博 B 发出内容："跑男出轨确定了。已和主编达成共识，准备挑个良辰吉日公布证据，都是你们想知道的。时间定在明早 10 点，大伙觉得如何？"；此后不久，微博 C 发出内容："邓某。"上述微博内容发布后，新浪微博平台上迅速形成"邓某出轨"的微博话题，截至原告起诉之日，形成阅读量 6.1 亿，讨论参与者 26 万人。原告认为自己的名誉权被严重侵犯，故此起诉三被告。三被告均未出庭，其中微博 C 的使用者被告雷善慧提交书面意见称：其不认识微博 A 与 B 的使用者且没有关注其微博。当晚发布"邓某"二字，系看到"邓某出轨"的微博话题进了热搜榜，为蹭热点才发布此二字，不存在说原告出轨的情形，此后觉得不妥遂删除。

【法院判决】 本案由北京市朝阳区人民法院审理 [（2015）朝民初字第 35366 号]。法院总结的第一个争议焦点就是涉案微博内容的指向主体是否是特定化主体。法院认为：按照相关公众的普通认知，"跑男出轨"的指向具有特定化的范围，即综艺节目《奔跑吧兄弟》当时包含原告在内的固定成员。微博内容客观上造成了"邓某出轨"这一话题大规模的阅读讨论，形成了特定人名誉受损的后果。结合该话题内容语境等进行整体判断，雷善慧（C）在距离夏某某（A）、郑永煌（B）发布内容且已经进入热搜榜之后的短时间内发布"邓某"二字，该情形可认定构成对原告的侵害。最终法院判决三名被告应当承担侵权责任。

【案件评析】

本案的核心问题就是法院总结的第一个焦点问题：侵权对象能否指向特定的人物。从事实看，A 和 B 都仅仅描述了一个范围，由于其中有若干演员，因此仅凭此内容无法指向特定人物。C 的微博只有两个字，但是既无前因也无后果，从表面看可能会有多种解释。而且 C 向法庭表述自己与 A 和 B 根本不认识，也没有关注过。这就造成一个现象：从结果来看，整个事件似乎是一个共同参与的闭环；从行为人角度来看，没有证据证明这是一个共同参与的闭环。

这种隐喻情形下，可识别性仍然可以作为判断标准之一，但是也可能会存在逻辑上的问题。毕竟，在没有三被告通谋的证据的情况下，单看哪一个被告的微博，都不好认定侵权内容与原告一一对应。

因此，本案最终将损害后果的趋同性作为了认定标准。微博 A 和 B 的内容直接导致了"邓某出轨"这一话题形成大规模的网络事件，并登上热搜榜。被侵权人的指向从结果看是趋同的，是可识别的。微博 C 自己承认是看到热搜才参与，其发布原告名字的行为最合理的解释当然是与此话题直接相关，对虚假信息的传播不能说没有责任。因此，三名被告在主观上无论是故意还是过失，存在主观过错应当是合法合理的认定。

隐喻型名誉权侵权的认定难度比传统的方式要大。由于单个行为人的行为都不是明显的侵权行为，因此要结合多方面的证据综合考量。原告的社会知名度、涉案内容的虚假程度、被告行为的合理性、社会影响的大小、相关公众的认知等诸多因素，都对这一类型的侵权认定有着影响，需要全方面的关注。

3.3 隐私权的保护

《民法典》实施之前，隐私权是在我国于 2009 年年底通过的《侵权责任法》中，才第一次作为一项独立的人身权列于法律规定之中。对隐私权保护的范围，法律没有详细规定。按照文义及人们的生活常识，自然人不愿意让他人知悉的个人信息都应当属于隐私。比如个人的出生信息、居住信息、健康信息、个人经历、特殊的习惯、个人好恶等，当然其中已经被个人公开的不属于隐私。

侵犯隐私权的认定，也遵循侵权责任的一般构成要件，离不开加害行为、损害后果、加害行为与损害后果之间存在因果关系、行为人存在主观过错这四点。只是这里面的损害后果，不是泄露某人隐私后造成其他损害后果，而是泄露某人隐私只要为他人所知悉即构成损害后果。这里面的主观过错同样包括了故意和过失两种情形。比如，曾经有一位老艺术家写回忆录，在回忆录中不慎回忆了一段某人的隐秘家事。这件隐秘家事是某人不愿意公开的。

回忆录公开发售后，此事对某人造成很大心理压力，社会上的传言也风起云涌。在这里，回忆录一公开就已经侵犯了某人的隐私权，而不是必须要出现给某人造成的压力与风评这些后果因素。

比如杨某某（笔名杨某）诉中贸圣佳国际拍卖有限公司、李某某侵害著作权及隐私权案[13]也是类似的案件。

【案件基本事实】原告及其丈夫钱某某是我国著名学者。原告全家与被告李某某相识多年，其间书信往来频繁。2013 年，被告中贸公司公告将公开拍卖被告李某某收存的与原告全家往来的大量私人书信，且已经开始公开展览部分书信。因原告之丈夫、女儿此时已经去世，故原告在申请法院颁布停止侵权禁令后，以两被告侵犯著作权与隐私权为由提起诉讼。被告中贸公司认为其对于涉拍书信已经履行了必要的审查义务，获得了委托人的保证，且在诉前发生争议时立即停止了拍卖程序。因此没有侵犯原告的权利。

【法院判决】本案由北京市第二中级人民法院［（2013）二中民初字第10113 号］与北京市高级人民法院［（2014）高民终字第 1152 号］审理。

关于隐私权的部分，法院认为：涉案私人书信均为与公共利益无关的个人信息、私人活动，属于隐私范畴，应受我国法律保护。死者同样有隐私，对死者隐私的披露必然给死者近亲属的精神带来刺激和伤痛，死者的近亲属具有与死者的隐私相关的人格利益，而该利益应当受到法律的保护。中贸圣佳公司未经原告许可，擅自展示、提供涉案私人书信，构成对相关权利人隐私权的侵害。

【案件评析】

本案涉及了私人书信的著作权归属与书信内容是否属于隐私的问题。私人书信并非公开读物，一般来说作者会写很多个人观点甚至是不宜公开表示的观点。因此，其独创性不存在疑问，显然属于写信者的作品。虽然书信寄出后保存在收信人手中，但是并不因此而改变书信的著作权仍属于写信者的结果。也正因为私人书信内容很多是个人观点甚至是不宜公开表示的观点，因此其私密性很强，属于个人隐私的范围。那么这些信件内容已经为收信人知悉，是否属于隐私内容已经公开呢？答案应该是否定的。这里的公开，应当是向不特定的公众公开，而不是指向隐私权人认可的个别人公开。

本案还涉及了另外一个话题，死者是否有隐私权？这在理论上存在一些争议。本案中，法院认为死者具有隐私权，其价值体现在近亲属的人格利益上。这一定性来源于最高人民法院《关于确定民事侵权精神损害赔偿责任若干问题的解释》第3条。

该条规定："自然人死亡后，其近亲属因下列侵权行为遭受精神痛苦，向人民法院起诉请求赔偿精神损害的，人民法院应当依法予以受理：（一）以侮辱、诽谤、贬损、丑化或者违反社会公共利益、社会公德的其他方式，侵害死者姓名、肖像、名誉、荣誉；（二）非法披露、利用死者隐私，或者以违反社会公共利益、社会公德的其他方式侵害死者隐私；（三）非法利用、损害遗体、遗骨，或者以违反社会公共利益、社会公德的其他方式侵害遗体、遗骨。"

因此，在司法实践中，还是倾向于认可死者具有隐私权，其近亲属可以成为保护死者隐私免受不法侵害的权利人。

3.4　对公众人物的名誉权与隐私权的限制

公众人物因为知名度高，很容易成为社会公众关注与评论的对象。涉及其名誉权与隐私权保护的场合也较普通公众为多。但是，恰恰在名誉权与隐私权的保护方面，法律对公众人物的保护范围与力度要小于对普通公众的保护范围与力度。这就是对公众人物名誉权与隐私权保护的限制。

之所以存在这种限制，原因在于某人自成为公众人物那一刻起，其对社会生活的影响、对社会公众的引导作用、在社会中获取资源与利益的条件和能力，都是普通公众所不能比拟的。本着权利与义务相平衡的原则。公众人物理应尽到更多的社会义务，接受更多的社会监督。这是公众人物在享有权利的同时应该承担的社会义务与责任。

比如，对公众人物的公开批评，只要不是诽谤、侮辱、丑化，均应在公众人物的容忍度范围之内，即便可能导致出现争议性的社会评价，对公众人物的行踪、爱好等个人信息的报道，也难以被认定为侵犯隐私权的行为。

不但对于现实公众人物如此，对于历史公众人物也是这样。我们可以从霍某某与中国电影集团公司等名誉权纠纷案[14]中看到这一限制。

【案件基本事实】原告是民国时期天津武术家霍元甲的孙子。众被告联合摄制了电影《霍元甲》并进行了公映。原告认为影片中的霍元甲形象被塑造成好勇斗狠、颠沛流离的流浪汉，严重损害了其民族英雄形象，构成名誉侵权。众被告认为文艺作品离不开虚构与夸张等艺术手段。影片虽有虚构情节，但整体上没有歪曲霍元甲的形象，不存在侵犯名誉权。

【法院判决】 本案由北京市第一中级人民法院［（2006）一中民初字第14855号］和北京市高级人民法院［（2007）高民终级字第309号］审理。法院认为，历史的真实不等于艺术的真实。总体看该影片不存在歪曲历史的情形。而且艺术创作有自己的规律，该影片作为故事片而不是纪录片，其存在一定的虚构与夸张是正常的创作规律。对于历史公众人物名誉的保护范围应受到一定的限制。最终，两审法院均驳回了原告的诉讼请求。

【案件评析】

从本案来看，文艺创作中正常的负面虚构与夸张，即便内容与已有的历史人物形象不符，也不构成名誉权侵权。这种对于公众人物的名誉权的限制，我国没有明确的法律规定，只是在司法实践中通过个案以及司法解释来逐步试探展开。比如本案，法院特意强调这是故事片而不是纪录片。因为两者的表现手法不同。故事片离不开虚构与夸张等艺术手段；纪录片则追求真实的再现。所以如果是纪录片，本案可能就会构成名誉权侵权。

或许是涉及公众人物的名誉权案件越来越多，《民法典》中对于名誉权保护的限制作出了一些很重要的新规定。

其中第1025条规定："行为人为公共利益实施新闻报道、舆论监督等行为，影响他人名誉的，不承担民事责任，但是有下列情形之一的除外：①捏造、歪曲事实；②对他人提供的严重失实内容未尽到合理核实义务；③使用侮辱性言辞等贬损他人名誉。"

第1026条规定："认定行为人是否尽到前条第2项规定的合理核实义务，应当考虑下列因素：①内容来源的可信度；②对明显可能引发争议的内容是否进行了必要的调查；③内容的时限性；④内容与公序良俗的关联性；⑤受害人名誉受贬损的可能性；⑥核实能力和核实成本。

从这些内容可以看出，行为人为公共利益实施新闻报道、舆论监督等行为，即便影响了他人名誉，只要不触及第1025条规定的三道法律红线，就不会被认定为侵权。由此可以预见，对于各领域的"明星"等公众人物，面对舆论监督，其名誉权的保护可能会受到一定的限制。当然，这仅是一种宏观的状态，具体案件还是要具体分析。

第四节　署名权的保护

署名权，是作品作者的一项非常重要的人身权利，属于著作人身权之一。当然，与上文所讲的姓名权、肖像权等不同，署名权不属于人格权，而是属于人身权中的一种身份权。因此，我国《著作权法》第 10 条第 1 款第 2 项规定："署名权，即表明作者身份，在作品上署名的权利。"

对于一部作品而言，其著作权人不一定是作者本人，但是署名权是证明作者身份的第一证据。对署名权的保护，是著作权保护的基础，是确认著作权归属及相关权利的重要因素之一。

4.1　著作权人与作者的区别和联系

每一部作品都有其著作权人，也有其作者。实践中往往有人将这二者混为一谈。但是实际上，这二者之间并不完全相同。

我国《著作权法》第 9 条规定："著作权人包括：（一）作者；（二）其他依照本法享有著作权的公民、法人或者其他组织。"（2020 年修正的《著作权法》将第 2 类表述为：其他依照本法享有著作权的自然人、法人或者非法人组织。）

我国《著作权法》第 11 条规定："著作权属于作者，本法另有规定的除外。创作作品的公民是作者。由法人或者其他组织主持，代表法人或者其他组织意志创作，并由法人或者其他组织承担责任的作品，法人或者其他组织视为作者。如无相反证明，在作品上署名的公民、法人或者其他组织为作者。"（2020 年修正的《著作权法》将公民改为自然人、将其他组织改为非法人组织。）

从上述法律规定可以看出，著作权人包括了作者，但不仅仅是指作者，也可以是依据法律规定享有著作权的其他主体。作者也不仅仅是指自然人，在符合法律规定的条件下也可以是法人实体或其他组织。但是，哪个主体在作品上署名，就首先认定该署名者为作品的作者，除非另有证据予以否定。

因此，署名的重要性体现在：它是对作者身份认定的第一证据，如果想推翻这一认定，需要异议者举出更有力度的反证才可以。同时，虽然法律没有规定署名是对著作权人的身份认定的第一证据，但是根据《著作权法》第11条，署名也属于认定著作权人身份的非常有利证据。所以，署名权之争，往往意味着作者身份之争或者著作权归属之争。

比如胡某某、吴某某诉上海美术电影制片厂著作权权属纠纷[15]就是与署名及著作权归属争议直接相关的案件。

【案件基本事实】《葫芦兄弟》《葫芦小金刚》是被告出品的动画片，市场知名度很高。原告二人均为被告员工，其二人认为该动画片中葫芦娃的形象是在其二人创作的葫芦娃美术作品基础上形成且基本一致，因此请求法院确认"葫芦娃"角色形象造型原创美术作品的著作权归原告二人所有。被告不同意原告的请求，认为原告二人系被告员工，虽然参与了创作但是并不享有著作权，也不是作者。被告单位多人参与了该项目，被告单位才是作者和著作权人。因此该作品是法人作品，全部著作权均归属于被告。

【法院判决】本案一审由上海市黄浦区人民法院审理；二审由上海市第二中级人民法院审理。法院认为：争议事实发生时我国《著作权法》尚未颁布，故参照适用该法并结合当时的历史与社会情况综合考虑。原告用于证明其为作者的证据不充分，但是鉴于影片目录、每集的完成台本和被告出品的《葫芦兄弟》系列VCD光盘的每集片尾工作人员名单均显示原告二人为造型设计，因此根据"如无相反证明，在作品上署名的公民、法人或者其他组织为作者"的法律规定，确认原告二人为作者。同时，考虑到历史事实与各项证据，认定"葫芦娃"角色造型美术作品并非法人作品，而是特殊的职务作品，被告为"葫芦娃"角色造型美术作品的著作权人，原告二人作为作者仅享有署名权。

【案件评析】

本案首先涉及作者身份的确定。正如我们在上文所述，署名的重要性体现在它是对作者身份认定的第一证据。由于创作事实发生的年代较久远，且当时还没有《著作权法》，两名原告能够提供的证据要么残缺不全，要么没有原件以供核对，从证据角度看自证难度很大。但是，关键时刻"署名"发挥了作用。因为在影视资料及作品上两原告曾被署名为"造型设计"，被告也承认该证据，因此根据《著作权法》的规定，可以直接认定两原告是作者。由此可见"署名"对作者身份认定的重要意义。

确定了作者，下一步就是确定该作品的著作权人。本案出现了两个概念：法人作品和职务作品。

法人作品是《著作权法》第11条第3款规定的作品，特点是：由法人或者其他组织主持，代表法人或者其他组织意志创作，并由法人或者其他组织承担责任。法人作品的作者一般由法人或其他组织署名。

职务作品是《著作权法》第16条规定的公民为完成法人或者其他组织工作任务所创作的作品，分为几种情况：（1）一般情况下，著作权由作者享有，但法人或者其他组织有权在其业务范围内优先使用；（2）特殊情况下，作者享有署名权，著作权的其他权利由法人或者其他组织享有。所谓特殊情况是指：（1）主要是利用法人或者其他组织的物质技术条件创作，并由法人或者其他组织承担责任的职务作品；（2）法律、行政法规规定或者合同约定著作权由法人或者其他组织享有的职务作品。

本案被告主张该作品为法人作品，实质上不但要否认原告是著作权人，还要否定其作者身份。法院最终认定该作品为特殊的职务作品，即原告二人享有署名权，著作权的其他权利归属于被告。

本案凸显了署名在权利确认过程中的重要性。

4.2 "投机取巧"利用他人署名的纠纷

我们在本章第一节姓名权的保护中，曾介绍过"投机取巧"利用他人姓名的侵权情形及保护对策。在作者署名这一身份权利的问题上，也存在"投机取巧"利用他人署名的情形。

比如湖南王跃文诉河北王跃文等侵犯著作权、不正当竞争纠纷案件[16]就属于这种情况。

【案件基本事实】原告湖南王跃文是著名描写官场作品的作家，其1999年创作的小说《国画》在我国享有很高知名度。2004年6月，原告在市场上发现并购买了长篇小说《国风》。该书封面标注的作者署名为"王跃文"。该书出版商的大幅广告宣传彩页上标注着"王跃文最新长篇小说""《国画》之后看《国风》"等内容。原告经调查，发现《国风》署名作者被告河北王跃文原名王立山，后改名为王跃文。其原为农民，从事与写作无关的交易。因此，原告认为被告河北王跃文与出版商共同侵犯其著作权，遂诉至法院。被告河北王跃文承认改名，并认为公民更改自己的姓名是法定权利，使用更改后的姓名也是法定权利，与原告无关。

【法院判决】本案由长沙市中级人民法院审理。法院认为，被告河北王跃文在《国风》一书上署名，没有违反法律禁止性规定，而且法律不禁止他人使用与知名人士相同的署名。因此其不侵犯湖南王跃文的著作权。

但是，被告河北王跃文在《国风》中介绍自己"已发表作品近百万字，并触及敏感问题，在全国引起较大争议"，事实上却没有发表过任何作品。这一虚假简介，显然是与原告湖南王跃文联系起来，攀附原告的知名度来误导消费者。被告中元公司在宣传资料中使用"王跃文最新长篇小说""《国画》之后看《国风》"等词句，亦是故意混淆两个王跃文来误导消费者的行为。被告的行为构成对原告的不正当竞争，依法应当承担赔偿责任。

【案件评析】

署名权与姓名权一样，可能会遇到同名同姓的情形，但是署名权毕竟对应的是作品，出现这种雷同的概率相对较低。本案中，行为人刻意利用公民可以合法改变姓名的手段，攀附具有知名度的公众人物。

作品自创作完成之时，作者就享有著作权。而且只要是文学、艺术和科学领域内具有独创性并能以某种有形形式复制的智力成果，就属于受到《著作权法》保护的作品，无论其艺术水平的高低。因此，原告最开始以被告河北王跃文是农民，做煤炭交易，不可能写出《国风》这些论点作理由，是完全不符合《著作权法》等法律规定的。正如我们在上文所述，只要存在《国风》这部作品，上面是被告河北王跃文署名，在没有相反证据的情况下，这就是认定被告河北王跃文是该书作者的第一证据。因此，利用《著作权法》关于署名权的规定，显然无法解决原告的诉求。

这种情况下，《反不正当竞争法》仍是最优选择。事实上，被告改名的目的既然是攀附原告的名声，其在宣传中必然露出马脚，留下这方面的证据。当然，这里还存在原告是否属于可以适用《反不正当竞争法》的合格主体的问题。在本案审判的期间，这一问题或许存在争议，但是现在《反不正当竞争法》已经修正，适用《反不正当竞争法》的合格主体已经包括了全部的市场经营者与消费者。因此，对于此类纠纷，完全可以适用《反不正当竞争法》予以解决。

第五节　表演者权的保护

表演者权，是我国《著作权法》规定的一种邻接权。其规定见于我国《著作权法》第 38 条第 1 款，"表演者对其表演享有下列权利：（一）表明表演者身份；（二）保护表演形象不受歪曲；（三）许可他人从现场直播和公开传送其现场表演，并获得报酬；（四）许可他人录音录像，并获得报酬；（五）许可他人复制、发行录有其表演的录音录像制品，并获得报酬；（六）许可他人通过信息网络向公众传播其表演，并获得报酬"。（《著作权法》（2020 年修正版）为表演者增加了"出租"录有其表演的录音录像制品并获得报酬的权利）。

从上述法律规定可以看出，表演者权既含有人身属性的权利，也含有财产属性的权利。但是，并非任何情况下这六项法定权利都可以由表演者单独行使，而是根据其表演的情形不同而不同。比如，不受著作权制约的情况下，表演者可以完全单独行使该六项表演者权；但是在受到著作权的制约的情况下（比如出演影视剧），表演者仅能单独行使第一项权利（表明表演者身份）与第二项权利（保护表演形象不受歪曲），剩余的权利不能再单独行使，因为这些权利已经被包含在影视剧的著作权人（制片者）享有的著作权中，由该著作权人行使。

从高某与梅赛德斯－奔驰（中国）汽车销售有限公司侵害表演者权纠纷[17]我们就可以看到表演者权的这一特点。

【案件基本事实】被告奔驰公司委托某广告公司 A 提供宣传片拍摄服务，并约定全部权利归属于奔驰公司。某广告公司 A 又委托广告公司 B 制作该广告。广告公司 B 与原告的代理公司签约，聘请原告作为主要演员拍摄该宣传片，并且向原告支付了报酬。此后，原告发现被告奔驰公司在线上线下多处使用该宣传片，遂以被告侵犯其表演者权为由起诉。被告奔驰公司认为被告是宣传片的著作权人，有权使用且无需获得原告的同意。同时认为原告不是著作权法意义上的表演者，不享有表演者权。

【法院判决】本案由北京市朝阳区人民法院 ［（2013）朝民初字第 23148 号］与北京市第三中级人民法院 ［（2014）三中民终字第 03453 号］审理。

法院认为，涉案宣传片是以类似摄制电影的方法创作的作品，该作品的著作权属于被告。原告虽然是该作品中的表演者，但是其仅享有表明表演者身份及保护其形象不受歪曲等人身性权利，以及仅享有依据合同获得报酬的权利。原告无权对其表演单独主张表演者权。据此，两审法院驳回了原告的诉讼请求。

【案件评析】

从本案中可以看到表演者权的权利内容及如何正确地保护表演者权。诚如上文所述，表演者权是一种邻接权，其权利地位不会超过对著作权的保护。比如表演权就是一种著作权，与表演者权的保护就不同。

表演权是指"公开表演作品，以及用各种手段公开播送作品的表演的权利"。其权利人是著作权人。在权利保护期内，著作权人有权随时单独对该项权利自己行使或者许可他人行使，或者予以转让，不受其他非著作权人的制约。而表演者权则是表演者因表演作品形成的邻接权，其权利行使有可能受到著作权人的制约。

即如本案，原告是宣传片的表演者，享有表演者权。但是该宣传片的著作权人是被告。因此，在没有法律明确规定的情况下，原告不能超越著作权人的权利范围来单独行使表演者权。如前文所述，表演者权分为人身属性的权利与财产属性的权利。其中财产属性的权利已经通过被告支付表演报酬的方式予以实现，只有人身属性的权利才是原告可以主张行使的。本案中没有被告侵犯原告人身属性权利的情形，因此原告的请求不能获得支持。

除上述规定外，《著作权法》（2020年修正版）中还新创设了"职务表演"制度，规定演员为完成本演出单位的演出任务进行的表演为职务表演，演员仅享有表明身份的权利，其他权利由当事人约定；未约定或约定不明的归属于演出单位。如果约定职务表演的权利归属于演员的，演出单位可以在其业务范围内免费使用该表演。

考虑到实践中表演者个人与演出单位之间的地位不一定完全对等，因此这一新的法律规定，更多的是对于表演者个人的权利增加了限制，尤其是对于一些年轻的表演者。因此，在起草、审查相关演艺合同时，对于涉及职务表演的情况，如何平衡表演者与演出单位之间的权利义务，需要增加一些考量。

本章参考文献

［1］北京市第一中级人民法院（2011）一中民初字第 10291 号民事判决书、北京市高级人民法院（2013）高民终字第 3129 号民事判决书

［2］上海市第二中级人民法院（2011）沪二中民五（知）初字第 171 号民事判决书、上海市高级人民法院（2012）沪高民三（知）终字第 55 号民事判决书

［3］北京市海淀区人民法院（2005）海民初字第 2938 号民事判决书、北京市第一中级人民法院（2005）一中民终字第 8144 号民事判决书

［4］广东省广州市中级人民法院（2018）粤 01 民终 17551 号民事判决书

［5］北京市西城区人民法院（2010）西民初字第 10534 号民事判决书、北京市第一中级人民法院（2013）一中民终字第 05303 号民事判决书

［6］最高人民法院（2015）知行字第 332 号行政裁定书

［7］北京市海淀区人民法院（2018）京 0108 民初 64515 号民事判决书

［8］北京市东城区人民法院（2002）东民初字第 6226 号民事判决书

［9］中国法院网 https：//www. chinacourt. org/article/detail/2014/10/id/1456157. shtml

［10］中国法院网 https：//www. chinacourt. org/article/detail/2018/07/id/3388220. shtml

［11］北京市第二中级人民法院（2013）二中民终字第 08057 号民事判决书

［12］北京市朝阳区人民法院（2015）朝民初字第 35366 号民事判决书

［13］北京市第二中级人民法院（2013）二中民初字第 10113 号民事判决书、北京市高级人民法院（2014）高民终字第 1152 号民事判决书

［14］北京市第一中级人民法院（2006）一中民初字第 14855 号民事判决书、北京市高级人民法院（2007）高民终级字第 309 号民事判决书

［15］上海市黄浦区人民法院（2010）黄民三（知）初字第 28 号民事判决书、上海市第二中级人民法院（2011）沪二中民五（知）终字第 62 号民事判决书

［16］最高人民法院公报（2005）第 10 期

［17］北京市朝阳区人民法院（2013）朝民初字第 23148 号民事判决书、北京市第三中级人民法院（2014）三中民终字第 03453 号民事判决书

第四章
"改"作品面临的法律风险

　　无论是文学作品、音乐作品，还是影视作品或其他作品，其创作过程往往包括了对已有作品的学习、借鉴，也有很多创作是在已有作品基础上的改编，当然也存在名为创作其实是对已有作品抄袭的情形。于是原作品与新作品之间，原作品的作者与新作品的作者之间，往往会产生各种各样的纠纷。由于我国《著作权法》规定的著作权与邻接权种类较多，这些不同的纠纷所涉及的权利种类也不一样，需要根据基本事实予以厘清。

第一节　几个基本概念

　　在文化产业中，经常会听到因为"抄袭""篡改""侵犯著作权"等引起的纠纷。但是什么是"抄袭""篡改"？"侵犯著作权"究竟侵犯了哪项权利？对于这些具体问题，有必要在了解我国《著作权法》几个基本概念的基础上进行明确。

1.1　作者与著作权人

　　每一部作品都有其著作权人，也有其作者。实践中往往有人将这二者混为一谈。但是实际上，此二者并不完全相同。

　　我国《著作权法》第9条规定："著作权人包括：（一）作者；（二）其他依照本法享有著作权的公民、法人或者非法人组织。"

　　我国《著作权法》第11条规定："著作权属于作者，本法另有规定的除外。创作作品的公民是作者。由法人或者非法人组织主持，代表法人或者非法人组织意志创作，并由法人或者非法人组织承担责任的作品，法人或者非法人组织视为作者。如无相反证明，在作品上署名的公民、法人或者其他组织为作者。"

我国《著作权法》（2020 年修正版）将上述条款中的"公民"改为了自然人，将"其他组织"改为了"非法人组织"，并增加了："且该作品上存在相应权利"这一新的表述。

从上述法律规定可以看出，著作权人包括了作者，但不仅仅是指作者，也可以是依据法律规定享有著作权的其他主体。作者也不仅仅是指自然人，在符合法律规定的条件下法人或非法人组织也可以被视为作者。但是，哪个主体在作品上署名，就初步认定该署名者为作品的作者，除非另有证据予以否定。

1.2 作品

我国《著作权法实施条例》（2013 年修正版）第 2 条规定："著作权法所称作品，是指文学、艺术和科学领域内具有独创性并能以某种有形形式复制的智力成果。"

可见，我国著作权法意义上的作品必须具备两个标准：具有独创性和具有可复制性。因此，复制他人的作品或者对他人作品进行无独创性的修改后得到的成果，即使被称为作品，也不是我国著作权法意义上的新作品。

1.3 创作

我国《著作权法实施条例》（2013 年修正版）第 3 条规定："著作权法所称创作，是指直接产生文学、艺术和科学作品的智力活动。为他人创作进行组织工作，提供咨询意见、物质条件，或者进行其他辅助工作，均不视为创作。"

可见，既然作品是直接由创作产生，那么根据作品必须具有独创性的规定，创作也就是直接产生独创性成果的智力活动。

1.4 思想与表达

我们常说《著作权法》只保护作者的"表达"，而不保护其"思想"。那么什么是"表达"？什么属于"思想"？一般来说，作品中的客观的事件、物品、人物，作者的主观的创意、情感、心理活动等属于客观事实或思想范畴，任何作者都不可能对其主张著作权；对于事件的叙述、对于物品的描述、对于人物的评论，对于创意的阐述、对于情感的描写、对于心理活动的表述则属于表达。即使对同一个事件的叙述，不同的作者基于其自身的理解、角度、创作水平等因素必然会存在不同的表达方式，因此对于作者自己独创性的表达或表现形式，该作者享有相应的著作权。

虽然从道理上很容易讲明白，但是在实践中仍然存在难以区分思想与表达的情形。比如著名的陈某诉于某著作权纠纷案，历史故事情节（桥段）到底属于思想，还是属于表达？从历史故事角度来讲，其来源于文字记载或传说，属于公有领域的作品，显然不能由任何作者主张享有著作权；但是从对若干历史故事情节有选择地排列、描述的角度看，这种不同桥段的排列组合，展示作品的整体创意，是不是可以被认定为一种具有独创性的表达？对此法院认为：文学作品中的情节，既可以是抽象的情节概括，也可以是具体的情节展现，究竟是属于思想还是表达，需要根据具体情节是否足以产生感受特定作品来源的特有欣赏体验判断。从法院这一观点可以看出，对于该案中的涉嫌侵权内容，究竟属于思想或属于表达还是存在争议的。法院从情节是否足够具体，足以产生特有的标志这一点来区分，实际上就是根据作者对于具体情节是否能通过其个性化的拣选与编排，形成有独特性的展示，来区分思想与表达。

因此，对于作品中思想与表达的区分，还必须个案分析。但是，表达应当是能体现作者某种选择与安排的特定的具体展现方式，这一点应当没有争议。

1.5　著作人身权

我国《著作权法》规定了4项著作人身权，分别是：

发表权，即决定作品是否公之于众的权利；

署名权，即表明作者身份，在作品上署名的权利；

修改权，即修改或者授权他人修改作品的权利；

保护作品完整权，即保护作品不受歪曲、篡改的权利。

著作人身权的权利保护期：署名权、修改权、保护作品完整权的保护期不受限制。发表权，其权利保护期的规定有不同情形：

自然人的作品，其发表权的保护期为作者终生及其死亡后50年，截至于作者死亡后第 50 年的 12 月 31 日；如果是合作作品，截至最后死亡的作者死亡后第 50 年的 12 月 31 日。

法人或者非法人组织的作品、著作权（署名权除外）由法人或者非法人组织享有的职务作品，其发表权的权利保护期为 50 年，截至作品首次发表后第 50 年的 12 月 31 日，但作品自创作完成后五十年内未发表的，不再保护。

电影作品和以类似摄制电影的方法创作的作品［《著作权法》（2020 年修正版）中统称为"视听作品"］、摄影作品，其发表权的保护期为 50 年，截止于作品首次发表后第 50 年的 12 月 31 日，但作品自创作完成后 50 年内未发表的，不再保护。

著作人身权具有人身权属性，因此是一种绝对的权利。此权利只能由著作权人行使，不得转让或许可授权他人使用。侵犯著作人身权不但会面临经济方面的赔偿，还可能会面临对著作权人精神损害的赔偿。

1.6 著作财产权

我国《著作权法》规定了著作财产权 13 项，分别是：

复制权，即以印刷、复印、拓印、录音、录像、翻录、翻拍等方式将作品制作一份或者多份的权利；2020 年修正后增加"数字化"这一方式。

发行权，即以出售或者赠与方式向公众提供作品的原件或者复制件的权利；

出租权，即有偿许可他人临时使用电影作品和以类似摄制电影的方法创作的作品、计算机软件的权利，计算机软件不是出租的主要标的的除外；

［《著作权法》（2020 年修正版）修正后的该条款表述有所变化：出租权，即有偿许可他人临时使用视听作品、计算机软件的原件或者复制件的权利，计算机软件不是出租的主要标的的除外；］

展览权，即公开陈列美术作品、摄影作品的原件或者复制件的权利；

表演权，即公开表演作品，以及用各种手段公开播送作品的表演的权利；

放映权，即通过放映机、幻灯机等技术设备公开再现美术、摄影、电影和以类似摄制电影的方法创作的作品等的权利；

［《著作权法》（2020 年修正版）修正后的该条款表述有所变化：放映权，即通过放映机、幻灯机等技术设备公开再现美术、摄影、视听作品等的权利；］

广播权，即以无线方式公开广播或者传播作品，以有线传播或者转播的方式向公众传播广播的作品，以及通过扩音器或者其他传送符号、声音、图像的类似工具向公众传播广播的作品的权利；

[《著作权法》（2020 年修正版）修正后的该条款表述有所变化：广播权，即以有线或者无线方式公开传播或者转播作品，以及通过扩音器或者其他传送符号、声音、图像的类似工具向公众传播广播的作品的权利，但不包括本款第 12 项规定的权利；]

信息网络传播权，即以有线或者无线方式向公众提供作品，使公众可以在其个人选定的时间和地点获得作品的权利；

[《著作权法》（2020 年修正版）修正后，删去了前文前半句中的"作品"二字，并删去了后半句中的"个人"二字；]

摄制权，即以摄制电影或者以类似摄制电影的方法将作品固定在载体上的权利；

[《著作权法》（2020 年修正版）修正后的该条款表述有所变化：摄制权，即以摄制视听作品的方法将作品固定在载体上的权利；]

改编权，即改变作品，创作出具有独创性的新作品的权利；

翻译权，即将作品从一种语言文字转换成另一种语言文字的权利；

汇编权，即将作品或者作品的片段通过选择或者编排，汇集成新作品的权利；

应当由著作权人享有的其他权利。

著作财产权的权利保护期：自然人的作品，其著作财产权的保护期为作者终生及其死亡后 50 年，截至作者死亡后第 50 年的 12 月 31 日；如果是合作作品，截至最后死亡的作者死亡后第 50 年的 12 月 31 日。

法人或者非法人组织的作品、著作权（署名权除外）由法人或者非法人组织享有的职务作品，其著作财产权的保护期为 50 年，截至作品首次发表后第 50 年的 12 月 31 日，但作品自创作完成后 50 年内未发表的，不再保护。

视听作品、摄影作品，其著作财产权的保护期为 50 年，截至作品首次发表后第 50 年的 12 月 31 日，但作品自创作完成后 50 年内未发表的，不再保护。

著作财产权可以转让或许可授权他人使用。

1.7　邻接权

邻接权是一种在传播作品过程中形成的权利。由于传播者在传播作品过程中也付出了有独创性的劳动，因此这些传播者对这些独创性的劳动成果也享有相应的权利。我国《著作权法》规定的邻接权包括专有出版权、表演者权、录音录像制作者权、广播组织权。

邻接权是依附于著作权而产生的。因此，邻接权的行使首先要注意不能侵犯作品的著作权。

第二节　名改实抄——侵犯复制权的情形

原封不动地抄袭别人的作品的情形，近些年来逐步少见了。毕竟，这是非常明显的侵犯他人著作权的行为，情节严重的，还可能构成侵犯著作权罪，从而被追究刑事责任。

另一类抄袭者改用的手段是删减、简单拼接或无实质性的修改，即将他人的作品部分段落或篇章作为自己的作品，或者将不同作者的作品拼在一起作为自己的作品，或者改动一下人名、地名，增加一些无关实质情节的段落。从法律角度看，这类行为仍然不属于创作行为；删减或拼接出来的作品也不是改编作品。原因在于：

我国《著作权法实施条例》（2013年修正版）第2条规定："著作权法所称作品，是指文学、艺术和科学领域内具有独创性并能以某种有形形式复制的智力成果。"

该条例第3条规定："著作权法所称创作，是指直接产生文学、艺术和科学作品的智力活动。为他人创作进行组织工作，提供咨询意见、物质条件，或者进行其他辅助工作，均不视为创作。"

因此，我国著作权法意义上的作品必须具备两个标准：具有独创性和具有可复制性。而我国著作权法意义上的创作，必须是直接产生独创性表达的智力活动，而不是无法产生独创性表达的辅助工作。

从这一标准来看，在原作品基础上删减所得的作品，并无新的独创性因素加入，所以还是原作品的一部分。将不同作品的内容简单拼接而成的作品，如果选择、截取不同作品的过程能够体现出独创性，有可能构成汇编作品，但仍然侵犯了原作者的权利。对原作品无实质意义的修改，比如文字作品增加一些没有独创性情节的连接段落、美术作品仅仅进行一些颜色的修改等体现不出独创性内容的修改，则所谓的新作品在法律意义上仍可视为对原作品的复制。

在这种情况下，抄袭者制造出的并非著作权法意义上的新作品，该行为也不是侵犯原作者改编权的行为，而是与完整抄袭一样，属于侵犯原作者的复制权的行为。

我国《著作权法》第10条第1款第5项规定："复制权，即以印刷、复印、拓印、录音、录像、翻录、翻拍、数字化等方式将作品制作一份或者多份的权利。"从字面意思来看，似乎复制权仅仅是指行为人将原作品进行直接的、重复性的制作再现。这属于对复制权控制的范围理解过窄。正如上文所述，凡是制作出的作品不具有独创性内容的，均不构成著作权法意义上的作品。因此，对于通过删减、简单拼接或无实质性的修改而形成的成果，并不是新的作品，而是属于复制原作品所得的成果。这显然是对原作品的作者的复制权的侵犯。

比如傅某某起诉周某一案[1]。原告认为被告的作品《锦绣未央》存在抄袭原告的作品《一斛珠》的若干处语句及情节的情形。被告认为相关语句不构成相同或相似，均为文学作品的惯用表达，不具有独创性。

法院从独特比喻、细节刻画、语言组合三个方面对争议的语句进行了比对，认为两者构成实质性相似。同时法院认为即便作品使用有限的文字、词语、语句表达，但不应将语句进行孤立的比对，而应当放进作品的整体表述中综合判断。本案中原告的语句具有独创性，被告的语句不具有独创性。被告侵犯了原告的署名权、复制权等。

第三节　借鉴越线——侵犯改编权的情形

我国《著作权法》第10条第1款第14项规定："改编权，即改变作品，创作出具有独创性的新作品的权利。"这种改编，既包括改编出与原作品相同形式的新作品，比如在原小说的基础上改编为新的小说或剧本等文字作品；也包括将原作品改编为其他形式的新作品，比如将原小说改编为影视剧、将影视剧改编为游戏等，但是要求新作品必须具有独创性。

作者在创作作品的过程中，时常发生学习、借鉴已有作品的情况。在没有获得原作品作者改编权授权的情况下，这种学习、借鉴有个限度，就是新作品不能与原作品的表达构成实质性相似。一旦越过实质性相似这个红线，而且有证据足以使人相信改编作品的作者接触过原作品，就构成了对原作品作者的改编权的侵犯。

比如陈某诉于某著作权侵权案[2]。原告诉称电视剧《宫锁连城》侵害了原告创作的剧本《梅花烙》及同名小说的著作权。被告认为《宫锁连城》剧本是被告独立创作的作品，原告主张侵权的人物关系、桥段及桥段组合属于特定场景、公有素材、有限表达或仅为思想而不是表达，不受《著作权法》保护。

法院审理中通过对比，认定被告的剧本《宫锁连城》虽然是具有独创性的新作品，但是部分情节实质性使用了原告涉案作品中具有较强独创性的人物设置、人物关系、情节与基本故事架构，超越了合理借鉴的边界，与原告涉案作品整体上构成相似。而且，该案中的证据可以确认被告接触过原告的作品，因此认定被告侵害了原告的改编权。

显然，在该案中，法院将原作品具有独创性的人物设置、人物关系、情节与基本故事架构作为判断是否存在实质性相似的基准。被告的剧本《宫锁连城》整体上虽然是具有独创性的作品，但是前述部分内容存在实质性相似，越过了合理借鉴的红线，因此被判定侵权。

那么法院如何判断实质性相似？

从目前司法实践来看，法院一般采取三个步骤来进行审查：

第一步是抽取，也就是将作品中的思想与表达区分开，将属于思想的部分（比如主题、创意、情感等）抽取出来不参与比对。

第二步是过滤，也就是将表达中的无独创性内容过滤掉，不参与比对。无独创性内容主要包括：该表达来源于公有领域被普遍使用、该表达来源于其他在先的作品等。

第三步是比对，也就是将经过抽取、过滤后剩余的具有独创性的内容，从表达中的取舍、选择、安排、设计等是否相似的角度进行比对。一般考虑如下因素：

（1）台词、旁白等是否相似；（2）人物设置、人物关系是否相似；（3）具体情节的逻辑编排是否相似；（4）是否存在相同的语法表达、逻辑关系、历史史实等错误；（5）特殊的细节设计是否相同；（6）两作品相似的表达是否属于原告主张权利作品的核心内容；（7）其他因素。

至于如何判断改编作者是否"接触"过原作品，司法实践依据的是高度盖然性原则。高度盖然性原则，也就是在审查某事实时所依据的证据虽然不一定能达到必然证实该事实的程度，但是证据的优势足以使法官确信该事实。因此对于是否存在"接触"的判断，实践中主要掌握几个事实：原告的作品是否公开发表；未公开发表的情况下原被告及其关联主体之间是否存在特定关系；争议作品之间表达相同或者高度相似，足以排除独立创作可能性的情况下，被告能否作出合理解释。

依据对上述事实所列举的证据，法院在高度盖然性原则基础上作出是否存在"接触"的判断。

当同时具备"接触"与"实质性相似"这两个条件时，所谓的学习与借鉴就会被认定为侵犯改编权。

第四节 同人作品的法律风险

众所周知，在没有获得在先作品的著作权人许可的情况下，在新作品中使用在先作品的内容，很可能发生侵权。因此，有人使用了"技术性"比较强的手段来达到借力的目的：仅仅借用在先作品的名称、人设进行自己的作品开发，而绝对不使用在先作品的情节等具体表达内容。这种借名不借实的现象在"大 IP"概念风靡一时的市场环境中并不少见。这类作品也俗称"同人作品"。

之所以说这种手段的"技术性"比较强，原因在于我国《著作权法》对作品的保护是有条件的。类似作品标题、人物称谓、作品中的词语这些元素，我国司法实践中认为难以构成具体的表达，因此不作为作品予以保护。这样一来，仅仅借用在先作品的名称、人物称谓进行自己的作品开发，就不会侵犯著作权了。

从我国《著作权法》及司法实践角度来讲，这种行为确有可能不侵犯著作权。但这并不代表在先作品的作者没有维权的其他法律依据。比如金庸诉江南一案[3]就是一个典型的案例：

【**案件基本事实**】原告创作了 15 部武侠小说，在全世界华语地区影响巨大。2015年，原告发现被告创作的作品《此间的少年》所描写的人物名称、人物关系、性格特征、故事情节等与原告作品的描述实质性相似，侵犯了原告的改编权、署名权、保护作品完整权等。被告辩称，《此间的少年》是当代校园生活小说，虚构了北宋年间"汴梁大学"，但是描写的是当代校园生活，根本不是武侠小说。该作品内容没有改动原告的作品。同时原告作品的人物名称、人物形象与关系不是《著作权法》保护的对象。被告借鉴使用这些元素不构成侵权。

【法院判决】本案一审由广州市天河区人民法院审理〔（2016）粤0106民初12068号〕。该院认为：具有特定性格特征与人物关系的人物名称以具体的故事情节在一定时空环境中展开时，其整体已经超越了抽象思维，属于具体表达。脱离了具体故事情节的人物名称、关系、性格特征等单纯要素，难以构成具体表达。被告作品《此间的少年》虽然使用了数十个原告作品中的人物名称，但是同名人物的人物关系、性格特征、故事情节在取舍、选择、安排、设计方面并不一致。《此间的少年》没有将故事情节建立在原告的作品之上，使用的人物元素不构成实质性相似，因此不侵犯原告的著作权。

但是，原告作品及其中的元素在市场上具有极高的知名度，已经在公众与作品间建立了稳定的联系，具备了识别功能。被告的作品利用原告作品已经形成的巨大市场号召力，吸引到大量熟知原告作品的读者并获得经济利益，挤占了原告本可以利用其作品元素发展新作品的市场空间，夺去了本应由原告获取的经济利益。因此，被告的行为不具备正当性，属于不正当竞争行为，应承担相应的侵权责任。

法院判决：众被告停止不正当竞争行为，停止出版发行《此间的少年》并销毁库存书籍，公开赔礼道歉消除不良影响，并赔偿原告的相应损失共188万元。

【案件评析】本案是关于"借名不借实"这类同人作品的经典案例。新作品《此间的少年》既没有在在先作品的基础上展开创作，也没有使用在先作品的情节，甚至连人设也存在差异，仅仅是使用了在先作品的人物名称与部分人物关系。对于这种使用，从我国《著作权法》仅保护表达而不保护思想的基本原则来看，不存在侵权情形。

但是很明显，由于原告的在先作品中的人物在华人世界中知名度极高，其中凝结的价值如果不受法律保护，也有悖于法律的公平原则。如果允许在后的作者任意使用他人创作的已经享有巨大影响力的人物名称，显然也不符合法律的诚实信用原则。因此，在现有法律没有更直接保护的手段的情况下，法院适用《反不正当竞争法》对在先作品作者的利益进行了保护。

在这一思路中，认定存在不正当竞争行为的前提，是确认在先与在后的作品之间存在竞争关系。从某种意义上来讲这是一种挑战。因为既然在先与在后的作品情节、题材、背景设定等均不同，尤其是存在武侠小说与校园小说的巨大差异，那么很难直接认定两者之间存在竞争关系。即便人物名称与关系存在相同，但是如果调查一下在先与在后的作品的读者范围，其受众（尤其是不同年龄段的受众）存在差异也是显而易见的。因此，如何判断在先与在后的作品之间存在竞争关系成为一个关键。从传统的不正当竞争认定角度，混淆是最重要的标准。比如通常在商品或服务的不正当竞争中，存在擅自使用与他人有一定影响的商品名称、包装、装潢等相同或者近似的标识，或擅自使用他人有一定影响的企业名称（包括简称、字号等）、社会组织名称（包括简称等）、姓名（包括笔名、艺名、译名等）等行为。这些行为之所以属于不正当竞争，其本质在于会导致相关公众发生混淆，引人误认侵权商品或服务与他人的商品或服务来源相同或者存在特定联系。但是在本案中，似乎没有证据出现被告的作品引起读者混淆，被误认为是原告的作品的情形；也没有认为两者存在特定联系的情形。

对此，一审法院从在先与在后的作品之间的相同之处，即人物名称与关系设定的角度，判定两者存在竞争关系。其理由在于被告的作品使用在先作品中高知名度人物名称与关系并获利，导致在先作品的作者丧失了相应改编并获利的机会。这一理由不采用混淆的标准，而是直接适用不正当竞争行为的原则性规定（《反不正当竞争法》第2条）。

我国《反不正当竞争法》第2条规定："经营者在生产经营活动中，应当遵循自愿、平等、公平、诚信的原则，遵守法律和商业道德。本法所称的不正当竞争行为，是指经营者在生产经营活动中，违反本法规定，扰乱市场竞争秩序，损害其他经营者或者消费者的合法权益的行为。本法所称的经营者，是指从事商品生产、经营或者提供服务（以下所称商品包括服务）的自然人、法人和非法人组织。"

根据该规定，结合本案的实际情况，法院作出的判断是可以理解的。当然，原告作品中人物名称的巨大知名度，是法院在没有合适的法定不正当竞争行为可以引用的情况下，直接适用基本原则的重要原因。

第五节 改编权与保护作品完整权的冲突

保护作品完整权是我国《著作权法》第 10 条规定的一项著作人身权，即保护作品不受歪曲、篡改的权利。长期以来，因为此项权利而产生纠纷的情形并不多见。尤其是在新作品的作者从原作品的著作权人处获得了改编权授权的情况下，更是很少出现与保护作品完整权有关的纠纷。

但是 2019 年终审判决的《鬼吹灯》作者与《九层妖塔》制片方的纠纷[4]，引发了有关改编权与保护作品完整权的冲突的争论。该案一审与二审关于这一冲突完全相反的判决更是使该案成为焦点。

【案件基本事实】电影《九层妖塔》的制片方从畅销小说《鬼吹灯》的作者（原告）处获得了对小说的改编权与摄制权，并创作剧本及拍摄电影。电影上映后，原告认为剧本与电影严重改变了原作品（小说）的创作意图与题材，曲解了作者在原作品中要表达的思想情感。观看过电影的观众也大多认为电影内容与原小说差异巨大。因此，原告认为被告歪曲、篡改了原告的作品，侵犯了原告的保护作品完整权。被告对此不予认可。被告认为已经获得改编权，改编后的作品与原作的创作意图与题材基本一致。而且必要的改编属于创作自由，新作品并没有损害原告的声誉，等等。

【法院判定】本案一审由北京市西城区人民法院审理［（2016）京 0102 民初 83 号］、二审由北京市知识产权法院审理［（2016）京 73 民终 587 号］。

两审法院关于被告是否侵犯保护作品完整权的判断完全相反，各有自己的理由。

一审的观点是：

保护作品完整权具有高度抽象性特征，因此对于权利控制范围、具体边界的确定要结合多种因素个案分析。

（1）对于有合法授权的，基于合同履行的诚实信用原则与作品创作传播之间的利益平衡，需要对保护作品完整权的行使予以一定限制。

（2）改编作品，必然对原作品的内容、观点有所改变，因此应当立足于是否降低了原作品的社会评价、损害了原作品作者的声誉。

（3）作品发表后，作者的思想与表达已经为社会公众知晓，因此应重点考虑是否损害了原作品作者的声誉。

（4）充分考虑电影作品特殊的表现手法与创作规律。

（5）原作者已经将全部著作财产权转让，从合同法角度应当积极协助被转让人实现受让的各项财产权利，确保被转让人最大限度地发挥作品的财产价值。

（6）鼓励作品的创作和传播是《著作权法》的主要宗旨。

（7）综上，不能以是否违背作者在原作品中表达的原意这一主观标准判断，而应重点考虑改编后的作品是否侵犯了原作者的声誉。

（8）涉案小说有较高知名度，该电影并未导致读者对涉案小说的内容、观点造成误解。

（9）观众的负面评论指向电影，并未指向小说。

因此，一审判决被告没有侵犯原告享有的保护作品完整权。

二审的观点是：

（1）作者的名誉、声誉是否受损并不是侵害保护作品完整权的要件，只是判断侵权情节轻重的因素。对此我国《著作权法》与《伯尔尼公约》的规定并不相同。

（2）改编权最重要的两个核心要素是保留原作品的基本原创性表达和附加新的原创性表达，最终创作出新作品。

（3）本案被告获得了合法的改编权。改编权属于著作财产权、保护作品完整权属于著作人身权。无合法授权的改编行为，如果存在歪曲、篡改，属于侵犯改编权；有合法授权的改编行为，如果存在歪曲、篡改，则可能侵犯保护作品完整权。因此是否获得合法改编权并不影响对保护作品完整权的保护。

（4）电影作品的"必要的改动"包括两个方面：必要的改动和改动应在必要的限度内。必要的改动是影响拍摄、创作、传播的情形下的改动；必要的限度是可以对作品一般表达要素改动，不得对核心表达要素（人物设定、故事背景、主要情节）改动。

（5）即使满足"必要的改动"的两个条件，仍可能被认定歪曲、篡改原作品，比如导致作者在原作品中要表达的思想情感被曲解。

（6）不存在作者对被转让人的协助义务。

（7）涉案电影与小说的创作意图、题材不一致。

（8）涉案电影对小说的主要情节、背景设定、人物关系的改动是否必要？对16处情节进行比对分析，其中10项属于对核心要素的改动，部分属于歪曲、篡改。

因此，二审改判，认定被告侵犯了原告的保护作品完整权。

【案件评析】 本案的争议焦点在于：被告已经获得合法改编权的情况下，如何看待原告的保护作品完整权的控制范围？在两种权利发生冲突的情况下，如何确定保护规则？

第一，两项权利有密切联系，在行使与保护方面互相影响，不能割裂考虑两项权利的保护。

考虑到改编权的内容就是"改变作品，创作出具有独创性的新作品的权利"，因此被告行使依法获得的改编权必然导致出现对原作品进行实质性改变的后果，否则不可能产生具有独创性的新作品。而保护作品完整权是只能由原作者享有的"保护作品不受歪曲、篡改的权利"，其权利指向同样是针对改变原作品的行为。因此，在被告获得改编权合法授权的情况下，必然会出现以下情况：被告行使改编权实质性改变原作品的表达，原告行使保护作品完整权对改变原作品表达的行为进行限制。这两种情形的本质就是被告通过改变原作品来创作和传播新作品，原告通过对改变原作品进行限制以保护著作权人的权利。因此，两者发生权利冲突是现实的，也必然会互相影响、互相制约。两者分别属于著作人身权与著作财产权只是法学理论分类，不是判断两者控制范围是否存在影响与制约的标准。

所以，二审关于被告是否获得合法改编权并不影响对保护作品完整权的保护这一观点引起了争议。

第二，在两项权利发生冲突的情况下，要依据立法目的平衡保护。

我国《著作权法》的立法目的，是既要保护著作权人的合法权利，又要鼓励作品的创作与传播，此两点是并重的。该法第1条对此有明确规定："为保护文学、艺术和科学作品作者的著作权，以及与著作权有关的权益，鼓励有益于社会主义精神文明、物质文明建设的作品的创作和传播，促进社会主义文化和科学事业的发展与繁荣，根据宪法制定本法。"

因此，不能不保护著作权人的合法权利，也不能过度保护著作权人的合法权利以至于影响创作与传播，这是考虑此案件焦点的基本原则之一。

在本案中，原告将原作品的改编权许可授权给被告并获取了收益，本身就是其著作权获得法律保护的表现，也是原作者通过依法行使著作权并实现了著作财产权的表现。因此在这一情况下，对于同样是针对改变原作品进行限制的保护作品完整权，就应当对被告行使此权利进行必要的限制，即缩小保护作品完整权的控制范围，以防止过度保护著作权人的情况出现。这种缩小是相对于改编权的行使而言的，只要不出现损害原作品社会评价的情形，保护作品完整权的行使一般应当避让改编权的行使。

第三，是否存在"歪曲与篡改"应以相关公众对原作品的负面评价为标准。

保护作品完整权是"保护作品不受歪曲、篡改的权利"。这里的"作品"当然是指原作品。而"歪曲、篡改"，在改编者已经获得合法授权的情况下，仅应当包括导致原作品的社会评价降低的情形，至于对原作品社会评价不变或提高的情形不应列入。这里的社会评价，应当使用客观标准，即原作品的受众及新作品的受众，不能以原作者个人主观感受为准。保护原作品的完整不能等同于保护原作者的判断。

本案中，存在一个有趣的现象：电影的观众在看完后绝大多数认为电影内容与小说关系不大，还有原作品的读者贬低电影不如小说。这当然证明了电影改编是实质性的改动，但也证明了这一实质性改动既没有影响原作品的社会评价，也没有导致社会公众误将电影的内容认为就是原作品的内容。因此，原作品的完整性在客观标准上没有受到破坏。

第四，在有合法改编授权的情况下，"必要的改动"应作有利于改编权行使的解释。

我国《著作权法实施条例》（2013年修正版）第10条规定："著作权人许可他人将其作品摄制成电影作品和以类似摄制电影的方法创作的作品的，视为已同意对其作品进行必要的改动，但是这种改动不得歪曲篡改原作品。"

对于此条文中什么是"必要的改动"，法规讲得不是很清楚。但是这种模糊主要在于法律很难对创作进行条分缕析的规定，否则必然导致创作存在巨大的不确定性。比如二审认为：改编权最重要的两个核心要素是保留原作品的基本原创性表达和附加新的原创性表达，最终创作出新作品。但是什么是原作品的基本原创性表达？"基本"和"非基本"如何区分？必要的改动如何具体界定？毕竟创作者不是法学专家，连法官和律师之间尚有争议的法律概念，如何让创作者去执行？这或许就是相关法律法规难以表述得具体精准的原因：避免法律理论干涉实际创作。尤其是在原作品的作者已经通过改编权授权获得利益之后，当改编权与保护作品完整权发生冲突时，更应当作出有利于改编权行使的解释。

第五，司法判决应如何引领权利冲突的保护措施。

事实上，本案中原被告双方并没有对改编权行使的要求进行合同限定。这是导致本案双方发生纠纷的重要原因。如上所述，由于创作的复杂性，法律难以完全干涉全部内容，因此通过判决引导双方及社会重视事先约定是更好的解决方式。如果确立双方对改编的限度存在约定则按照约定执行，没有约定则优先保护改编权的行使这样的规则，那么不但可以避免司法对创作力有未逮的尴尬，也可以使创作者们避免创作后果存在巨大不确定性的尴尬。

由于改编权与保护作品完整权之间的冲突争议颇多，没有定论，因此本书根据经典但争议较大的案例提出了自己的看法。上述分析均属一家之言，请读者谨慎参考。

第六节　抗辩理由[5]

对于因为改编引发的著作权纠纷，面对在先作品作者的指责，新作品作者可以采取什么理由进行抗辩？或者说哪些特定情况下的表达，虽然与在先作品实质性相似，但法律仍会认定不构成侵犯著作权？下面简单介绍实践中常见的一些抗辩理由。

6.1　不构成《著作权法》保护范围内的作品

并非所有的作品都是我国《著作权法》保护的对象。比如实用艺术作品，大部分都不属于我国《著作权法》保护的对象，尤其是该类作品中实用性的部分更是不会受到著作权保护。对于实用性与艺术性可以分离的，艺术性部分在符合我国《著作权法》关于作品的要求的情况下，可以作为保护的对象。

因此，在先作品是否属于符合我国《著作权法》标准的作品是被告方一个非常重要的抗辩理由。一般从以下几个方面考虑：

是否属于在文学、艺术和科学范围内自然人的创作；是否具有独创性，对表达的安排是否体现了作者的选择、判断；是否具有一定的表现形式；是否可复制；是否属于我国《著作权法》第 5 条不适用于该法的情形。

6.2　合理适当引用

我国《著作权法》第 22 条与第 23 条规定了若干对著作权权利进行限制的内容。其中第 22 条第 1 款第 2 项为被告方的抗辩理由，该规定为："为介绍、评论某一作品或者说明某一问题，在作品中适当引用他人已经发表的作品。"需要注意的是，援引该条款作为抗辩理由，相当于自认已经使用了在先作品的表达，一旦此抗辩理由不能成立，即可能被认定为侵犯复制权、署名权或改编权。

是否可以成功援引此条款，一般考虑以下几个要素：被引用的作品是否已经发表；引用目的是否为介绍、评论作品或者说明问题；被引用的内容在被诉侵权作品中所占的比例是否适当；引用行为是否影响被引用作品的正常使用或者损害其权利人的合法利益。

6.3　公有领域抗辩

公有领域抗辩是指被诉作品与原告作品存在相同或者实质性相似的表达部分来源于公有领域。这一抗辩理由证明了被诉作品的相应表达来源的多样性。

援引公有领域抗辩，需要针对争议作品之间相同或实质性相似的表达去寻找证据，也就是寻找公有领域的实质性近似的表达。

6.4　在先作品抗辩

在先作品抗辩是指被诉作品与原告作品存在相同或者实质性相似的表达部分来源于其他在先作品。这一抗辩理由其实质是否认或降低了原告作品相应表达部分的独创性，证明了被诉作品的相应表达属于来源合法。援引这一抗辩理由，需要提交该在先作品作为证据。

6.5 必要场景抗辩

必要场景抗辩是指被诉侵权作品与原告作品表达相同或者实质性相似系因表达某一主题必须描述某场景或者使用某场景的设计造成的。

比如在历史题材的作品之中，对于以故宫为背景展开的历史故事，在情节描述过程中难以避免对相同的场所背景进行实质性相似的描述。

6.6 其他抗辩理由

其他抗辩理由包括原告是否属于作者的抗辩理由；著作权权利保护期是否过期的抗辩理由；己方已经获得合法授权的抗辩理由；己方独立创作，只是与在先作品的表达存在巧合相似的抗辩理由；相同或近似的表达属于有限表达从而难以回避的抗辩理由；等等。

本章参考文献

［1］北京市朝阳区人民法院（2017）京 0105 民初 953 号民事判决书

［2］北京市第三中级人民法院（2014）三中民初字第 07916 号民事判决

［3］广州市天河区人民法院（2016）粤 0106 民初 12068 号民事判决书

［4］北京市西城区人民法院（2016）京 0102 民初 83 号民事判决书、北京市知识产权法院（2016）京 73 民终 587 号民事判决书

［5］《北京市高级人民法院侵害著作权案件审理指南》

第五章

类电作品（视听作品）的是与非

类电作品，是"以类似摄制电影的方法创作的作品"的简称，传统的常见形式有微电影、网络大电影、网剧等。在《著作权法》（2020 年修正版）中，"以类似摄制电影的方法创作的作品"被统一命名为"视听作品"。鉴于本章主要讨论传统影视作品之外的新创作成果形式，因此仍以"类电作品"这一名称进行讨论。

随着互联网及电信等技术的发展，出现了大量新技术与运用状态下的商业模式，比如短视频、网络游戏与电子竞技直播、体育直播、节目点播等。这些新的商业模式下的智力成果是否构成著作权法意义上的作品？哪些属于类电作品？哪些不属于类电作品？不属于类电作品的该如何规制与保护？这些都是商业实践中急需解决的问题，也是司法实践的前沿话题。

本章将从类电作品的构成出发，结合司法实践的前沿案例，对一些新商业模式下的作品类型进行讨论，揭示目前司法实践是通过何种途径对各种新的商业模式进行规制与保护的。

第一节　类电作品的认定原则

1.1　法律依据

对类电作品规制与保护的法律依据，见于《著作权法》第 3 条，该条第 6 项规定"电影作品和以类似摄制电影的方法创作的作品"属于《著作权法》所称的作品。

同时，《著作权法实施条例》（2013 年修正版）对电影作品与类电作品进行了定义，即该条例第 4 条第 11 项所称："是指摄制在一定介质上，由一系列有伴音或者无伴音的画面组成，并且借助适当装置放映或者以其他方式传播的作品"。

1.2　司法实践中的认定标准

根据上述法律依据，在司法实践中，类电作品的认定一般遵循三个重要标准：

一是符合"固定"的标准，即《著作权法实施条例》（2013 年修正版）对电影及类电作品"摄制在一定介质上"这一规范。这里所说的"介质"应当是有形的载体。

二是属于可借助设备被感知的动态画面。这里强调画面必须是动态的，静止的画面有可能构成美术作品，但不属于类电作品。

三是符合独创性标准。无论是《著作权法实施条例》（2013 年修正版）中"一系列有伴音或者无伴音的画面"，还是《著作权法（修订草案送审稿）》中"一系列有伴音或者无伴音的连续画面"，均要求这"一系列画面"需要具备独创性这一"作品"的必然要素。而具备独创性，就必然要求在这"一系列画面"中，能够充分体现作者对内容与素材的选择、编排与运用。

1.3　独创性的程度

在司法实践中，也出现有些案例要求类电作品不但要具备独创性，而且要具备较高程度的独创性，能够具备电影作品通过具体情节与素材表达整体思想这样的独创性，才可以被认定为类电作品。

如北京知识产权法院"新浪公司诉天盈九州公司侵犯著作权及不正当竞争纠纷案"[1]。

在该案中，终审法院认为"一系列有伴音或者无伴音的连续画面"既可以是电影及类电作品，也可以是录像制品。但是电影及类电作品属于著作权保护范畴，录像制品属于邻接权保护范畴，"哪怕是机械录制的场合，摄像机及其镜头的设置亦体现了摄制者的选择和判断"。因此有必要明确两者在独创性方面的区别。这一区别是指独创性高低层面，而非独创性有无层面。电影及类电作品的独创性程度应当较高。

［注：《著作权法实施条例》（2013 年修正版）第 5 条第 3 项规定："录像制品，是指电影作品和以类似摄制电影的方法创作的作品以外的任何有伴音

或者无伴音的连续相关形象、图像的录制品。"]

根据本节关于类电作品的认定原则，我们可以观察后面几节涉及的不同商业模式下形成的作品是否属于类电作品，以及该如何进行法律规制与保护。

第二节　短视频

抖音、快手等一系列短视频网站，似乎一夜之间就成为人们生活中的一部分，激发了人们的娱乐和创作热情。这些用户自拍的视频，虽然只有短短的十几秒或几十秒，但很多得到其他用户的欢迎。短视频平台这一商业模式已经取得了空前的成功。

但是就如优秀的小说可能遭到抄袭、精彩的电影可能遭到盗版侵害一样，受欢迎的短视频也会遭遇被他人模仿或者被其他播放平台擅自传播的情形。这种情况下，就涉及如何认定短视频的法律属性，适用何种法律规定对权利人予以保护的问题。

2018 年 9 月，北京市海淀区人民法院判决的两起案件首次在司法实践层面阐述了上述问题。两起案件均为快手公司起诉华多公司侵犯著作权的案件[2]。

这两起案件的起因均是快手公司发现某用户在自己平台上发布的短视频，在华多公司运营的平台上被发布，因此已经获得该短视频的信息网络传播权授权的快手公司认为华多公司侵犯了其著作权。既然是著作权侵权纠纷，首先自然是要确定作品的类型与权属。对于短视频的法律属性，原告与被告观点并不一致。原告认为该短视频属于类电作品，被告认为该短视频根本不属于《著作权法》保护的作品，自然也就不属于类电作品。

结合本章第一节关于类电作品的认定原则以及案件事实，可以从以下角度观察短视频的法律属性：

（1）是否符合"固定"标准。短视频是用户自己拍摄的，上传到视频平台予以发布。因此，该短视频是可以固定在视频平台的特定介质上的，能够满足"固定"标准。

（2）短视频时间虽然很短，但明显属于可借助设备感知的动态画面。

（3）短视频是否具有独创性。这一点正是原被告双方争议的焦点。被告方否认其独创性主要在于两点：一是视频时间很短，一段 18 秒，另一段 36 秒；二是两段短视频的内容均没有独创性，与在先的大量作品类似。

但是被告的这些观点从著作权法角度来衡量，还是难以站住脚。首先，视频的时间长短，不是衡量作品是否具有独创性的条件。一个作品的时间再短，只要是通过一系列连续画面体现出自己的智力创作，就具备成为《著作权法》保护的作品的条件。其次，对于内容的独创性，只要视频内容不是作者翻录他人的作品，能够体现出拍摄过程中作者自己的选择、编排，就符合独创性的要求。正如审理法院在判决书中所说的，"虽然时长短的确可能限制作者的表达空间，但表达空间受限并不等于表达形式非常有限而成为思想范畴的产物；相反地，在十余秒的时间内亦可以创作出体现一定主题，且结合文字、场景、对话、动作等多种元素的内容表达"。

需要强调的是，短视频的内容是否与其他视频内容（含在先的视频）相似，并不影响该短视频独创性的认定。作品著作权的一个重要特点就在于，只要是分别独立创作，允许类似作品的作者分别享有各自的著作权。因此，被告以此前大量存在类似作品来否认独创性，进而否定短视频属于作品，法律依据不足。

综合上述几点可以看出，短视频作品可以属于我国《著作权法》规定的类电作品，并适用相应的保护依据。

之所以说"可以属于"而不是"应当属于"，就在于确实也存在短视频的独创性不足，被认定为录像制品的情形。

比如央视国际与暴风集团侵害著作权纠纷案[3]，就是一起涉及体育赛事现场直播后剪辑的短视频的纠纷。该案中，由于体育赛事的特殊性，体育赛事节目的转播以展示清晰事实为重要目的，因此对于情节与素材的创作余地非常小。这种情况下，摄制者即便对体育赛事现场直播后剪辑的短视频内容有自己的选择、取舍与安排，也因为创作受限过多，导致独创性不足，以至于仅能被认定录像制品。

因此，对于短视频的作品属性的判断，仍然要结合具体事实进行个案判断。

第三节　网络游戏的动态画面

网络游戏产业是近年来非常火爆的娱乐领域。这一产业不但与传统的影视、文学等领域结合颇为紧密，而且围绕这一产业也产生了大量的衍生产品。这种情况下，网络游戏的法律定位如何？通过何种途径获得法律保护？这些就成为司法实践的前沿问题。

从法律角度观察，网络游戏是一个构成复杂的作品，需要详细分析。按照《北京市高级人民法院侵害著作权案件审理指南》的解析："运行网络游戏产生的静态游戏画面符合美术作品要件的，受著作权法保护。运行网络游戏产生的连续动态游戏画面，符合以类似摄制电影的方法创作的作品构成要件的，受著作权法保护。网络游戏可以作为计算机软件受著作权法保护。"

也就是说，鉴于一个网络游戏是由游戏介绍、场景、人物形象、道具、地图、音乐、过场动画、视频等多个要素组成的，不同要素均有可能单独作为一个作品（比如文字作品、音乐作品、美术作品、类电作品等）受到保护，网络游戏整体上可以作为计算机软件受到保护。

从类电作品角度来看，目前司法实践普遍认为：运行网络游戏产生的连续动态游戏画面属于类电作品。

网易公司诉华多公司侵害著作权及不正当竞争纠纷案即是比较典型的一个案例[4]。

原告网易公司开发了一款满足多人同时在线参与的网络游戏《梦幻西游2》，发布后效果很好。被告华多公司经营某直播网站，签约多名主播对《梦幻西游2》在被告的直播平台上进行直播，一些直播内容展现了该游戏运行过程中的全屏动态画面。原告认为被告侵犯了其著作权并存在不正当竞争行为。其中，原告认为游戏运行过程中呈现的连续画面属于类电作品。

被告对此不予认可，认为游戏的运行是程序设计与玩家操作共同的结果，直播的游戏画面也是动态、不可预测与即时的，因此不构成任何作品，不受《著作权法》保护。

针对游戏运行过程中呈现的连续画面是否构成类电作品，法院认为："涉案游戏由用户在终端设备上被登入、操作后，游戏引擎系统自动或应用户请求，调用资源库的素材在终端设备上呈现，产生了一系列有伴音或无伴音的连续动态画面。"游戏的整体画面表达了创作者独特的思想个性，且能以有形形式复制，与电影作品的表现形式相同，创作过程与"摄制电影"的方法类似，因此涉案电子游戏在终端设备上运行呈现的连续画面可以被认定为类电作品。

同时，电影作品的连续画面是唯一的、单向的，而电子游戏的连续画面因为玩家的参与，会基于玩家的互动呈现多种不同的连续画面。对于这一差异，法院认为并非属于类电作品构成与否的法律标准。同时，即便存在众多不同的画面，但均在游戏预先设计的若干呈现效果之内，玩家并没有新的创作。

最终，法院认定游戏运行过程中呈现的连续画面属于类电作品。法院判决被告停止侵权、赔偿损失等。

【案件评析】

对于运行网络游戏产生的连续动态游戏画面是否属于类电作品，可以从以下几个方面考察：

（1）必须符合我国《著作权法》对"作品"的要求。

我国《著作权法》保护的"作品"是指文学、艺术和科学领域内具有独创性并能以某种有形形式复制的智力成果。因此"独创性"和"可复制性"是必须要具备的要素。

（2）必须符合我国《著作权法》对"类电作品"的要求（见本章第一节）。

结合这些法律规定再来观察本案。

首先，玩家在操作游戏的过程中，确实由于策略、选择、偏好等的不同，会有不一样的操作过程。相对应地，游戏画面也会呈现出不同的连续画面。但是，玩家的这些不同操作以及与此相对应的一系列游戏画面，是涵盖于游戏的设计程序之中的，并不会存在超越游戏事先设计的内容与画面。因此，这些连续画面的独创性来源于游戏设计者，而不是玩家。

其次，这些游戏的程序可以"固定"于服务器中，相应的连续画面具备可复制的条件。

最后，由于该网络游戏可以满足多人在线互动，在多人参与下游戏运行中的连续动态画面所能呈现的结果是复杂多变的。这与电影作品呈现的内容就是拍摄剪辑好的表演内容并不相同。这一明显差异是否足以导致否定游戏运行中的连续动态画面被视为类电作品？从目前司法实践的倾向性意见来看还无法否定。毕竟，影视作品本身就是要借助技术设备被感知的，而且随着科技的发展，感知的手段将会越来越丰富，感知的过程也必然离不开交互式的方式。因此，虽然与现有的电影作品存在上述差异，但是其仅仅属于感知手段和过程方面的差异，还不足以否定类电作品的属性。当然，目前也没有法律依据支持以这种差异否定其类电作品的属性。

壮游公司起诉硕星公司等著作权侵权及不正当竞争纠纷案也是一起比较典型的案例[5]。

原告壮游公司经电子游戏《奇迹MU》的合法著作权人的授权，享有在中国大陆独家运营该游戏的权利，并有权以壮游公司名义针对侵权行为进行维权。被告硕星公司开发了游戏《奇迹神话》并进行了著作权登记及国产网络游戏备案。此后，其授权维动公司运营该游戏，由哈网公司负责宣传。原告壮游公司认为被告硕星公司开发的游戏《奇迹神话》与原告获得运营授权的游戏《奇迹MU》构成实质性相似，侵犯了著作权人的著作权并且存在不正当竞争行为，因此依据著作权人的授权起诉要求众被告停止侵权、赔偿损失。

被告硕星公司不同意原告的诉讼请求，其中一条理由是《奇迹MU》的游戏元素均是魔幻类游戏的通用元素，因此这些元素及该游戏不具有独创性，亦不属于类电作品。对于网络游戏应当依照组成元素分别以音乐作品、美术作品、文字作品予以单独保护。另外，在制作方法与表现形式方面，网络游戏与类电作品亦不相同，因此不是一类作品。

针对该游戏的整体画面是否构成类电作品，法院认为，原告《奇迹MU》游戏的整体画面，在地图、场景图的图案造型设计等多个方面均具有独创性，且可以以有形形式复制，应属于著作权法意义上的作品。我国《著作权法》关于作品的分类以其表现形式为基础，而作品固定在有形载体上的方式并非是作品分类的依据。网络游戏中连续活动画面是类电作品的表现形式。操作不同产生的不同的连续活动画面不是脱离游戏之外的创作，该连续活动画面是唯一固定，还是随着不同操作而发生不同变化并不能成为认定类电影作品的区别因素。对于以类似摄制电影的方法创作的规定，应是对创作方法的规定，不应仅是制作技术的规定，更应包括对各文学艺术元素整合的创作方法。网络游戏也是采用对各文学艺术元素整合的创作方法。

最终，法院认定游戏运行过程中呈现的连续画面属于类电作品。结合其他事实与理由，法院最终判决被告停止侵权、赔偿损失等。

【案件评析】

上面网易公司诉华多公司一案是网络游戏直播引发的纠纷，本案则是不同游戏之间因涉嫌抄袭引发的纠纷。虽然基本事实不同，但是这类案件的首要问题肯定是对原告方权利基础的审查，其中对作品性质的判断是必不可少的环节。

本案两审法院均认为游戏运行的连续画面属于类电作品。其原因除了在于指出其符合著作权法意义上的作品的构成要件以外，也在于对类电作品的构成有着不同于原告与被告双方的一些思考角度。

（1）游戏运行中，连续的画面由于玩家的不同操作会呈现出不同画面效果。这一点是否会影响"固定"这一要素的认定？对于这种多人在线的网络游戏来讲，画面的呈现不是类似于电影作品那样"唯一固定"的模式。但是，从连续画面的整体效果来看，仍未超出事先设计的游戏程序范围。因此可以被看作是"整体固定"的模式。不论是"唯一固定"还是"整体固定"，都不会出现游戏玩家创作出超出事先设计的情形。因此，这一因素不影响类电作品的判定。

（2）对于类电作品是"以类似摄制电影的方法创作的作品"这一名称的理解，不能简单理解为制作过程、技术与方式都与摄制电影相类似，而应当从创作表现形式的角度予以理解。电影作品的创作是糅合了多种文艺元素于一种表现形式，网络游戏运行的连续画面也符合这一特点，可以算作类电作品。

第四节　网络游戏与电子竞技的直播

直播是近几年新兴的一种商业模式，涉及带货直播、外景直播、游戏直播等。其中形成巨大商业规模与利益的是网络游戏与电子竞技的直播。网络游戏的直播是主播通过平台对在线玩家正在运行的游戏实况进行解说，同时配合文字、弹幕等与观众互动。电子竞技直播是网络游戏直播的形式之一，是对某个网络游戏的实况比赛进行在线实况解说。特别是2004年开始，电子竞技被列为体育竞技运动项目，凸显了对这一行业的认可。这些直播利用互联网的优势，在线观众数量巨大，商业利益具有相当规模。

巨大的商业影响一定会带来有影响的法律纠纷。如本章第三节所列的网易公司诉华多公司一案，即是网络游戏直播引发的纠纷。在该第三节中，司法实践已经明确了网络游戏运行中的动态画面的保护规则。但是网络游戏与电子竞技直播这一商业模式该如何适用法律保护？主播的直播解说是否也能按照类电作品保护？这些都是讨论较多的问题。

由于网络游戏与电子竞技直播是崭新的产业，我国《著作权法》等法律规范还没有对此新兴事物的直接规范。从目前的司法实践来看，倾向性意见是网络游戏与电子竞技直播过程中，直播的视频与音频、主播的解说，均需要按照《著作权法》关于作品构成要件的标准来个案衡量。不符合标准的不能认定为著作权法意义上的作品，符合标准的可以进行相应作品的认定。

鱼趣公司等与朱某、炫魔公司等侵害著作权及不正当竞争纠纷案即是一起典型案例[6]。

被告朱某是原告鱼趣公司的签约主播，根据约定于某段时间内在斗鱼TV解说平台进行"炉石传说"游戏解说。双方签订协议约定属于该协议范围的游戏解说视频、音频的各项权利、权益属于鱼趣公司独家所有。此后，原告发现朱某在约定时段内在其他被告炫魔公司和脉淼公司共同经营的全民TV网站进行游戏解说。为此，原告起诉至法院，请求确认朱某在合同约定期间的全部游戏解说作品（口述作品或类电作品）的著作权均归属于原告，同时要求众被告承担侵权责任并赔偿损失等。

被告炫魔公司和脉淼公司不同意原告的诉讼请求，认为："炉石传说"游戏属于电竞体育活动项目，不构成作品。游戏玩家没有创作行为，其操作不构成作品。朱某操作游戏或予以解说，不构成著作权法意义上的作品。既然不存在作品，更不存在侵犯著作权的行为，也不存在不正当竞争行为。

对于被告朱某的游戏解说是否构成作品，一审法院认为，被告朱某的解说通常是边操作游戏边进行解说，或者边观看游戏赛事边进行解说，该解说行为是在朱某结合个人游戏经验和感悟创造性地即兴完成，具有独创性、可复制性，构成著作权法意义上的作品。朱某是作者，通过合同的约定，游戏解说形成的作品著作权归原告鱼趣公司所有。

二审法院对此持不同观点。二审认为，游戏解说为口头表达，视频、音频整体上是由系列有伴音的画面组成，能否构成口述作品以及类电作品，需要对独创性进行判定。独创性评判的核心对象即为游戏操作形成的动态画面及主播之解说。本案中，"炉石传说"作为竞技类游戏，玩家的操作并未给作品添加新的表达，不能形成新作品；至于主播的解说，均是非常简单的描述性口语表达，文学性、艺术性、科学性均不足，不能构成作品。

综上，二审认定本案中的游戏解说不构成作品，本案不存在侵犯著作权的情形。但根据其他事实与法律依据，二审判决支持了被告存在不正当竞争行为的一审认定。

【案件评析】

网络游戏与电子竞技直播的作品属性，一般涉及三个层次的问题。一是游戏运行的连续画面是否构成作品；二是玩家的操作是否构成创作行为，是否有新作品出现；三是主播解说是否属于作品，解说与直播的音频、视频、画面相结合是否构成作品。

（1）正如本章第三节所讨论的，对于游戏运行的连续画面，目前司法实践倾向性的观点是构成类电作品。

（2）对于玩家的操作是否构成创作行为，是否有新作品出现，目前司法实践倾向于持否定态度。

首先，我国《著作权法实施条例》（2013年修正版）第3条规定："著作权法所称创作，是指直接产生文学、艺术和科学作品的智力活动。为他人创作进行组织工作，提供咨询意见、物质条件，或者进行其他辅助工作，均不视为创作。"根据这一定义，著作权法意义上的创作，必须是直接产生作品的智力活动。游戏玩家操作游戏，进行电子竞技，需要思考、判断、选择、决策，因此毫无疑问属于一种智力活动。但是这种智力活动，是否能够直接产生作品，则需要根据具体事实作出个案判断。对于包括"炉石传说"在内的一些网络游戏，玩家的每一个操作行为只能产生游戏设计范围内的某一个动作或情景，连续的操作行为也只能产生游戏程序设计内的一系列动作或情景。

这是展现游戏设计的某个表达，而非产生新的表达。因此其智力活动并不直接产生作品。

另外，玩家通过操作所体现出来的选择、取舍与安排，是针对实现游戏目标本身的或者是实现竞技胜利目标本身的，不是针对操作过程的表达方式本身的。因此，玩家的操作行为并不是产生文学、艺术和科学作品的创作行为。

其次，网络游戏的特点是多人在线参与，玩家的互动是显著特点。一名玩家的操作必然受到其他玩家的操作的影响，经常要做出对应的操作。因此，直播状态下玩家的操作是即时性的、不可复制的、也是不固定的，这既不符合《著作权法》对作品的要求，也不符合对类电作品的要求。

再次，多人在线互动参与状态下的电子竞技或者其他网络游戏，其展现出的场景是多人智力活动的结果，其中任何一个玩家都不能因为自己的操作提出版权要求。

（3）对于主播解说是否属于作品，解说与直播的音频、视频、画面等结合是否构成作品，仍然需要结合具体事实作出个案判断。

对于主播的解说，本案原告认为构成口述作品；被告不认可，认为主播的解说均是非常简单的描述性口语表达，不构成作品。我国《著作权法实施条例》（2013 年修正版）第 4 条第 2 项规定："口述作品，是指即兴的演说、授课、法庭辩论等以口头语言形式表现的作品。"主播的解说显然是即兴的表达，因此只要其表达符合独创性与可复制的作品构成要件，是可以被认定为"口述作品"的。本案中，原告由于没有举出主播的解说有何独创性表达，因此其关于主播的解说构成口述作品的观点没有被法院支持。抛开该案，我们可以考虑主播的何种表达方式才有具备独创性的可能。比如将其他文艺形式引入解说，以评书的模式进行直播是否具有独创性？总之这是主播或其雇主需要认真考虑的问题。

对于主播解说与直播的音频、视频、画面等结合是否构成作品，仍然应结合具体事实进行个案认定。这种结合显然是一种有伴音的连续动态画面，具备成为类电作品的可能。因此，其独创性与可复制性是否具备，能否满足固定性的要求，都是需要结合具体事实与证据全面考察的。本案中，原告由于没有举出相关独创性表达的事实与证据，法院也就无法支持构成作品。

电子竞技直播领域的另一个案件也比较经典，即"耀宇公司诉斗鱼公司著作权侵权及不正当竞争纠纷案"[7]。

DOTA2（刀塔 2）是美国维尔福公司（Valve Corporation）开发的一款电子竞技类网络游戏。原告耀宇公司获得授权共同运营 2015 年 DOTA2 亚洲邀请赛，负责赛事的执行及管理工作，并获得该赛事在中国大陆地区的独家视频转播权。耀宇公司通过其运营的火猫 TV 网站全程、实时视频直播该赛事的决赛。原告发现被告在其经营的"斗鱼"网站上直播了部分赛事，因此以被告侵犯著作权及存在不正当竞争为由提起了诉讼。被告斗鱼公司认为其是从 DOTA2 游戏客户端的旁观者观战功能中取得比赛画面、自配主播解说且没有使用原告的直播内容。而且原告的视频转播权不属于法定的著作权权利，比赛画面也不属于作品，因此原告不享有著作权。

法院认为，原告耀宇公司并非游戏著作权人，其享有的视频转播权不属于我国《著作权法》规定的法定权利。电子竞技比赛画面不属于作品。因此原告起诉被告侵犯著作权不成立。但是涉案转播权具有强烈的商业属性，属于财产性的民事利益，理应受到保护。被告从游戏客户端截取比赛画面进行直播以谋取不正当利益，属于不正当竞争行为。法院最终判决被告赔偿原告损失并消除影响。

【案件评析】

本案原告与被告均是游戏直播公司。原告参与组织电子竞技比赛，并从游戏的著作权人处获得视频转播权。原告直播的电子竞技比赛是原告参与组织经营的现场赛事，被告未经原告同意自行根据客户端旁观画面安排主播进行直播解说。

与上一案例相比，本案原告并非游戏的著作权人，其获得的视频转播权虽然是一种民事权益，但并非著作权及其授权。著作权是一种法定权利，必须在法律有明确规定的情况下才可以产生。因此，无论是著作人身权、财产权还是邻接权，均不能脱离《著作权法》的规定而凭空臆造。

那么原告直播的电子竞技比赛是否构成作品？本案直接认定不构成作品，但并未详细阐述理由。结合上一例案件，似乎亦应从作品的构成要件及电子竞技的特点等角度加以分析。

上述两个案例都是直播电子竞技而产生的纠纷。但是我们可以再考虑一个题外话：如果不是直播而是录播会产生什么后果？比如在电子竞技比赛结束后，将第一个案例中鱼趣公司直播的内容录制转播或将第二个案例中耀宇公司的比赛直播片段录制转播。

这可以从录制者的不同身份考虑。

如果是直播方录制自己的直播内容再进行转播，则其直播内容已经固定，可复制性也不是问题。因此纵然不一定构成类电作品，至少作为录像制品的可能性还是较大的。当然，对于其独创性的考察仍然不能免除。但是在这种情况下，考察的就是录制者在录制过程中是否存在选择、取舍与安排等独创性表达，而且对于该独创性所达到的标准无需要求太高。

如果是第三方录制直播方的内容再进行转播，则在考察录制的内容是否能构成录像制品以外，录制行为本身是否构成侵权也成了新的问题。

总之，由于网络游戏与电子竞技直播是科技发展基础上的产物，那么随着科技发展，其商业模式及衍生产品与模式必会层出不穷。法律和司法实践需要随时做好面对新问题的准备。

第五节　体育赛事转播的节目内容

就像本来作为文化娱乐产业的电子竞技被直接认定为体育竞技运动一样，体育各项赛事现在也逐步向文化娱乐方向发展，或者说职业体育从某些方面来讲已经是文化娱乐产业的领域之一。尤其是以足篮排三大球为代表的职业体育运动的商业化已经比较成功，不但竞技比赛本身创造了商业价值，而且其衍生产品也存在较大商业空间。当然，商业化的发展必然伴随着法律纠纷的增多。如何对相关体育赛事转播的节目内容进行保护，是这一领域非常重要的法律问题。

体育赛事转播的节目内容，包括现场直播和录播（重播、点播）所形成。从知识产权角度，司法实践对其规制与保护仍存在一些争议。对于录播，形成的争议较小，普遍认为按照录像制品保护。但是对于体育赛事现场直播的节目内容，目前争议较大，实践中认为不构成作品和认为构成类电作品的判例均存在，还有认为应属于录像制品的看法。

央视国际与暴风集团侵害著作权纠纷案[3]是涉及网络点播体育赛事短视频的一起纠纷。

原告央视国际经合法授权，于中国大陆独家享有通过互联网播放"2014巴西世界杯"赛事节目的权利。此后原告发现被告在其运营的"暴风影音"网站提供该赛事电视节目短视频的网络点播。原告认为这些短视频均为原告享有著作权的类电作品，被告的行为属于侵权行为。被告认为自己是正常的新闻报道，属于合理使用，不同意原告的诉讼请求。

一审法院认为：涉案短视频内容来源于"2014巴西世界杯"全部64场完整赛事的电视节目内容。摄制者在拍摄过程中并非处于主导地位，其对于比赛进程的控制、拍摄内容的选择、解说内容的编排以及在机位设置、镜头选择、编导参与等方面，能够按照其意志做出的选择和表达非常有限，独创性尚不足以达到构成类电作品的高度，但是符合录像制品的规定，应当认定为录像制品。而涉案短视频系节选自涉案赛事节目的内容，属于复制，亦应认定为录像制品。因此，一审法院认定被告侵害了原告对涉案赛事节目的录像制品所享有的独占信息网络传播权。

二审法院支持了一审关于涉案短视频不属于类电作品，而是属于录像制品的认定，并就类电作品与录像制品的联系与区别作出了深入说明。二审认为，本案涉及的是点播行为，相关体育赛事节目已被固定，符合构成录像制品的要求。作为邻接权客体的录像制品，并不排除个性化选择情形的存在。因此类电作品与录像制品的区别不在于独创性的有无，而在于高低。本案体育赛事信号所承载的连续画面受到纪实、直播、有设置标准、符合观众需求等诸多客观限制，其独创性高度难以符合类电作品的要求。

【案件评析】

本案主要涉及两方面问题，一是类电作品与录像制品的联系与区别；二是体育赛事节目内容录播（点播、重播）的法律属性。

第一，如本章第一节所述，类电作品与录像制品都是一系列有伴音或者无伴音的连续画面，但是一个属于作品受著作权保护；一个不属于作品，仅享有邻接权。对于二者的区别，传统观点认为录像制品之所以不属于作品，是因为它仅是对内容的"机械录制"，不存在独创性。但是仔细推敲，即便录制同一个内容，录制者本人对于录制内容也是存在选择、取舍与安排的，所以很可能对同一个内容录制出来的表达并不相同。这里面就体现了录制者的个人智力活动。因此，法院在此特别强调了类电作品与录像制品的区别，不在于独创性的有无，而在于独创性的高低。类电作品需要在情节与素材这些核心要素上，展现较高的独创性水平。

第二，对于体育赛事节目内容录播（点播、重播）而言，其与现场直播的最大区别就在于节目内容不再是即时的，而是已经完成了"固定"。我国《著作权法》第 10 条第 13 项对"摄制权"规定为"以摄制电影或者以类似摄制电影的方法将作品固定在载体上的权利"。《著作权法实施条例》（2013年修正版）第 4 条第 11 项对电影作品与类电作品也有"摄制在一定介质上"的规定。因此，完成了"固定"的体育赛事节目内容录播（点播、重播）具备了成为类电作品或录像制品的可能。

在完成"固定"后，就需要从独创性角度对其进行考察，以便确定其能不能属于"作品"。严格来讲，这种判断应当结合事实进行个案认定。有观点认为，体育赛事节目的转播画面，展现的是实际的赛事，画面内容不受拍摄者的控制；对赛事过程的拍摄也局限在一系列技术要求之中。对体育赛事节目的转播以展示清晰事实为重要目的，因此对于情节与素材的创作余地非常小。所以，体育赛事节目内容录播（点播、重播）仅能成为录像制品，而难以达到类电作品的要求标准。

央视国际诉华夏城视著作权侵权及不正当竞争纠纷[8]是与体育赛事网络直播相关的一起案件。

原告央视国际经合法授权，于中国大陆独家享有通过互联网播放"2014巴西世界杯"赛事节目的权利。此后原告发现被告在其经营的网站"城市联合网络电视台"内，向网络用户提供了中央电视台制作的 2014 年巴西世界杯比赛节目的在线直播服务。原告认为上述赛事直播节目是类电作品，遂起诉要求被告停止侵权及不正当竞争行为，并赔偿损失。被告对此不予认可。

法院认为，对于涉案体育赛事直播节目而言，其制作拍摄的目的是为观众呈现真实、客观比赛全过程，直播进行时各摄影师对画面进行取舍、剪辑，均服务于上述目的。即便不同的团队进行直播，呈现的赛事直播画面亦会有所区别，但其所体现的独创性，尚不足以达到类电作品的高度，不属于我国《著作权法》规定的作品，应认定为录像制品。

最终，法院认定被告构成不正当竞争，承担相应赔偿责任。

【案件评析】

同是与 2014 年巴西世界杯的节目转播相关的纠纷，上一个案件是网络点播引起的纠纷，本案是网络直播引起的纠纷。显然，点播与直播对节目内容法律定位的影响，是本案判断的一个重点。

本案法院指出了体育赛事直播节目在独创性高度方面的不足。由于赛事直播的核心在于最大程度忠实于现场，因此决定了拍摄者展现自己独特创意的空间很小。即便存在拍摄角度、镜头切换等方面的选择与取舍，但是在独创性方面显然无法达到在情节与素材方面的创作程度，因此不能构成类电作品。

但是法院认为此案中的体育赛事直播节目属于录像制品。对此，在司法实践中存在争议。本案判决书中没有看到对体育赛事直播内容是否符合"固定"的标准的论述。录像制品是否也需要符合"固定"标准？我们可以通过下一个案例来观察。

新浪互联诉天盈九州侵犯著作权及不正当竞争纠纷[1]也是关于体育赛事网络直播的纠纷。

原告新浪互联依据合法授权享有在门户网站领域独家播放中超联赛视频，包括但不限于比赛直播、录播、点播、延播的权利。被告天盈九州公司是凤凰网的网站所有者并负责运营该网站。原告发现在凤凰网"中超"栏目下设置有"体育视频直播室"，对中超联赛进行了实时视频直播。原告认为其中超赛事直播画面属于类电作品，因此起诉要求被告停止侵权及不正当竞争行为并赔偿损失等。

一审法院认为，中超赛事直播画面的形成，是编导通过对多台设备拍摄的多个镜头的选择、编排的结果。尽管法律上没有规定独创性的标准，但应当认为对赛事录制镜头的选择、编排，形成可供观赏的新的画面反映了其独创性，应当认定为作品。即通过摄制、制作的方式，形成画面，以视听的形式给人以视觉感应、效果，构成作品。因此一审法院认定中超赛事直播画面构成类电作品。被告应承担侵权责任，不再适用不正当竞争法律进行规制。

二审法院对此持不同意见。

二审法院认为，类电作品首先要达到"固定"的要求，其次要具备较高的独创性。现场直播过程中，因采用的是随摄随播的方式，此时整体比赛画面并未被稳定地固定在有形载体上，因而此时的赛事直播公用信号所承载画面并不能满足电影作品中的固定的要求。对于独创性应做个案分析，本案中的中超赛事直播画面受到比赛纪实、摄制标准、观众需求等多方面限制，独创性难以达到电影作品的高度。因此，涉案两场赛事公用信号所承载连续画面既不符合电影作品的固定要件，亦未达到电影作品的独创性高度，故涉案赛事公用信号所承载的连续画面未构成电影作品。

因此，二审驳回了原告的诉讼请求。

但是，北京市高级人民法院此后又对该案再审，并维持了一审判决，认定构成类电作品。

【案件评析】

本案一审认定中超赛事的直播画面构成类电作品，理由是编导对赛事录制镜头的选择、编排具有独创性。二审则指出了其独创性不足以达到类电作品的高度。具体理由与本节第一个案例的分析基本一致。

另外，由于本案争议的是中超赛事的直播画面，直播状态下赛事公用信号所承载连续画面还没有完成"固定"，因此也不符合类电作品的要求。

但是，没有"固定"是否影响对构成录像制品的认定？上一个案例的审判法院显然认为现场直播状态对构成录像制品的认定没有障碍。但是本案的二审法院观点，可以看出完成"固定"仍然是构成录像制品的一个条件。

"录像制品，是指电影作品和以类似摄制电影的方法创作的作品以外的任何有伴音或者无伴音的连续相关形象、图像的录制品。"本案中原告与被告均是利用中央电视台的中超比赛现场赛事公用信号进行直播。在现场直播状态下，随摄随播的是直接摄制的赛事画面，不是对赛事画面的录制品。

央视国际诉上海聚力著作权侵权及不正当竞争纠纷案[9]是一起观点与上述案件差异较明显的涉及网络实时转播体育赛事的纠纷。

原告独家享有在中国大陆地区通过网络在线播放由 CCTV 制作播出的"2016 欧洲足球锦标赛"赛事电视节目的权利。被告未经许可，在其经营的网站"PPTV 聚力"中，向公众提供了原告享有权利的两场足球赛事节目的网络实时转播服务。原告主张其涉案足球赛事节目构成类电作品，认为被告的行为侵害了原告的广播权或其他权利，故提起诉讼。

一审法院认定，原告的涉案足球赛事节目作为经过素材选择、机位设置、

画面的剪辑、编排等步骤，并融入回放、特效等因素，属于文学艺术领域的
"独创性的表达"，且具有可复制性，可以作为《著作权法》规定的类电作品
加以保护。因此判决被告上海聚力侵权成立，赔偿原告经济损失 200 万元。

【案件评析】

本案中，法院对于涉案足球赛事节目是否属于《著作权法》规定的类电
影作品，有一些与上面的案例并不相同的评价与判断，从法律与逻辑角度来
讲也非常精彩。比如，

我国《著作权法实施条例》（2013 年修正版）规定，只有具备"独创性"
的劳动成果才能成为著作权法意义上的作品，但对"独创性"的标准没有作
出任何规定。本院认为，《著作权法》对于作品独创性的要求应该是最低限度
的，而非一个抽象的、无法捉摸的"较高独创性标准"。一般而言，作品只要
是体现了作者的个性就跨过了门槛，满足了这种最低限度独创性的要求。

连续画面是否构成作品的标准是独创性的有无而非独创性的高低。将独
创性的高低作为判断连续画面是否构成作品的标准并无法律依据，将给权利
的保护带来较大不确定性。在处理独创性有无与独创性高低的关系上应坚持
以下两项规则：一是给予作品著作权保护的基本标准原则上是统一的，只要
体现作者的个性就满足独创性的最低要求；二是作品独创性的高度关系作品
的保护强度，而非给予作品著作权保护的条件。涉案足球赛事节目是否构成
作品的独创性判断仍应以最低限度的独创性为标准。当然，一项体育赛事节
目是否构成著作权法意义上的作品，仍需根据是否符合最低独创性的标准进
行个案判断。

对于体育赛事直播这种"随摄随播"的方式是否符合"摄制在一定介质
上"即固定性的要求，从涉案足球赛事直播节目的摄制过程来看，在节目进
行过程中，球场上一旦出现犯规、进球，导播通常立即插播犯规、进球的回
放镜头，该回放镜头亦可充分说明涉案足球赛事节目在摄制同时即实现了固
定。需要指出的是，固定性要件的提出很大程度上是基于确定事实的需要。
如果作品不能及时固定，作者很可能面临无法证明作品产生和存在的风险。
在作品确定可感知，各方当事人对系争对象即足球赛事节目本身均无异议的
情况下，如果仍以其缺乏固定性要件排除作品著作权保护的话，这将违背基
本的经验常识，也不符合立法目的。

上述判断，尤其是对于独创性高低与固定性这两个目前争议较大的问题的评价，是本案判决书比较精彩之处。从法官的论述中可以看出，这些评价不仅仅考虑了法律的规定，还考虑了生活常识、行业特点与业务实践。一份尊重生活常识、行业特点与业务实践的判决，更有助于促进回归常识、行业发展与业务规范。

第六节　综艺节目

综艺节目是一种常见的娱乐形式。在以往，综合性演出和各类晚会是综艺节目的主流，但是现在更受欢迎的往往是有着更多情节设计与特色内容的选秀类、竞技类、真人秀等节目。

从法律角度考虑，综艺节目可以区分为现场综艺活动和综艺节目影像。我国《著作权法》并没有直接对综艺节目的规定，对其保护需要依靠司法实践的摸索与总结。对于现场综艺活动（比如各类晚会、各类综合性演出），司法实践根据现场综艺活动的独创性情况，一般认为构成汇编作品；对于综艺节目影像，根据独创性的情况一般分别认定为类电作品或录像制品。

北京市高级人民法院《关于审理涉及综艺节目著作权纠纷案件若干问题的解答》对综艺节目影像构成类电作品或录像制品的标准进行了总结：

"综艺节目影像，通常系根据文字脚本、分镜头剧本，通过镜头切换、画面选择拍摄、后期剪辑等过程完成，其连续的画面反映出制片者的构思、表达了某种思想内容的，认定为以类似摄制电影的方式创作的作品。

综艺节目影像，系机械方式录制完成，在场景选择、机位设置、镜头切换上只进行了简单调整，或者在录制后对画面、声音进行了简单剪辑，认定为录像制品。"

下面结合一些实际案例来观察法律对综艺节目的规制与保护情况。

央视国际与全土豆文化侵害作品信息网络传播权纠纷[10]是关于现场综艺活动的一起案件。

原告央视国际通过合法途径获得"伦敦奥运会"开幕式的广播媒体，即计算机网络展示（如互联网）和移动平台展示等权利。该开幕式主要涉及文艺表演、各国运动员入场、奥委会官员讲话、升旗仪式、火炬传递与点燃等环节。原告发现被告在其经营的网站上通过信息网络提供涉案节目的点播服务，因此起诉被告赔偿损失。被告认为"伦敦奥运会"开幕式不属于我国《著作权法》所规定的作品，因此不同意原告的诉讼请求。

法院认为，原告主张保护的是伦敦奥运会开幕式而非其影像。开幕式由文艺表演、火炬传递及点燃仪式等相关环节构成，通过主创人员的创造性劳动，具有一定的独创性，属于我国《著作权法》规定的作品。该作品的权利人为国际奥委会。根据《伯尔尼保护文学和艺术作品公约》，国际奥委会对伦敦奥运会开幕式享有的著作权受我国《著作权法》保护。

法院结合相关事实与证据，最终判定被告侵权成立，应予赔偿。

【案件评析】

大型活动的开幕式综合了各类仪式、讲话、文艺表演等环节，属于现场综艺活动。从我国《著作权法》的角度看，接近于汇编作品。我国《著作权法》第14条规定："汇编若干作品、作品的片段或者不构成作品的数据或者其他材料，对其内容的选择或者编排体现独创性的作品，为汇编作品……"开幕式这种大型现场活动，包括了多个歌唱、舞蹈等文艺作品，符合汇编的情形，可以被认定为汇编作品。即便其中的运动员入场、官员讲话等内容不属于"文学、艺术与科学"范畴，也不影响整体的认定。

当然，开幕式现场活动与开幕式现场活动的影像并不相同。本案中，原告要求保护的是开幕式现场活动而非其影像。那么对于开幕式现场活动的影像该如何保护？显然不再使用汇编作品的保护思路。参考本章其他章节的相关案例，对于开幕式现场活动的影像，一般根据内容独创性的具体情况，应斟酌按照类电作品或录像制品予以保护。

央视国际与全土豆文化侵害著作权纠纷[11]是涉及综艺现场活动与影像该如何认定的案例。

原告央视国际自中央电视台获得授权，独家享有通过信息网络向公众传播、广播（包括但不限于实时转播或延时转播）"2008年春节联欢晚会"的权利。此后原告发现在被告经营的网站上，存在多段视频，内容为"2008年春节联欢晚会"的节目内容。因此，原告认为被告侵权，要求停止侵权、赔偿损失。被告对此不同意，认为涉案视频为用户自行上传，与被告无关。

法院认为，"2008年春节联欢晚会"是中央电视台的法人汇编作品。原告获得授权独家享有信息网络传播权的相关权利。被告经营的平台出现大量侵权视频，被告构成帮助侵权。

最终，法院判决被告停止侵权、赔偿损失。

【案件评析】

本案中，"2008年春节联欢晚会"被认定为法人汇编作品。但是结合实际案情来看，用户上传到被告经营的平台的视频，应该是对"2008年春节联欢晚会"影像的复制、截取或改编，而不是针对春晚现场活动。对这一侵权标的物的区分，对于被侵权作品的法律属性确认还是比较重要的。

本案将侵权标的物定位为春晚现场活动，并最终得出法人汇编作品的结论，存在一定争议。比如下一案例就有着不同的认定。

央视国际与智通无限侵犯著作权纠纷[12]是另一起涉及综艺现场活动与影像该如何认定的案例。

原告央视国际自中央电视台获得授权，独家享有通过信息网络向公众传播"2009年春节联欢晚会"的权利。此后原告发现被告通过互联网向用户提供"2009年春节联欢晚会"的下载和播放服务。原告起诉要求被告赔偿损失。

法院认为，原告认定"2009年春节联欢晚会"属于类电作品。根据原告陈述，其主张的"2009年春节联欢晚会"是摄制而成的电视节目，与舞台现场表演的春晚有所不同。其独创性主要体现在对现场表演的拍摄上，因此所具有的独创性尚未达到电影作品所要求的高度，应当作为凝聚了一定智力创造的录像制品予以保护。

最终法院判决被告向原告赔偿损失。

【案件评析】

本案与上一起案例如出一辙，也是侵犯原告"春晚"信息网络传播权的纠纷。但是本案非常明确地区分了春晚现场表演与春晚电视节目的区别。被告提供下载和播放的显然是春晚电视节目的影像。既然是春晚节目影像，自然排除了成为汇编作品的法律属性。由此可见，综艺现场活动与综艺节目影像的区分是这类案件的首要重点。

本案以独创性的高低为标准，认定涉案春晚节目影像为录像制品。当然，也有其他案例对此类晚会节目影像的独创性有不同的评价，导致作出不同的认定。比如下一个案例。

央视国际与视客控股著作权合同纠纷[13]对综艺节目影像另有一种看法。

原告央视国际经合法授权获得中央电视台所有电视频道电视节目之独占性的通过信息网络向公众传播、广播之权利。此后，原告发现被告在其开发经营的手机 app 软件"视客"中，通过信息网络向用户提供中央电视台制作和拍摄的《2017 年中央电视台中秋晚会》的实时转播服务。原告认为该节目为类电作品，并认为被告侵权，因此起诉要求被告赔偿损失。被告认为其是聚合播放，仅仅是为官网导流，没有侵犯原告权利。

法院认为，本案涉及的晚会节目与现场演出不同，其画面系中央电视台对中秋晚会现场摄制并经过一定编辑后形成的影像，经过了复杂的设计和编排，并非对现场表演活动的简单、机械录制。因此，较录像制品，中秋晚会影像具有更高的独创性特征，应当认定为以类似摄制电影的方法创作的作品。

同时，被告系在其手机客户端中进行了网络实时转播。网络实时转播与信息网络传播权所控制的行为不同，采用了非交互式的传播方式，用户无法在个人选定的时间或地点获得作品，而只能在网络服务提供者指定的某个特定时间内获得作品。同时，该行为的传播途径并非我国现行广播权所控制的无线广播、有线转播及公开播放广播等方式，亦无法为广播权所调整。

最终，法院认定被告侵犯了原告享有著作权的"其他权利"，判决被告赔偿损失。

【案件评析】

本案对晚会节目影像的认定又与上文所述的案例不同，以具有较高独创性为由，认定为类电作品。

综合以上各个案例可以看出，目前的司法实践，已经基本确立将综艺现场活动与综艺节目影像区分开按照不同标准保护的思路；确定了根据独创性的水平高低对综艺节目影像是类电作品还是录像制品进行个案认定的思路。

浙江广电与国广星空、小度互娱及百度网讯著作权侵权纠纷[14]是关于竞技类真人秀综艺节目的纠纷。

原告依法享有户外竞技类真人秀综艺节目《奔跑吧（第二季）》节目的著作权，并认为其为类电作品。被告小度互娱及百度网讯通过其共同开发运营的百度视频 APP 对浙江卫视首播的《奔跑吧（第二季）》第 3 期~第 11 期共 9 期节目进行同步实时转播，其上述节目播放信号源来自被告国广星空。原告起诉要求众被告赔偿损失。

法院认为，综艺节目《奔跑吧（第二季）》以组织嘉宾进行游戏活动、情景演绎、现场互动等为内容，通过镜头切换、画面选择拍摄、后期剪辑等过程完成，从环节安排、拍摄过程、剪辑制作等方面看，其具有较高程度的独创性。因此认定为类电作品。

同时，广播权项下控制的行为是指以无线方式公开广播或者传播作品，以及以有线传播或转播的方式向公众转播广播作品的行为，并不包括直接以有线方式传播作品的行为。而案涉网络同步转播行为，属于以有线方式直接传播作品的行为，故不在广播权的权利范围之内。

最终法院认定众被告侵犯了原告著作权的"其他权利"，并判决众被告赔偿损失。

【案件评析】

对于选秀类、竞技类等内容比较独特、情节设计明显的综艺节目影像，其独创性是比较高的，构成类电作品争议不大。但是其综艺节目模式是否独创，往往存在争议。在现实中，翻版国外一些已经流行的综艺节目模式的情形屡见不鲜，有些已经开始诉讼大战。但是，根据我国法律与司法实践，综艺节目模式并不受《著作权法》保护。

比如北京市高级人民法院《关于审理涉及综艺节目著作权纠纷案件若干问题的解答》就规定："综艺节目模式是综艺节目创意、流程、规则、技术规定、主持风格等多种元素的综合体。综艺节目模式属于思想的，不受《著作权法》的保护。综艺节目中的节目文字脚本、舞美设计、音乐等构成作品的，可以受《著作权法》的保护。"

因此，对于目前流行的一些真人秀类的综艺，需要通过变通的办法寻求保护途径。

第七节　延时摄影

延时摄影是通过独特的拍摄手法，将拍摄对象较长的变化过程压缩在较短的时间里，以视频的方式呈现出来，也叫缩时录影。延时摄影作品包括前期的拍摄和后期的制作，最终以视频方式呈现，因此不是摄影作品。根据其独创性的高低，可以根据具体情况认定为类电作品或录像制品。

周某某与申某某著作权权属、侵权纠纷[15]是与延时摄影作品认定相关的案例。

原告将单个静止的摄影作品串联起来，得到一个类电作品《延时北京》。该作品由 5392 张单幅摄影作品、71 个不同的场景组成。发表后，原告发现被告在淘宝网上销售传播包含《延时北京》场景的作品。为此，原告起诉要求被告停止侵权、赔偿损失等。

法院认为，延时摄影是一种将时间压缩的拍摄技术，其拍摄的是一组照片或视频，后期通过照片串联或是视频抽帧，把几分钟、几小时甚至是几天、几年的过程压缩在一个较短的时间内，以视频的方式播放。本案中，原告以北京城市地标性建筑为背景，拍摄 5000 余张照片，之后利用照片素材通过电脑软件制作成涉案视频，在保留摄影作品高画质的同时，赋予静止的照片以动态，形成具有美感的连续画面，并且制作者在素材选取、主题内容的表达上具有独创性，故属于类电作品。

最终法院判决被告赔礼道歉、赔偿损失。

【案件评析】

延时摄影作品是一种比较新类型的作品，因此产生的著作权纠纷较少。本案中，涉案作品所体现出的作者的编排、取舍具有较高独创水平，构成了类电作品。但是在此类作品较多出现后，尤其是同一题材反复出现后，是否仍可以达到类电作品的独创性高度，以及是否能具备高水平的情节与素材，可能将会是影响其被认定为类电作品或录像制品的关键。针对具体事实作个案分析，会是此类纠纷处理的应有之义。

本章参考文献

［1］北京知识产权法院（2015）京知民终字第 1818 号民事判决书

［2］北京市海淀区人民法院（2017）京 0108 民初 49079 号民事判决书

　　北京市海淀区人民法院（2017）京 0108 民初 51249 号民事判决书

［3］北京知识产权法院（2015）京知民终字第 1055 号民事判决书

［4］广州知识产权法院（2015）粤知法著民初字第 16 号民事判决书

　　广东省高级人民法院（2018）粤民终 137 号民事判决书

［5］上海知识产权法院（2016）沪 73 民终 190 号民事判决书

［6］湖北省武汉市中级人民法院（2017）鄂 01 民终 4950 号民事判决书

［7］上海知识产权法院（2015）沪知民终字第 641 号民事判决书

［8］广东省深圳市福田区人民法院（2015）深福法知民初字第 174 号民事判决书

［9］上海市浦东新区人民法院（2017）沪 0115 民初 88829 号民事判决书

［10］上海市第一中级人民法院（2013）沪一中民五（知）终字第 227 号民事判决

［11］上海市浦东新区人民法院（2009）浦民三（知）初字第 115 号民事判决书

［12］北京市第一中级人民法院（2011）一中民终字第 5129 号民事判决书

［13］北京知识产权法院（2018）京 73 民终 1535 号民事判决书

［14］北京互联网法院（2018）京 0491 民初 937 号民事判决书

［15］北京互联网法院（2019）京 0491 民初 8606 号民事判决书

文化产业的范围很广，包括文学、音乐、影视、出版、综艺、直播、游戏、广告、旅游、传媒、培训、体育等多个行业。在与其他产业结合的情况下，还有更多的形式，比如文化地产、文化基金、文化创意产品制造等。因此，与文化产业投资与运营相关的法律服务非常重要，这里面首要的就是主体问题。

第一节　常见的主体

文化产业中的投资与运营主体，常见的包括自然人、有限责任公司、股份有限公司、有限合伙企业、个体工商户（工作室）、个人独资企业（工作室）、私募投资基金。

1.1　自然人

除必须由自然人直接作为投资主体的情况以外，自然人直接作为投资主体不一定是最优选择。至少从税务筹划角度考虑，即便确实是个人投资，在很多情况下采取法人或非法人单位这样的组织形式来操作，也更有利于该投资人获得税收优惠。

从运营主体的角度观察，可以看到部分作家、艺人、主播、剧组职员等以个人技能或服务参与文化产业的自然人，会以个人身份直接参与某文化项目的运营。

对于自然人主体，实践中需要注意的法律问题包括：

1.1.1 民事行为能力

自然人参与文化产业的投资或运营，从法律角度来讲都是行使权利、履行义务的行为。因此，该自然人必须首先具备法律认可的资格。这种资格就是具备相应的民事行为能力。

我国《民法总则》第 17 条至第 24 条，对于自然人的民事行为能力进行了规定。《民法典》与之相对应的条款是第 17 条至第 22 条。其中：

年满十八周岁的成年人与年满十六周岁但是以自己的劳动收入为主要生活来源的未成年人，属于完全民事行为能力人，有权独立自主地行使权利、履行义务。

八周岁以上的未成年人为限制民事行为能力人，实施民事法律行为由其法定代理人代理或者经其法定代理人同意、追认，但是可以独立实施纯获利益的民事法律行为或者与其年龄、智力相适应的民事法律行为。不能完全辨认自己行为的成年人为限制民事行为能力人，实施民事法律行为由其法定代理人代理或者经其法定代理人同意、追认，但是可以独立实施纯获利益的民事法律行为或者与其智力、精神健康状况相适应的民事法律行为。

不满八周岁的未成年人以及不能辨认自己行为的成年人为无民事行为能力人，由其法定代理人代理实施民事法律行为。

对于自然人民事行为能力的关注，是由于这一问题直接关系到具体事务的法律效力与善后处理。比如，影视、广告行业都常会遇到邀请少年儿童参演、拍摄的情形；会遇到参演艺人遭遇意外后丧失表演能力，该如何处理演艺服务合同后续事宜的情形；直播平台会遇到未成年人或间歇性精神病人、抑郁症患者打赏后可否讨回的问题。这些情形都直接牵涉到行为人的民事行为能力是否影响上述行为的法律效力的问题。

针对这些法律风险，有关的相对方就有必要事先采取相应的防范措施。

比如，如果委托方要与作家或编剧个人签订《委托创作文学作品合同》，就应当考虑到一旦该作家或编剧出现丧失或限制民事行为能力的情形该如何处理。例如可以考虑在合同中约定该种情形下委托方有权终止该合同。同时还要考虑约定已经创作完成部分的作品的权利归属、委托方是否有权继续在已经完成的作品基础上委托他人继续创作或改编、已完成部分的创作报酬如何计算等事宜。

比如，如果出品方要聘用少年儿童演员，依法需要获得其监护人的同意。同时，还要遵守《中华人民共和国未成年人保护法》的规定，排除违反法律禁止性规定的情形。

比如，文化旅游产品、现场互动游艺产品、现场体育互动产品对于参与者的要求中，需要考虑针对未成年人与其他丧失或限制民事行为能力人该如何设定参与要求并明示。

1.1.2 自然人的民事责任承担

实践中，自然人的民事责任承担有两个常见法律问题需要关注：

一是无民事行为能力人或者限制民事行为能力人给他人造成损害的该如何承担民事责任。比如，少年儿童演员给剧组造成了损失，这一损失该由谁来承担？

我国《侵权责任法》第32条第1款规定："无民事行为能力人、限制民事行为能力人造成他人损害的，由监护人承担侵权责任。监护人尽到监护责任的，可以减轻其侵权责任。"

该条第2款同时规定："有财产的无民事行为能力人、限制民事行为能力人造成他人损害的，从本人财产中支付赔偿费用。不足部分，由监护人赔偿。"

《民法典》中与之相对应的条款是第1188条。

因此在构成法定侵权责任的情况下，类似未成年人这种无民事行为能力人、限制民事行为能力人造成他人损害的，受害人可以向其监护人主张赔偿。

对于构成违约责任的情况，比如少年儿童演员违约的情形，相应损失该由谁来承担呢？由于无民事行为能力人、限制民事行为能力人本身就没有独立签订合同的行为能力，签约时必然要由其监护人出面签署，因此一旦发生违约情形，被违约方可以直接依据合同追究该监护人的违约责任。

二是自然人的配偶是否应与该自然人共同承担民事责任。

从违约责任角度来看，自然人的配偶只有在符合法定条件的情况下，才会与作为债务人的该自然人共同承担民事责任。

违约责任的承担方式包括继续履行、采取补救措施、支付违约金、赔偿损失，分为金钱之债与非金钱之债两类。对于非金钱之债，基于其人身属性，债务人的配偶自然没有共同承担责任的可能；对于金钱债务，如支付违约金和赔偿损失的情形，债务人配偶是否应当共同承担就比较复杂，可以根据以下依据确定：

2018年1月18日起实施的最高人民法院《关于审理涉及夫妻债务纠纷案件适用法律有关问题的解释》规定：

"夫妻双方共同签字或者夫妻一方事后追认等共同意思表示所负的债务，应当认定为夫妻共同债务。"

"夫妻一方在婚姻关系存续期间以个人名义为家庭日常生活需要所负的债务，债权人以属于夫妻共同债务为由主张权利的，人民法院应予支持。"

"夫妻一方在婚姻关系存续期间以个人名义超出家庭日常生活需要所负的债务，债权人以属于夫妻共同债务为由主张权利的，人民法院不予支持，但债权人能够证明该债务用于夫妻共同生活、共同生产经营或者基于夫妻双方共同意思表示的除外。"

上述司法解释规定了欲使债务人配偶共同承担金钱之债应当符合以下条件之一：一是夫妻双方有共同承担债务的意思表示的；二是虽无共同承担债务的意思表示，但是可以证明该债务被用于债务人家庭日常生活或用于债务人夫妻共同生活、共同生产经营或者基于夫妻双方共同意思表示的。除此之外，均不认可自然人的债务由其配偶共同承担清偿责任。

自然人的民事责任承担问题对于文化产业各细分领域的投资、融资、经营、创作都很重要。一方面，文化产业投资与运营都是有风险的，相关自然人可以知道风险点所在，并依法规避正常的商业风险；另一方面，与自然人合作的相对方也可以依法进行风险控制，把握好正常商业风险与法律风险的分寸。

比如著名的"小马奔腾案件"。2011年建银国际公司向小马奔腾公司投资7.5亿元人民币，并与该公司实际控制人签订了对赌协议，约定如果该公司不能于2013年年底之前上市，则包括该实际控制人在内的多方均有义务回购建银国际公司拥有的该公司全部股权。此后，该公司实际控制人突然去世，公司上市难以实现。因此，建银国际公司起诉要求该实际控制人的配偶承担回购义务，并在2亿元范围内承担清偿还款责任。

该案一审判决该实际控制人的配偶在2亿元范围内承担还款责任。二审期间，最高人民法院《关于审理涉及夫妻债务纠纷案件适用法律有关问题的解释》颁布实施，并且可以适用于正在审理的一审、二审案件。此案二审判决是否会发生变化？结论是没有变化。二审认为小马奔腾公司实际控制人的配偶对回购义务是明知的，而且参与了公司经营，因此该债务构成夫妻共同债务。二审最终维持原判。从上述最高院的司法解释与该案终审结果可以看出，配偶一方是否对债务事先知情，是否存在共同经营是认定单独债务与共同债务的关键。

鉴于此类夫妻共同债务问题在实践中争议非常大，因此此后出台的《民法典》对此类夫妻共同债务问题做出了明确规定。

《民法典》第1064条规定："夫妻双方共同签名或者夫妻一方事后追认等共同意思表示所负的债务，以及夫妻一方在婚姻关系存续期间以个人名义为家庭日常生活需要所负的债务，属于夫妻共同债务。夫妻一方在婚姻关系存续期间以个人名义超出家庭日常生活需要所负的债务，不属于夫妻共同债务；但是，债权人能够证明该债务用于夫妻共同生活、共同生产经营或者基于夫妻双方共同意思表示的除外。"

从该条规定中可以发现，事前共同签署或者事后一方追认或者有证据证明债务用于夫妻共同生活、共同生产经营或者基于夫妻双方共同意思表示，仍是确认夫妻共同债务的必要条件。

1.2　有限责任公司/股份有限公司

有限责任公司/股份有限公司是文化产业投资与运营最为常见的法律主体形式。有限责任公司是股东以其认缴的出资额为限对公司承担责任，公司以其全部财产对公司的债务承担责任的法人企业；股份有限公司是公司资本划分为每一股金额相等的股份，股东以其认购的股份为限对公司承担责任，公司以其全部财产对公司的债务承担责任的法人企业。此二者之间最主要的区别在于：股份有限公司在符合法定条件的情况下可以上市公开交易及募集资金，相应地其财务与经营等各项信息也要向社会公开。

从作为投资方与运营方的角度看，有限责任公司与股份有限公司之间存在较多的相同之处。需要重点关注的法律问题有：

（1）公司章程。从目前司法实践的理念来看，除了法律法规明确规定的内容以外，对于公司内部治理、股东会、董事会、监事会的议事规则、股权转让与经营管理制度等多项事宜，法律均尊重各方股东在公司章程中的约定。因此公司章程就相当于公司的"宪法"、股东之间的"宪法"，具有最为重要的地位。投资人准备投资文化产业时，应当根据文化产业的特点以及各投资人之间的利益诉求，制定好公司章程。同时，一个相对完备的包括股东会、董事会各项规则、公司财务与对外投资原则等内容的公司章程，也是保障公司运营、减少内耗的根本性法律文件。

（2）商业秘密的保护。文化产业的一个重要特点，就是涉及的知识产权比较多，而且有些创意、概念、方案、艺人隐私、项目细节等不宜为他人所知的信息又无法依据法律获得保护。在这种情况下，采取合法合理的保密措施，比如与接触这些信息的员工签订保密协议等，就成为公司的重要法务工作。

（3）知识产权的合规审查。既然涉及的知识产权比较多是文化产业的一个重要特点，那么这方面的合规工作就非常重要。知识产权的合规工作不仅仅是保护公司自己一方的知识产权，还包括审查公司开展的项目是否存在侵犯他人知识产权的情形。

（4）政策合规审查与危机公关。文化产业作为宣传领域的主要载体，受到国家政策的随时关注。不仅仅是成文的稳定的政策规定需要投资人与公司进行政策合规准备，由于国内国外政治经济社会方面的事件频发，政策导向也随时存在调整的可能，这也需要投资人与公司进行政策合规准备。比如2017年的"萨德入韩"事件，由于韩国方面极不友好的做法，直接导致我国与韩国在文化产业交流方面降温。部分影视、音乐、演出等方面的投资方由于反应不及时，没有关注国家政策的导向，导致部分项目在艺人人选以及节目制作等方面受到了明显的影响，出现了较大损失。从这一实例可以看到，文化产业的参与者需要及时把握政策导向，设置专门的政策合规风险防范机制或人员。

同时，我国一直强调文化产业必须坚持符合社会主义价值观的宣传导向。各类文化产业的主体有必要通过政策合规审查来确保从创作思路到项目制作到艺人选定到文宣发行均不会偏离这一方向。当然，如果出现了不良导向的情形，就必须及时进行危机公关，争取将损失控制在尽可能低的水平。比如近年来，出现了多起因知名艺人存在违背社会主义价值观甚至违反法律法规的言行导致其个人形象与参与项目发生危机的事件。对此，由于不少艺人及其团队缺乏政策合规的合法合理思路，导致危机不但没有及时减轻，反而因为不当处理方式进一步扩大，给自己甚至参与的项目方带来了重大损失。

因此，对于文化产业最主要的参与主体来讲，公司在运营中应当高度重视这类合规问题。

由于有限责任公司/股份有限公司涉及的法律与政策问题较多，本章将在下一节对部分重要问题专门进行讨论。

1.3　有限合伙企业

合伙企业，是指自然人、法人和其他组织依照本法在中国境内设立的普通合伙企业和有限合伙企业。其中有限合伙企业由普通合伙人和有限合伙人组成，普通合伙人对合伙企业债务承担无限连带责任，有限合伙人以其认缴的出资额为限对合伙企业债务承担责任。

合伙企业这种企业形式与公司制形式存在较大差别。合伙企业在合伙人加入与退出、合伙事务执行、利益分配等方面比公司制形式更加灵活简便。尤其是在税收方面，合伙企业无须交纳企业所得税，而是由每个合伙人根据其个人生产经营所得直接交纳个人所得税。这就避免了公司制企业涉及双重征税的问题（公司应当交纳企业所得税，分红后股东还会交纳个人所得税）。但是有所得必有所失，传统的普通合伙企业虽有各种优势，但是各个合伙人之间需要承担无限连带责任，这就不如公司制企业的股东，只需要以认缴的出资额为限承担有限责任更可以控制住风险。

因此，为了既控制风险又有利于投资，法律设计了有限合伙企业这一企业形式。有限合伙企业的合伙人分为普通合伙人（GP）和有限合伙人（LP），只有普通合伙人对合伙企业的债务承担无限连带责任，有限合伙人像有限责任公司的股东一样，仅以自己认缴的出资承担有限责任。但是，普通合伙人有权代表全体合伙人执行合伙事务，有限合伙人不可以。这种制度设计，使得风险偏好较低的投资人也愿意采取合伙形式投资并可以避免双重征税。由于上述特点，我国很多私募基金、员工持股平台等纷纷采取了有限合伙企业这种投资方式。

有限合伙企业需要重点关注的法律问题有：

1）合伙协议。合伙协议类似于公司章程，都是相应企业的宪法性文件。考虑到文化产业涉及的细分领域众多，投资人应当根据行业特点签订一份细致周到的合伙协议。

2）对于投资文化产业的有限合伙企业来讲，与同行业的公司制企业一样，对于商业秘密、知识产权、政策合规与危机公关等重要法律事务也应当关注，在此不再赘述。

对于有限合伙企业涉及的部分重要法律问题，本章将在后面小节专门讨论。

1.4 个人工作室：个人独资企业与个体工商户

文化产业中，很多创作人员，包括作家、编剧、艺人等会设立个人工作室作为自己对外开展业务的主体。但是个人工作室仅仅是一个行业惯例性质的称呼，并不是法定的主体形式。目前实践中存在的个人工作室从法律角度看主要包括两类：个人独资企业与个体工商户。同时，也有一些设立有限合伙企业的情形。

根据《中华人民共和国个人独资企业法》（以下简称《个人独资企业法》）的规定：个人独资企业是指依照本法在中国境内设立，由一个自然人投资，财产为投资人个人所有，投资人以其个人财产对企业债务承担无限责任的经营实体。设立个人独资企业应当具备下列条件：（1）投资人为一个自然人；（2）有合法的企业名称；（3）有投资人申报的出资；（4）有固定的生产经营场所和必要的生产经营条件；（5）有必要的从业人员。

从上述标准可以看出，个人独资企业本质上是单独自然人设立的企业形式，且该自然人对企业债务承担无限责任。由于个人独资企业不是法人企业，因此以个人独资企业为形式设立的个人工作室在缴税时无须交纳企业所得税，只需要交纳个人所得税，这样可以避免双重征税。

我国《个体工商户条例》规定：有经营能力的公民，依照本条例规定经工商行政管理部门登记，从事工商业经营的，为个体工商户。个体工商户可以个人经营，也可以家庭经营。个体工商户的登记事项包括：（1）经营者姓名和住所；（2）组成形式；（3）经营范围；（4）经营场所。个体工商户使用名称的，名称作为登记事项。

从上述标准可以看出，个体工商户是以自然人个人或家庭为单位进行经营的组织。其经营者也要对经营形成的债务承担无限责任。在缴税时，同样无须交纳企业所得税。

个人独资企业与个体工商户从表面上看，存在很多相似之处，比如投资人对经营的债务都要承担无限责任；都无须交纳企业所得税等。但是，这两种经营形式的区别也很明显：

第一，个人独资企业必须有合法的企业名称；个体工商户不是非要有名称、字号；

第二，个人独资企业的投资人可以依法在任意自然人间变更，可以委托任何人经营个人独资企业；个体工商户的投资人只能在自己家庭成员内部变更，投资人必须亲自参与经营；

第三，个人独资企业可以设立分支机构经营；个体工商户不可以设立分支机构；

第四，个人独资企业在法律地位上属于非法人组织，可以以个人独资企业的名义实施各类事务；个体工商户在法律地位上只能以投资人个人名义实施各类事务。

从以上主要区别可以看出，个体工商户在经营活动中受到的限制较多，法律地位近似于个人行为；个人独资企业则在经营活动中受到的限制较少，法律地位属于非法人组织。

对于设立个人工作室来讲，除了个别地区、园区的税收优惠政策可能导致个体工商户更优于个人独资企业的情况外，选择个人独资企业形式设立个人工作室应当在经营中更为灵活便利。

1.5 一人有限责任公司

除了个人独资企业与个体工商户以外，《中华人民共和国公司法》（以下简称《公司法》）还规定有一人有限责任公司这种企业形式。由于其投资人也是单一主体，似乎与个人独资企业和个体工商户颇为类似。但是，从法律角度分析，一人有限责任公司与后两者的区别还是很大的。

我国《公司法》规定：一人有限责任公司，是指只有一个自然人股东或者一个法人股东的有限责任公司。一人有限责任公司不能投资设立新的一人有限责任公司。一人有限责任公司的股东不能证明公司财产独立于股东自己的财产的，应当对公司债务承担连带责任。

可见，一人有限责任公司与个人独资企业及个体工商户主要区别在于：

第一，一人有限责任公司的投资人虽然同样只能是单一主体，但可以是自然人，也可以是法人；后两者的投资人只能是单一自然人。

第二，一人有限责任公司属于有限责任公司的一种形式，其法律地位是法人企业；后两者均不属于法人企业。

第三，一人有限责任公司的投资人对于公司的债务以承担有限责任为原则，以承担连带责任为例外（仅在不能证明公司财产独立于股东自己的财产的情况下承担连带责任）；后两者的投资人均对企业债务承担无限责任。

第四，一人有限责任公司在缴税时需要交纳企业所得税，股东分红时需要交纳个人所得税；后两者无需交纳企业所得税。

上述主要区别可以看出，一人有限责任公司在税务筹划方面明显不如后两者具有竞争力；在债务责任承担的风险控制方面，相对具有竞争力；在投资主体方面更具有广泛性。对于设立个人工作室的文化产业从业者来讲，需要综合考虑各方面因素。在实践中，税收优惠实际上是优先考虑方向，因此很少出现以一人有限责任公司的形式来设立个人工作室的情形。但是，由于文化产业中独立的创作人比较多，出于个性考虑或者商务考虑希望独资设立公司制法人企业的情形也存在。这种情况下，一人有限责任公司也是可以考虑的一个选择。

1.6 私募投资基金

投资基金是通过公开募集或向特定对象募集资金，通过基金托管人托管和基金管理人管理，来进行投资活动的方式。实践中，大量存在的是投资人通过私募基金的方式，针对特定的投资方向（如文化基金、影视基金）向对该投资方向感兴趣的资金所有者募集资金的情形。

文化产业中，从资金需求方的角度看，绝大部分都是轻资产行业。因此采用传统的银行贷款方式很难获得满足发展需要的资金，采用自筹的方式不但所获资金量不大，而且利息压力沉重，并非长久之计。从投资方的角度看，有些项目投入巨大（如制作成本动辄数亿的电影巨制），即便一己之力可以承担，也不符合风险控制的原则；而且部分投资者并非仅仅为了单一项目去投资，更希望汇聚资金从产业的高度实现多方面的投资。这些情况下，采用私募投资基金的方式是比较好的选择。其既可以接受认可相同投资方向的不同投资人的资金，又可以同时布局不同项目，防范单一项目占用资金过高的商业风险，在资金的入口与出口两方面均具有自身的优势。

私募投资基金从形式上看分为三种：公司型、合伙型、契约型。

（1）公司型私募基金。是指各投资方联合成立一家有限责任公司/股份有限公司，向该公司投入资金，以该公司作为运营基金的主体。本质上，其基本与投资公司相同。公司型私募基金的日常管理与运营，应当遵守我国《公司法》的规定，通过公司章程确定股东会、董事会及监事会与经理人的规则与职责。公司型私募基金的优势是对于投资人自身的风险控制有相对优势、投资人均可以按照股东会的议事规则表达意见并参与投票。其主要劣势在于税收方面，很难避免双重征税的负担。因此，公司型私募基金在实践中较少被使用。

（2）合伙型私募基金。合伙企业类型中，私募基金基本上只采用有限合伙企业的方式组建合伙型基金。正如上文所述，有限合伙企业的优点是普通合伙人（GP）负责执行合伙事务并对企业债务承担无限责任；有限合伙人（LP）负责出资并仅对企业债务以认缴的出资额为限承担有限责任。这就可以确保各个投资人有效控制自身的风险，敢于投资企业。同时，由于法律规定有限合伙人不参与合伙事务的管理与执行，对于文化产业中创作型且专业度较高的细分领域更为合适。因为通常状况下投资人对文化产业的专业内容并不了解，一旦插手具体事务，很容易与普通合伙人发生业务争议。在有限合伙制度下，投资人作为有限合伙人仅负责出资，由具备文化产业专业投资经验的普通合伙人具体执行事务，可以说是相对稳妥的搭配。当然，有限合伙企业由于不属于法人企业，其无需交纳企业所得税，也可以避免双重征税的出现。正是由于上述诸多好处，合伙型基金基本都是采取有限合伙的方式运营。这是实践中主流的私募投资基金的运作方式。

（3）契约型私募基金。是指各投资人无需成立新的实体，仅凭签订的契约（合同）成立私募基金，并通过契约（合同）与基金管理人、托管人等明确彼此的权利义务关系，由基金管理人管理、运营基金财产的方式。契约型私募基金无需成立法律实体，因此各方的权利义务建立在签订的合同之上。基金的债务由基金财产承担，各投资方没有承担连带责任的风险。在纳税方面，契约型私募基金并不直接交税，而是由各投资方在获得投资收益后自行纳税。这也可以避免双重征税的出现。

契约型私募基金方式非常灵活，但是完全基于合同的操作稳定性略差。在实践中根据投资人的风险偏好程度，选择契约型私募基金这一方式的也为数不少。

第二节　有限责任公司章程中的重要条款

有限责任公司/股份有限公司是文化产业投资与运营最为常见的法律主体形式。考虑到文化产业中股份有限公司虽然现实行业地位最重要但总体数量较小，而且在一些基本原则与制度上与有限责任公司相同或接近，因此本节以有限责任公司为例，来讨论该种组织形式中与公司章程有关的重要法律问题。

如上文所述，公司章程是公司、股东、董事、经理等方方面面必须遵守的内部宪法性制度。各股东于公司成立之初在平衡各方利益的基础上拟定好公司章程的重要条款，可以有效保障公司的运营及各股东的利益。制订公司章程一般需要重点考虑以下因素：

2.1　注册资本与出资

（1）出资原则：我国《公司法》经过历次修订，已经确立了以注册资本认缴制为原则，实缴制为例外的制度。该法第 26 条规定："有限责任公司的注册资本为在公司登记机关登记的全体股东认缴的出资额。法律、行政法规以及国务院决定对有限责任公司注册资本实缴、注册资本最低限额另有规定的，从其规定。"

因此，不能简单地认为设立公司不需要实缴注册资本，在某些细分领域还是需要按照法律、行政法规以及国务院决定进行实缴的。

（2）出资形式：我国《公司法》第 27 条第 1 款规定："股东可以用货币出资，也可以用实物、知识产权、土地使用权等可以用货币估价并可以依法转让的非货币财产作价出资；但是，法律、行政法规规定不得作为出资的财产除外。"

这里强调了作为出资的形式必须符合两个要求：一是可以用货币估价；二是可以依法转让。因此，实践中文化产业有些从业人员想要以自己的专业技术能力、业务渠道、人脉关系、行业经验等作价入股，在法律上是没有相应依据的。这些形式有的无法估价，有的无法转让，有的根本不属于财产范畴。因此，这些从业人员如果缺乏资金，难以用货币入股，就要考虑将自己的上述专业技能转化为可估价可转让的财产形式，才可以作为合法的出资。

（3）出资期限：我国《公司法》对于采取认缴制的公司没有规定具体的出资日期，而是将此内容交由各股东在公司章程中约定。各股东之间应根据公司运营的实际需要合理安排出资期限。分批出资的，应明确每一次出资的具体日期与该次的出资金额。无论如何，认缴出资日期不应超过公司的存续期。

实践中经常出现的法律风险是：由于不需要立即实缴，投资人习惯于认缴一个较高数额的出资额并将出资期限定得很久。比如在章程中约定：公司存续期是 50 年，出资人认缴出资 1000 万，在第 30 年实缴。很多投资人没有意识到这样做的法律风险。

2019 年最高人民法院在《全国法院民商事审判工作会议纪要》中指出："在注册资本认缴制下，股东依法享有期限利益。债权人以公司不能清偿到期债务为由，请求未届出资期限的股东在未出资范围内对公司不能清偿的债务承担补充赔偿责任的，人民法院不予支持。但是，下列情形除外：（一）公司作为被执行人的案件，人民法院穷尽执行措施无财产可供执行，已具备破产原因，但不申请破产的；（二）在公司债务产生后，公司股东（大）会决议或以其他方式延长股东出资期限的。"

根据上述司法文件，一旦出现公司资不抵债又不申请破产的情形，或者公司存在债务后延长出资人实缴期限的情形，那么公司的债权人可以要求尚未达到实缴期限的股东提前出资。另外，如果出现该文件没有规定的情形，即公司资不抵债但申请破产的状况该如何处理？其实也会要求出资人在认缴范围内完成实缴义务，列入破产财产范围。

可见，认缴超出自己实缴能力的高额出资是存在法律风险的，即便将实缴日期定在很远的将来，也不排除因公司经营出现资不抵债而被要求加速实缴的可能。对于投资人来讲，这一法律风险应当充分考量。

（4）隐名出资：由于公司登记的股东属于对外公开的信息，有些投资人出于种种原因对此比较排斥，于是就找另外一个主体做登记股东，但是自己实际出资。这是一种股权代持行为，真正的出资人是隐名股东，登记的股东是显名股东。这种情况下，显名股东与隐名股东之间应当签订协议，约定彼此之间的权利义务关系。但是对于公司及社会公众来讲，仅认可显名股东为公司法律意义上的股东，其必须依法履行各项义务。假设隐名股东没有全额出资，则显名股东有义务按照公司章程履行出资义务。

（5）出资瑕疵责任：股东不出资、出资不符合法律法规或公司章程的约定的，是出资瑕疵。除应当向公司足额缴纳外，还应当向已按期足额缴纳出资的股东承担违约责任。比如出资时间逾期、出资数额不足、非货币财产出资经评估作价低于认缴数额、未按时转移出资财产的所有权至公司等。

（6）抽逃出资：公司成立后，股东以某种方式将其出资转移走，损害公司权益的，是抽逃出资。比如以下情形：①制作虚假财务会计报表虚增利润进行分配；②通过虚构债权债务关系将其出资转出；③利用关联交易将出资转出；④其他未经法定程序将出资抽回的行为。

抽逃出资是严重的违法行为。只要被认定抽逃出资，公司登记机关即可以对有抽逃行为的股东处以所抽逃出资金额 5% 以上 15% 以下的罚款。如果存在数额巨大或情节严重的情形，还会构成抽逃出资罪，会被判处 5 年以下有期徒刑或拘役。

2.2　股东会的规则

除一人有限责任公司以外，其他公司均设有股东会。股东会应当设计相应的召集规则、提案规则、议事规则、表决规则等。

这里需要重点注意的是表决规则。股东会决议可以由股东按照出资比例表决，也可以按照股东人数表决，具体方案由股东协商确定后写入公司章程。表决通过的标准，除法定的几种情况（修改公司章程，增加或者减少注册资本的决议，以及公司合并、分立、解散或者变更公司形式的决议）必须经代表 2/3 以上表决权的股东通过以外，股东可以在公司章程中自由约定某些特定事项的表决通过比率、一般事项的表决通过比率，以及在不违反法律的前提下设置与表决相关的个性化条款。

2.3 董事会的规则

董事会由股东推荐的董事组成，两个以上的国有投资主体投资设立的有限责任公司的董事会成员中应当有公司职工代表。在董事会成员人数以及各股东有权推荐的董事人数方面，公司章程应当作出约定。

董事会同样应当设计相应的召集规则、提案规则、议事规则、表决规则等。其中，表决规则仍然是非常重要的内容。需要注意的是，我国《公司法》第48条第3款明确规定："董事会决议的表决，实行一人一票。"因此，按照人数进行表决是法定的。但是对于其他表决规则的设定，法律完全尊重各股东在公司章程或董事会议事规则中的约定。因此，在实践中，各股东之间经过协商，完全可以对重要事项与一般事项的表决通过比率进行分别设计。比如，对某些重大事项赋予董事长否决权，或约定高比例方视为表决通过，或要求必须有某一方推荐的董事同意方视为表决通过等。

另外需要强调的是，董事长的人选，可以由董事会选举产生，也可以由股东会确定，法律对此持尊重公司章程的约定的态度。

2.4 股东会、董事会、经理的职权

我国《公司法》第37条、第46条、第49条分别规定了股东会、董事会、经理分别享有的职权。除上述法定职权以外，各股东可以在公司章程中将其他重要事务的权利义务划分到这些机构，确定由谁来行使。比如，对外投资、对外担保、关联性交易、占据公司资产达到某一比例的重大交易、影响公司利润达到某一程度的重大交易、员工激励机制等。这些内容对公司往往意义重大，需要在公司章程中约定明确的决策机构。

2.5 公司董事、监事、高级管理人员的资格和义务

有限责任公司的运营是一种所有权与经营权相对分离的体制。投资人作为股东，通过股东会进行重大决策，但是不直接参与具体运营。具体运营工作由董事、高级管理人员执行，由监事进行监督。这种情况下，就要求董事、

监事、高级管理人员具备相应的职业道德水准并受到必要的法律约束，以免发生假公济私损害公司与股东的合法利益的情况。比如，公司高管在开展项目过程中收取好处费、将相关项目分包给自己或亲属控制的公司、为培养个人业内关系而刻意压低本公司项目报价等。

我国《公司法》对董事、监事、高级管理人员的任职资格和忠诚与勤勉义务均有规定。其中，该法第 147 条规定了忠诚与勤勉义务的基本原则，"董事、监事、高级管理人员应当遵守法律、行政法规和公司章程，对公司负有忠实义务和勤勉义务。董事、监事、高级管理人员不得利用职权收受贿赂或者其他非法收入，不得侵占公司的财产"。

该法第 148 条规定了具体的法定义务情形："董事、高级管理人员不得有下列行为：（一）挪用公司资金；（二）将公司资金以其个人名义或者以其他个人名义开立账户存储；（三）违反公司章程的规定，未经股东会、股东大会或者董事会同意，将公司资金借贷给他人或者以公司财产为他人提供担保；（四）违反公司章程的规定或者未经股东会、股东大会同意，与本公司订立合同或者进行交易；（五）未经股东会或者股东大会同意，利用职务便利为自己或者他人谋取属于公司的商业机会，自营或者为他人经营与所任职公司同类的业务；（六）接受他人与公司交易的佣金归为己有；（七）擅自披露公司秘密；（八）违反对公司忠实义务的其他行为。董事、高级管理人员违反前款规定所得的收入应当归公司所有。"

尤其是其中第 5 项竞业禁止义务，对于文化产业中的国有公司、企业的董事和高级管理人员来说应当格外关注。一旦违反该项义务，且获利巨大（目前司法实践中以获利 10 万元以上为获利巨大），那么将存在涉嫌非法经营同类营业罪并被追究刑事责任的风险。

除了上述法定义务，公司章程中也可以进一步约定其他属于"忠实义务"的情形，作为对董事与高级管理人员的约束。

2.6　公司的法定代表人与印鉴管理

公司的法定代表人对外可以代表公司进行与公司事务相关的活动。在司法实践中，只要是与公司事务相关的行为，即便没有公司的盖章或授权书，法定代表人的签字或其意思表示，也经常被认定为代表公司的行为。因此，法定代表人的地位非常重要。我国《公司法》规定，公司的董事长（不设董事会的为执行董事）与经理均可以担任公司的法定代表人。

因此，在公司章程中，一是要明确法定代表人的人选，注意不要超出法律的规定范围；二是应当规定法定代表人的权利范围，比如对外执行某些重大事项时，法定代表人应当履行的程序及条件。

印鉴管理是公司的重大事项。在实践中，经常发生公司的印鉴被盗用或者有人伪造公司印鉴的情形，甚至还有在某个项目中，员工或合作方私刻包含公司名称的部门印章的情况。从目前司法实践最新的观点来看，对于盗用、伪造、私刻等情形，已经不再采取必然导致合同无效这一类传统观点，而是将印鉴的效力与民事法律行为的效力区分开，根据个案事实情况分别判断。

这种情况对公司的印鉴管理水平提出了更高的要求。因此，有必要在公司章程中对于印鉴的刻制、使用、保管、变动等作出相应规定。一方面，这些规定可以规范内部制度；另一方面，由于公司章程会备案公示，相应的印鉴管理内容也成为面向社会公示的一部分内容，可以起到降低风险的作用。

第三节　合伙协议中的重要条款

有限合伙企业这一模式广泛用于私募投资基金、员工持股平台、出资较少的投资人集合持股平台等途径。有限合伙企业的核心是其合伙协议，地位类似于有限责任公司的章程。

3.1　有限合伙企业的合伙协议应当具备的内容

《中华人民共和国合伙企业法》（以下简称《合伙企业法》）第18条与第63条分别规定了普通合伙企业的合伙协议应当具备的内容以及有限合伙企业应当额外具备的内容。综合上述法律规定，有限合伙的合伙协议应当载明下列事项：（1）合伙企业的名称和主要经营场所的地点；（2）合伙目的和合伙经营范围；（3）合伙人的姓名或者名称、住所；（4）合伙人的出资方式、数额和缴付期限；（5）利润分配、亏损分担方式；（6）合伙事务的执行；（7）执行事务合伙人应具备的条件和选择程序；（8）执行事务合伙人权限与违约处理办法；（9）执行事务合伙人的除名条件和更换程序；（10）入伙与退伙的条件、程序以及相关责任；（11）有限合伙人和普通合伙人相互转变程序；（12）争议解决办法；（13）合伙企业的解散与清算；（14）违约责任。

3.2　合伙人的地位与出资

（1）地位：有限合伙企业的合伙人分为有限合伙人（LP）与普通合伙人（GP）。其中有限合伙人负责出资，但是不得执行合伙事务，仅以自己认缴的出资额为限对有限合伙企业的债务承担责任。普通合伙人也被称为管理合伙人或执行事务合伙人，负责执行合伙事务，并对有限合伙企业的债务承担无限责任。

同时，我国《合伙企业法》规定，有限合伙企业由 2 个以上 50 个以下合伙人设立，有限合伙企业至少应当有 1 个普通合伙人。如果在有限合伙企业的运营过程中，因故失去了普通合伙人且没有新增普通合伙人的，那么仅剩有限合伙人是不可以继续经营该有限合伙企业的，该企业应当依法解散；如果因故失去了有限合伙人且没有新增有限合伙人的，那么由于仅剩普通合伙人，该企业将转变为普通合伙企业。

可见，在有限合伙企业中，负责出资的有限合伙人可以最多有 49 位，普通合伙人至少要有 1 位，以便负责执行合伙事务。

当然，有限合伙人与普通合伙人之间也可以互相转变身份，只要经过全体合伙人一致同意即可。但是这种转变身份会在责任承担方面带来一些变化。我国《合伙企业法》第 83 条与第 84 条分别规定："有限合伙人转变为普通合伙人的，对其作为有限合伙人期间有限合伙企业发生的债务承担无限连带责任。""普通合伙人转变为有限合伙人的，对其作为普通合伙人期间合伙企业发生的债务承担无限连带责任。"

对于第 84 条比较容易理解，普通合伙人本来就应当对其任职期间企业的债务承担无限连带责任。但是对于第 83 条，则需要变更身份的有限合伙人重点关注，因为其这一规定使该有限合伙人的责任明显加大。该有限合伙人不但要对转变身份之后的有限合伙企业发生的债务承担无限连带责任，对此前其作为有限合伙人期间有限合伙企业发生的债务也要承担无限连带责任。

（2）出资：对有限合伙人的出资是有一些法定要求的。

关于出资形式。我国《合伙企业法》第 64 条规定可以用货币、实物、知识产权、土地使用权或者其他财产权利作价出资。但特别强调不得以劳务出资。这主要是因为有限合伙人的设定，其主要目的就是解决合伙企业的资金或财产来源问题。如果允许有限合伙人以劳务出资，则会背离了设置此制度的初衷。

关于出资的期限。我国《合伙企业法》要求有限合伙人必须在合伙协议中写明认缴的出资额与出资期限，未按期足额缴纳的，应当承担补缴义务，并对其他合伙人承担违约责任。

关于普通合伙人的出资。普通合伙人可以以劳务出资，当然也可以以财产出资。实践中，有限合伙企业的普通合伙人除了以劳务出资作为执行事务合伙人以外，一般都会按照有限合伙企业总认缴资本的1%至10%，以货币等财产出资。这有助于让其他作为有限合伙人的投资人看到普通合伙人的诚意与决心，获取资本方的信任。

3.3　条件与程序性规定

有限合伙的合伙协议中，需要对几类条件性与程序性的规则进行约定，且这种约定不得违反法律的强制性规定。这些内容主要包括：执行事务合伙人应具备的条件和选择程序；执行事务合伙人的除名条件和更换程序；入伙与退伙的条件、程序以及相关责任；有限合伙人和普通合伙人相互转变程序；等等。

在约定条件与规则时，首先需要保证约定的内容明确具体，不存在歧义，避免使用"有一定经验""造成严重损失"这类无法量化、内容宽泛的用语；其次，条件与程序应当具有合理性，避免要求过于苛刻或过于简单；最后，条件与程序应当具有逻辑严密的特点，比如在合伙人会议召集程序、提案程序、议事规则、表决程序等方面，落实每一个步骤的具体要求。这样做，可以避免因为程序性的争议导致问题久拖不决，影响企业的运营效率。

3.4　其他重要事务的约定

其他重要事务的约定里面包括利润分配与亏损分担事宜；合伙事务的执行与执行事务合伙人的权限事宜；有限合伙企业的解散与清算事宜；等等。

对于利润分配与亏损分担，有限合伙企业与普通合伙企业不同。对于普通合伙企业来讲，合伙协议不得约定将全部利润分配给部分合伙人或者由部分合伙人承担全部亏损。但是有限合伙企业可以约定将全部利润分配给部分合伙人。至于亏损分担，由于有限合伙人本来就是以认缴的出资额为限承担有限责任，因此对于超出合伙企业财产的亏损或债务，应由普通合伙人来承担。

对于合伙事务的执行的约定，需要注意的是有限合伙人的部分法定行为不属于执行合伙企业的事务，即有限合伙人有权参与这些事务，包括：（1）参与决定普通合伙人入伙、退伙；（2）对企业的经营管理提出建议；（3）参与选择承办有限合伙企业审计业务的会计师事务所；（4）获取经审计的有限合伙企业财务会计报告；（5）对涉及自身利益的情况，查阅有限合伙企业财务会计账簿等财务资料；（6）在有限合伙企业中的利益受到侵害时，向有责任的合伙人主张权利或者提起诉讼；（7）执行事务合伙人怠于行使权利时，督促其行使权利或者为了本企业的利益以自己的名义提起诉讼；（8）依法为本企业提供担保。

除上述法定行为以外，在合伙事务的执行中不得再约定有限合伙人其他参与合伙事务执行的行为。

第四节　不同法律主体的人格混同问题

文化产业中，经常存在同一主体设立或控制其他不同主体的情形。比如某个导演或艺人同时开办多家企业，有个人工作室、有有限责任公司、还有作为有限合伙人参与投资某有限合伙企业。再比如，在经营过程中，某甲主体可能会用开办的 A 公司签约，用 B 工作室提供咨询服务，用 C 有限合伙企业提供特许授权等。尤其是出于税务筹划的考虑，上述这些情形还是比较常见的。

但是这种一个主体设立或控制其他不同主体的情形，在民事责任的承担方面还是存在风险的。这种情形似乎在实践中还没有引起足够的重视。

比如，某制片方准备聘请艺人甲出演筹拍的电影中的角色，艺人甲及其经纪公司 A 也同意。出于税务筹划的考虑，经纪公司 A 以自己独资开办的某有限责任公司 B 与制片方签署了演艺服务合约，约定由艺人甲出演该制片方出品的电影中的角色。同时，还以艺人甲名义设立的个人工作室 C（个人独资企业）与制片方签订了居间合同，为制片方聘请该艺人甲提供居间服务并收取了居间费。

拍摄过程中，艺人甲某件违法事实被曝光，导致其社会形象严重受损。因此制片方选择更换艺人，与有限责任公司 B 及艺人甲单方解约。这种情况下，制片方要求合同相对方有限责任公司 B 退还已收费用并承担违约责任及赔偿损失是必然的选择；同时还要求个人工作室 C 退还居间费。有限责任公司 B 拒绝承认违约，不同意赔偿损失；个人工作室 C 声称双方已经签约，居间成功，不用退居间费。至于艺人甲与其经纪公司 A 则不再理会制片方，认为自己与此事无关，应当由制片方与有限责任公司 B 及个人工作室 C 自行解决。

制片方如果起诉，该如何最大程度地保护自己的合法权利，尽可能使最终的赔偿得以实现？其实应该首先从被告的主体方面动动脑筋，能不能将经纪公司 A、有限责任公司 B、个人工作室 C 以及艺人甲均作为被告呢？

本章前面几节已经谈过，不同的主体在法律上承担责任的方式不同。比如有限责任公司的债务，根据《公司法》的规定就是以公司自己的全部财产来承担，公司股东不会直接来承担。个人独资企业的债务不但由企业全部资产来承担，投资者个人对企业债务也要承担无限责任。因此出于控制风险的考虑，很多投资人选择有限责任公司的方式来经营。

但是在实践中，出现了有限责任公司的股东利用"有限责任"损害债权人利益的情形。比如上文所讲的经纪公司 A 利用其独资开办的有限责任公司 B 与制片方签约。发生违约事件后，由于经纪公司 A 与有限责任公司 B 均是独立的法人主体，因此制片方通常只可以找有限责任公司 B 主张权利。再比如，某实际控制人同时开办了三家有限公司甲乙丙，主要用乙与丙两家公司对外合作。同时其通过财务手段将三家公司的利润体现在甲公司，而将乙公司与丙公司均体现为亏损。这样，一旦乙与丙两家公司对外合作出现违约，债权人很难通过合法途径从乙与丙两家公司实际获得赔偿。

为了解决这一问题，法律制定了特定情况下的公司人格否定制度。

我国《公司法》第 20 条规定："公司股东应当遵守法律、行政法规和公司章程，依法行使股东权利，不得滥用股东权利损害公司或者其他股东的利益；不得滥用公司法人独立地位和股东有限责任损害公司债权人的利益。公司股东滥用股东权利给公司或者其他股东造成损失的，应当依法承担赔偿责任。公司股东滥用公司法人独立地位和股东有限责任，逃避债务，严重损害公司债权人利益的，应当对公司债务承担连带责任。"

此条款是我国《公司法》关于公司人格否定的法律依据，规定公司股东滥用公司法人独立地位和股东有限责任，逃避债务，严重损害公司债权人利益的情况下，不能再受到"有限责任"的保护，而是应当对公司债务承担连带责任。

但是，什么情况下可以适用公司人格否定，法律本身并没有更具体的规定。2019年最高人民法院在《全国法院民商事审判工作会议纪要》中指出："在审判实践中，要准确把握《公司法》第20条第3款规定的精神。一是只有在股东实施了滥用公司法人独立地位及股东有限责任的行为，且该行为严重损害了公司债权人利益的情况下，才能适用。损害债权人利益，主要是指股东滥用权利使公司财产不足以清偿公司债权人的债权。二是只有实施了滥用法人独立地位和股东有限责任行为的股东才对公司债务承担连带清偿责任，而其他股东不应承担此责任。三是公司人格否认不是全面、彻底、永久地否定公司的法人资格，而只是在具体案件中依据特定的法律事实、法律关系，突破股东对公司债务不承担责任的一般规则，例外地判令其承担连带责任。人民法院在个案中否认公司人格的判决的既判力仅仅约束该诉讼的各方当事人，不当然适用于涉及该公司的其他诉讼，不影响公司独立法人资格的存续。如果其他债权人提起公司人格否认诉讼，已生效判决认定的事实可以作为证据使用。四是《公司法》第20条第3款规定的滥用行为，实践中常见的情形有人格混同、过度支配与控制、资本显著不足等。在审理案件时，需要根据查明的案件事实进行综合判断，既审慎适用，又当用则用。"

根据这一司法文件，实践中适用公司人格否定的重点，主要包括：

（1）确认公司人格混同。

第一，不同法人单位的人员基本相同，也就是常说的"一套人马X块牌子"。尤其是主要负责人、财务负责人等董事、监事或高级管理人员相同的，或者虽然不完全相同但是互相兼职的。这种情况相当于各个法人的治理机构丧失了独立性。

第二，不同法人单位的财产混合，产权不清。比如办公设备共用、随意调拨资金且无财务记录、股东占有公司财产等，尤其是股东与公司之间的账簿部分，股东自身收益与公司盈利不分的更是典型。财产混合违背了法人独立财产制，使得法人实体以自己的财产承担企业债务的规定存在风险。这种情况相当于各个法人的财产丧失了独立性。

第三，不同法人单位共用一个办公场所。这在实践中非常常见，很多实际控制人将自己的不同经营实体放在同一个办公场所。这种情况相当于各个法人的办事机构所在地丧失了独立性。

第四，不同法人单位的业务混合。比如同一个项目由甲公司签约，款项汇给乙公司，部分具体业务由丙公司实施。比如几家公司的业务人员联系邮箱相同，差旅费互相报销等。这种情况相当于各个法人的经营丧失了独立性。

具备上述情形，特别是财产混同情形的，相关公司或股东之间存在被认定属于人格混同的风险。

（2）股东过度控制。

在同一实际控制人或其家族控制若干公司或其他实体的情况下，如果存在明显的利益输送、母子公司关联交易后利益归属母公司但损失完全由子公司承担、抽逃资金或转移资产后，原公司破产后另行设立公司继续经营等方式，则相关公司或股东之间存在被否定公司人格的风险。

（3）资本显著不足。

如果在公司注册时实际投入的资本显著不足，与经营的业务所隐含的风险明显不匹配，则体现了股东缺乏经营的诚意，存在转嫁经营风险给债权人的可能。因此可以否定公司的人格。如果公司成立后，股东通过不合理分红与报酬等方式抽逃资本，使得公司的资本与业务的规模与隐含风险明显不匹配的，也存在转嫁经营风险给债权人的可能。因此可以否定公司的人格。

回到本节开头的案例，制片公司可以对经纪公司 A、有限责任公司 B、个人工作室 C 进行调查，由于有限责任公司 B 是经纪公司 A 独资开办的一人公司，因此只要存在财产、人员等上述提及的混同状况，制片方即可以考虑同时起诉经纪公司 A。至于艺人甲，由于个人工作室 C 的性质是以其名义开办的个人独资企业，艺人甲也应当依法对个人工作室 C 的债务承担无限责任。因此，单从程序角度考虑，制片方是可以在起诉个人工作室 C 的同时也起诉艺人甲的。

另外，如果能够证明经纪公司 A 对于有限责任公司 B、个人工作室 C 过度控制的情形，也可以同时起诉经纪公司 A。

第五节　对赌协议中的主体

文化产业是一个轻资产的产业，但在某些方面又是投入多、风险大的产业，因此在迫切需要融资的同时，往往又难以通过传统的银行贷款模式获得足够的资金。而民间借贷的方式利息过高，不符合文化产业的需要。在这种情况下，争取项目投资或直接用股权融资就成为必要的方法。在这一融资过程中，出资方出于对自己的保护，往往要求与融资方签订对赌协议（或者是在融资合同中设定对赌条款）来尽量避免损失，缩减风险。其中，对于投资人来讲，到底与哪个主体对赌需要结合对赌内容认真考虑，一旦选择不慎有可能导致对赌协议无效或难以履行。

5.1　对赌协议

对赌协议是出资方与融资方之间的一种合同约定。该约定的基本内容是：出资方向融资方投资一定数额的资金，融资方承诺会在一定时间内达到出资方的某些合法要求。如果届时不能达到该要求，则融资方或其股东需要承担相应的后果。有些对赌协议也会设置反向对赌内容，比如如果融资方超标准完成出资方的要求，则出资方要在原有投资额基础上追加约定比例的投资。

因此，对赌协议的内容主要包括：对赌的主体、出资方的条件、融资方对赌成功的结果、融资方对赌失败的后果。这几者之间互相影响、互相联系。

5.2　对赌的主体、条件与后果

对赌的主体大多数情况下，一方是投资人，另一方是目标公司或控股股东。

出资方常见的对赌条件：投资的目标公司连续×年的净利润数额或者递增标准；目标公司的分红数额等财务标准；目标公司上市的时间；等等。

融资方对赌成功的后果一般是对赌协议届时失效。有些情况下，融资方会提出反向对赌，比如投资方要求目标公司三年内的净利润分别达到 1000 万元、1500 万元、2300 万元。融资方可以提出如果超额完成 50% 以上，投资方应当再追加投资××××万元。

融资方对赌失败的后果一般是目标公司回购股权、控股股东回购股权、控股股东补偿现金、控股股东给投资方补偿股份（相当于调整估值）等。在这一点上，其实是与对赌的主体紧密相连，根据不同主体作出不同安排。这一部分需要注意的是，如果针对某个主体提出了某项不符合法律规定的安排，则该对赌协议可能被认定无效，或者履行的请求无法得到司法机构支持。

从目前司法实践的情况看，仅仅与控股股东或其他股东对赌的，基本上都会得到法律支持。但是在与目标公司对赌的情况下，对赌内容凡是涉及减少公司资产的，都存在被认定无效的风险。比如要求对赌失败后目标公司退还出资款项的，属于约定无效。但是要求对赌失败后目标公司回购股份或金钱补偿的，存在有效的可能。

2019 年最高人民法院在《全国法院民商事审判工作会议纪要》中指出："投资方与目标公司订立的'对赌协议'在不存在法定无效事由的情况下，目标公司仅以存在股权回购或者金钱补偿约定为由，主张'对赌协议'无效的，人民法院不予支持，但投资方主张实际履行的，人民法院应当审查是否符合公司法关于'股东不得抽逃出资'及股份回购的强制性规定，判决是否支持其诉讼请求。投资方请求目标公司回购股权的，人民法院应当依据《公司法》第 35 条关于'股东不得抽逃出资'或者第 142 条关于股份回购的强制性规定进行审查。经审查，目标公司未完成减资程序的，人民法院应当驳回其诉讼请求。投资方请求目标公司承担金钱补偿义务的，人民法院应当依据《公司法》第 35 条关于'股东不得抽逃出资'和第 166 条关于利润分配的强制性规定进行审查。经审查，目标公司没有利润或者虽有利润但不足以补偿投资方的，人民法院应当驳回或者部分支持其诉讼请求。今后目标公司有利润时，投资方还可以依据该事实另行提起诉讼。"

上述司法文件的规定可以作为现阶段"对赌协议"签订时的重要参考。

第七章

违约责任与赔偿损失

文化产业包括的范围很广，文学、影视、音乐、曲艺、综艺、直播、游戏乃至体育，都是文化产业的组成部分。从事不同的细分领域，在起草相应合同、执行合同甚至争议解决的过程中，都会遇到如何约定追究违约责任与损失赔偿的问题。在实践中，很多人都将违约责任简单化为支付违约金，殊不知法律规定的违约责任种类不仅于此，亦不知违约责任的约定有一些法律制约。同样，实践中很多人对损失赔偿的理解也仅限于赔偿经济损失，殊不知损失赔偿从如何定义损失到如何计算损失也存在很多需要理解消化的问题。尤其是在文化产业的不同细分领域，由于业务内容与特点不同，对应的违约责任与损失赔偿的约定也必然不同，否则其可操作性就会变差，导致难以实现权利人的目标。本章将对上述问题进行综合性的探讨。

第一节　违约责任

违约责任是针对合同主体之间，违反合同约定，不履行合同义务或者不按照合同约定履行义务的违约方应承担何种民事后果的一种法定责任。违约事由的具体内容，由合同当事各方在不违反法律规定的前提下自由进行约定。对于违约责任的法律规定，在《民法典》实施之前，以我国《合同法》《民法总则》《民法通则》的规定为主，间或也散见于其他一些法律之中。

1.1　关于违约责任的基本法律规定

我国《民法总则》第 179 条规定了承担民事责任的主要方式。其中可以作为承担违约责任的方式有以下几项："……（五）恢复原状；（六）修理、重作、更换；（七）继续履行；（八）赔偿损失；（九）支付违约金……"

该条同时规定"本条规定的承担民事责任的方式，可以单独适用，也可以合并适用"。

《民法典》中与之相对应的内容也是第179条，而且内容没有改变。

我国《合同法》第107条对于违约责任的情形与具体承担方式也作出了基本规定："当事人一方不履行合同义务或者履行合同义务不符合约定的，应当承担继续履行、采取补救措施或者赔偿损失等违约责任。"

《民法典》中与之相对应的内容是第577条，而且内容没有改变。

从上述条款可以看出，两部法律对于承担违约责任方式的规定基本是一致的。其中，继续履行与赔偿损失在两部法律中规定得一致。《民法总则》第179条第1款第5、6、9项的规定，实际上可以理解为《合同法》第107条中规定的"采取补救措施"的具体方式。当然，"采取补救措施"这一规定覆盖范围更大，可以针对更多类型的合同，涵盖更多具体的补救措施类型。

上述对于违约责任的基本法律规定，是守约方要求违约方承担违约责任的基本法律依据，也是起草任何一份合同中的违约条款以及提起违约之诉的基本法律依据。

1.2　违约的具体情形

我国《合同法》第107条对于违约情形规定了两大基本类型："不履行合同义务或者履行合同义务不符合约定。"

（1）不履行合同义务，也称为预期违约，具体规定于《合同法》第108条。该条规定："当事人一方明确表示或者以自己的行为表明不履行合同义务的，对方可以在履行期限届满之前要求其承担违约责任。"

《民法典》中与之相对应的内容是第578条。

本条进一步规定了违约方"不履行合同义务"的表现方式：一是有明确的意思表示，比如剧本版权许可合同签订后，版权人以通知方式明确拒绝继续履行已经签订的合同；二是有默示的行为，比如演员A签约某剧组，但是制片方建组后在不通知演员A的情况下，让演员B出演原约定由演员A出演的角色，则显然是以行动表明不再履行其与演员A之间的合同。

针对这一违约情形，法律允许遭遇违约的一方无须等到合同履行期届满，就可以要求违约方承担违约责任。因为此种违约情形下，违约的事实已经确定，等待合同的履行期限届满再主张权利，有可能导致遭遇违约一方的损失扩大。

（2）履行合同义务不符合约定，也称为瑕疵履行，规定于《合同法》第111条。该条规定："质量不符合约定的，应当按照当事人的约定承担违约责任。对违约责任没有约定或者约定不明确，依照本法第61条的规定仍不能确定的，受损害方根据标的的性质以及损失的大小，可以合理选择要求对方承担修理、更换、重作、退货、减少价款或者报酬等违约责任。"

《民法典》中与之相对应的内容是第582条。

本条的内容简单来讲，就是针对于合同一方确实履行了合同义务，但是仅仅履行了一部分义务，或者履行完毕的义务不完全符合合同约定这些情形。比如，购买音乐版权的价款仅仅支付了80%，尾款未付；或者编剧写完的剧本初稿虽然按时交付，但是不符合制片方与编剧约定的情节。在实践中，这种履行合同义务不符合约定的违约情形，是更为常见的情况。

1.3　违约责任的具体承担方式

无论是起草合同的违约条款还是提起违约之诉，主张违约责任时都要注意逻辑性。即首先确定是主张在继续履行合同的基础上追究违约方的违约责任，还是在解除/终止合同履行的基础上追究违约方的违约责任。

实践中，在主张继续履行合同的情况下，往往有人以为不能再追究违约方的违约责任，这是对法律规定的误解。正如上文所述，我国《民法总则》第179条（《民法典》中与之相对应的内容也是第179条）有专款规定："本条规定的承担民事责任的方式，可以单独适用，也可以合并适用。"因此，在要求违约方继续履行的同时追究违约责任，法律依据是充分的。

实践中，对于解除/终止合同之后是否还可以依据合同约定要求违约方承担违约责任，是一个有争议的话题。有观点认为在一方违约导致合同解除的情况下，可以要求违约方承担违约责任；另有观点认为，合同既然已经解除，相应的违约责任条款也一并解除。因此，不能再要求违约方承担违约金等通过合同约定所确定的违约责任。对于这两种观点来讲，一致之处是认可对于法定的赔偿损失等违约责任，即使在解除/终止合同之后也可以要求违约方承担；分歧之处仅仅针对只有合同约定的违约责任，主要是指违约金，该如何处理。对此，我国司法实践中两种观点的判例都存在。因此，理论上虽然可以各自表述理由，但是在实践中为了保险起见，我们在起草、审查、修改合同的过程中，最好增加一条："本合同解除或终止后，一方仍可以按照本合同约定的违约责任条款的内容要求另一方承担违约责任。"

下面开始探讨违约责任的几个具体承担责任的方式。

1.3.1　继续履行

继续履行，是指在合同一方出现违约情形后，另一方要求违约方继续按照原合同的约定来履行。由于合同的履行除了客观条件以外，往往还受到当事方主观意志的制约，因此这种方式的适用范围受到一定的限制。对此，我国《合同法》按照履行标的，将当事人履行合同的义务分为金钱债务与非金钱债务两类，对如何适用"实际履行"这一承担违约责任的具体方式进行了规制。

我国《合同法》第 109 条规定了金钱债务的违约责任承担方式："当事人一方未支付价款或者报酬的，对方可以要求其支付价款或者报酬。"

《民法典》中与之相对应的内容是第 579 条，作出了一些修改："当事人一方未支付价款、报酬、租金、利息，或者不履行其他金钱债务的，对方可以请求其支付。"从上述修改可以看出，《民法典》该条在表述上进一步扩大了《合同法》第 109 条金钱债务的范围，使法律规定更为明确具体。

我国《合同法》第 110 条规定了非金钱债务的违约责任承担方式："当事人一方不履行非金钱债务或者履行非金钱债务不符合约定的，对方可以要求履行，但有下列情形之一的除外：（一）法律上或者事实上不能履行；（二）债务的标的不适于强制履行或者履行费用过高；（三）债权人在合理期限内未要求履行"。

《民法典》中与之相对应的内容是第 580 条第 1 款，该款没有内容方面的修改。但是新增加了第 2 款关于合同履行僵局状态下的依法终止合同请求权。同时《民法典》在第 581 条规定："当事人一方不履行债务或者履行债务不符合约定，根据债务的性质不得强制履行的，对方可以请求其负担由第三人替代履行的费用。"增加的这一条规定了在无法强制要求债务人履行的情况下，债权人能够选择的替代的可操作的方法，解决了债权人在寻求法律救济过程中一些实际操作方面的难题。

显然，对于金钱债务，法律是明确规定适用"继续履行"这一方式的。但是对于非金钱债务，则规定以适用"继续履行"这一方式为原则，以部分情况下不适用为例外。不适用"继续履行"这一方式的情形有：

（1）法律上或者事实上不能履行。比如外商投资某文化企业，合同履行过程中因我国法律调整，致使该外商投资受到限制，无法继续履行合同，即属于法律上不能履行；再比如，某导演与制片方签约同意执导某部电影，合同履行中该导演突然重病入院无法继续工作，即属于事实上不能继续履行合同。

（2）债务的标的不适于强制履行或者履行费用过高。

债务的标的不适于强制履行，主要是指一些人身依附性比较强的合同。比如演员签约出演影视剧、作家签约撰写小说、歌手签约现场表演等。这些合同是以个人亲身履行某个行为作为合同标的的。因此在合同签订后，如果个人拒绝亲自履行，法律即使可以强制要求其实施某一行为，但无法在其拒不履行时强制执行；即便可以通过其他处罚手段迫使其履行，但履行效果是法律无法干涉的，很可能与合同相对方的期待相距甚远。因此，对于这类合同，法律索性不将"继续履行"作为一种可选择的救济方式，而以赔偿损失等其他方式取而代之，以便达到更有效、合理的结果。

债务的标的履行费用过高，是从履行成本角度考虑合同继续履行的合理性。毕竟，民商事合同的签约各方，其签订合同的目的是要通过交易获取利益。如果合同继续履行的结果，是导致合同各方的履约成本超过其所获利益，则这一履行行为就变得既不符合合同各方的目的，也不符合经济、合理的商业常识。但是援引这一法律规定审判案件，在司法实践中非常少见。因为即便在理论层面对于此条款的很多问题也还没有定论，甚至缺少相对统一的认识。比如履行费用包括哪些内容；非金钱成本（如时间成本、人事成本等）算不算履行费用；费用过高该如何衡量；高出多少才算"过高"；等等。因此在司法实践中，应该慎用这一规定作为拒绝继续履行的理由。

（3）债权人在合理期限内未要求履行。适用这一条的难度在于多长时间属于"合理期限"。对此，法律并没有规定，只能在个案中参考当事人间的交易习惯或者同行业内的交易惯例等因素酌定。比如，编剧违反合同约定，拒绝继续写作的，如果制片方一年后才要求该编剧继续履行合同，那么显然不属于"合理期限"范围之内。

当然，如果非要寻找接近的法律文件进行参考的话，可以考虑参照《合同法解释（二）》第24条关于对解除合同提出异议的法定期间的规定。

该条规定："当事人对合同法第96条、第99条规定的合同解除或者债务抵销虽有异议，但在约定的异议期限届满后才提出异议并向人民法院起诉的，人民法院不予支持；当事人没有约定异议期间，在解除合同或者债务抵销通知到达之日起3个月以后才向人民法院起诉的，人民法院不予支持。"

其中，针对解除合同的法定异议期是3个月，自解除合同通知到达之日起算。在计算债权人主张继续履行的合理期限时，也可以考虑将该"合理期限"视为3个月，自债权人知道或应当知道债务人违约之日起计算。

对于"继续履行"这一方式，除上述内容外，应当记住的就是这一方式是可以与要求支付违约金及赔偿损失并用的。

1.3.2　采取补救措施

什么是补救措施？要根据不同的合同内容具体分析。比如，广告代言合同约定了代言人的肖像使用期限的，如果广告主在使用期限届满仍未清除原广告内容，则权利人要求广告主清除广告就是补救措施。再比如，影视剧服务合约中，约定了演员必须在拍摄期间保持某一发型的，如果该演员擅自改变了发型，制片方要求其改回原来的发型，就是补救措施。可见，补救措施往往是针对不同合同的具体内容而言，没有一个定论。在这一点上，充分体现了每一份合同的差异性，不能靠一份合同范本解决所有问题。即使是同一类型的合同，比如影视剧服务合同，由于制片方或演员的地位不同，其条款也不尽一致。由此带来的对补救措施等违约责任的约定也会有差别。

1.3.3　违约金

违约金是一种常见的违约责任承担方式。我国《合同法》第114条第1款规定："当事人可以约定一方违约时应当根据违约情况向对方支付一定数额的违约金，也可以约定因违约产生的损失赔偿额的计算方法。"

《民法典》中与之相对应的内容是第585条，没有内容方面的修改。

这一条款有两点需要给予特别重要的关注：

一是当事人要主张违约金，必须采取事先约定的方式（一般都是写在合同中的违约条款部分）。可以约定违约金的数额，也可以约定违约金的计算方法，但是必须要事先约定。如果没有约定，除法律或司法解释已经规定有法定违约金的极个别情形外，则不能采取主张违约金这一方式。

二是实践中，很多人在起草合同的时候，仅仅写上"违约一方应当向另一方支付违约金"。一旦发生纠纷，守约方依据这种约定内容向违约方主张违约金，是不会得到司法机构的支持的。因为该内容既没有违约金的具体数额，也没有违约金的计算方法。因此，对违约金条款进行符合法律规范的约定是重中之重。

除上述规定外，我国《合同法》第114条第2款还对违约金的数额进行了规定："约定的违约金低于造成的损失的，当事人可以请求人民法院或者仲裁机构予以增加；约定的违约金过分高于造成的损失的，当事人可以请求人民法院或者仲裁机构予以适当减少。"

最高人民法院颁布的《合同法解释（二）》第29条第1款规定："当事人主张约定的违约金过高请求予以适当减少的，人民法院应当以实际损失为基础，兼顾合同的履行情况、当事人的过错程度以及预期利益等综合因素，根据公平原则和诚实信用原则予以衡量，并作出裁决。"

上述规定是防止违约金的数额（包括通过约定违约金的计算方法可以计算出的数额）被约定得过高或过低。法律之所以要对违约金的数额幅度进行限制，是因为我国法律对于违约金的性质定性为以补偿性为一般原则，以惩罚性为例外与补充。

惩罚性容易理解。所谓补偿性，是指违约金的目的是用于补偿遭遇违约一方的损失。因此，该条款才规定：违约金低于造成的损失的，当事人（实质是被违约方）可以请求增加；过分高于造成的损失的，当事人（实质是违约方）可以请求减少。在这种情况下，被违约方的损失就成为一个标尺，违约金数额的范围可以在等于损失与不过分高于损失之间由当事人自由约定。

但是该条款也带来一个问题，什么是"过分高于造成的损失"？

《合同法解释（二）》第29条第2款规定："当事人约定的违约金超过造成损失的30%的，一般可以认定为合同法第114条第2款规定的'过分高于造成的损失'。"

这一规定对于文化产业有比较重要的现实意义。比如在经纪公司与艺人签订的《演艺经纪合约》中，为了防止艺人知名度提升后提出解约，经纪公司往往会约定数百万甚至上千万的巨额违约金，以期望阻却艺人的解约企图。但是了解了上述法律规定，我们可以看到这种巨额违约金的约定很可能竹篮打水一场空。除非经纪公司一方可以证明数百万或上千万的巨额损失存在，否则一旦艺人一方请求法院调减，则可以被法院支持的违约金数额可能远远低于经纪公司的预期。

当然，这也对经纪公司提出了更高的要求，应该学会利用合法的方式阻却艺人解约的企图。

1.3.4　定金

定金是一种担保方式，担保债务人按照约定履行债务。这种方式用于承担违约责任，是利用其"定金罚则"的功能来制裁违约。

我国《合同法》第115条规定："当事人可以依照《中华人民共和国担保法》（以下简称《担保法》）约定一方向对方给付定金作为债权的担保。债务人履行债务后，定金应当抵作价款或者收回。给付定金的一方不履行约定的债务的，无权要求返还定金；收受定金的一方不履行约定的债务的，应当双倍返还定金。"

根据该条款，"给付定金的一方不履行约定的债务的，无权要求返还定金；收受定金的一方不履行约定的债务的，应当双倍返还定金"。这就是"定金罚则"，可以作为承担违约责任的方式。

适用"定金罚则"，需要注意三个重要问题：

一是定金与违约金一样，也是要事先由合同当事人进行约定，可以在合同中书写定金条款，也可以单独签订定金合同。同时，"定金"两个字不能写错。如果误写为"订金""预定金"等，则不发生"定金"所依法产生的效力。因此，定金事先约定而且不能写错字是第一要务。

二是定金必须实际给付。这是指在事先约定了定金的同时，根据约定负有给付定金义务的一方必须实际将定金支付给相对方，此时定金作为一种担保方式才正式生效，在发生违约情形时才能够适用"定金罚则"。如果仅仅签订了定金合同或定金条款，但是没有实际支付定金，该"定金罚则"仍然不能适用。

三是定金与违约金不能同时适用。如果在一份合同中既约定了定金，又约定了违约金，一旦发生违约事实，被违约方仅能选择适用定金或违约金中的一种作为违约责任的承担方式。

《民法典》关于定金的规定增加了不少内容。

《民法典》第586条规定："当事人可以约定一方向对方给付定金作为债权的担保。定金合同自实际交付定金时成立。定金的数额由当事人约定；但是，不得超过主合同标的额的20%，超过部分不产生定金的效力。实际交付的定金数额多于或者少于约定数额的，视为变更约定的定金数额。"

《民法典》第587条规定："债务人履行债务的，定金应当抵作价款或者收回。给付定金的一方不履行债务或者履行债务不符合约定，致使不能实现合同目的的，无权请求返还定金；收受定金的一方不履行债务或者履行债务不符合约定，致使不能实现合同目的的，应当双倍返还定金。"

需要注意的是，《民法典》对于定金罚则的适用出现了一些变化。在第587条中，规定适用定金罚则的前提之一是出现"致使不能实现合同目的"的情况。这在《合同法》中是没有规定的。在《民法典》实施后，对此需要重点关注。

1.3.5 赔偿损失

赔偿损失作为一种最常见的违约责任承担方式，被广泛适用于各类违约情形之中，其适用的注意事项将在下一节中专门讨论。

1.4 文化产业合同中常见的违约条款

文化产业的细分领域比较多，下面列举部分常见的合同违约条款。

1.4.1 针对合同主体资质不符合法律规定的

由于文化产业中部分领域对业务主体有一定的资质要求，因此如果合同签约主体不具备该资质，可能会出现该合同违法无效或不能生效、无法履行等种种情形。比如，互联网直播就要求平台方取得相应资质等。针对这种情况，可以在合同中约定一旦某方出现此类违约情形，应承担的违约金数额及赔偿损失的范围。

1.4.2 针对付款义务方不付款或迟延付款的

绝大多数合同中，都存在价款的支付义务。比如购买剧本、许可作品版权、演员服务影视剧、直播的主播获取收益提成等。在这些合同中总会有一方作为付款方需要履行支付义务。因此，对付款方不履行或不按时、不足额履行付款义务的违约情形进行规制，是相对方必须写进合同中的内容。一般来讲，对此可以采取约定违约金数额的方式处理，根据需要也可以附加在一定条件下赋予被违约方单方解除合同的权利的内容。

比如此类违约条款可以写成：××方不按本合同约定的期限与金额支付应付款项的，每逾期一日，按照应付未付总金额的万分之五（一般不超过千分之一）向××方支付逾期付款违约金。逾期超过××日的，××方有权单方解除本合同且不视为违约，并有权要求××方按照本条约定的逾期付款违约金的计算方法自逾期之日开始计算并赔偿损失。

1.4.3 针对许可方无权许可的

文化产业很多细分领域都会遇到许可授权的事宜。比如许可著作权（或其中部分权利）、商标权、肖像权、姓名权等。其中许可方可能是权利人本人，也可能是获得权利人授权的代理公司。尤其是后者，其是否有资格全权代理权利人进行许可，始终是需要重点关注的一个风险点。因此在合同的违约条款中，有必要对许可方没有许可的权利或者部分没有许可的权利的违约情形进行约定。对此一般也是以违约金及赔偿损失作为承担违约责任的方式。

1.4.4 针对被许可方超越授权范围的

被许可方获得权利人许可之后，如果不按照授权范围行使权利，则属于违约。授权范围一般包括授权使用的期限、地域、方式、途径、其他特别约定等。对此，除可以约定违约金、损失赔偿外，一般还会约定补救措施。比如艺人肖像权授权，针对被许可方使用超期的可能性，需要事先约定超期即清除相应广告的内容；针对被许可方使用可能超出地域范围（如中国内地）的情形，则需要事先约定使用在某授权外地域，被许可方应当补缴若干授权使用费的补救措施。

1.4.5 针对受托方不履行义务或者履行义务不符合约定的

文化产业中存在很多委托创作或委托制作的情形。比如委托创作剧本、委托制作影视节目、委托创作歌曲等。受托方不按照约定履行义务的违约责任，委托方必须写进合同的违约条款之中。比如，受托方没有按期完成阶段创作或全部创作、受托方未经许可擅自转委托他人、受托方创作成果不符合要求，等等。对此，委托方应注意根据不同的情形针对性地约定相应的违约责任。比如针对创作超期，可以约定逾期交付违约金；针对擅自转委托，可以约定违约金及解除合同的条件；针对创作成果不符合要求，可以约定委托方有权另行委托他人接手等补救措施；等等。

1.4.6 针对项目超支的

在多个投资方联合投资影视剧、综艺节目、互联网内容等多方面项目的合同中，有必要对超支导致的违约责任进行约定。这类投资方式中，各投资方往往不是组建一个公司或合伙企业实体进行运营，而是通过合同约定，进行协作型联营，其中一方为执行方。在这种状况下，执行方由于主观与客观原因，有可能会出现预算资金无法满足项目开支的情形。因此，各投资方有必要事先在联合投资合同中，对超支这一情形对执行方作出规制。一般而言会使用继续履行、采取补救措施的方式，比如符合某个条件的，各投资方按照投资比例追加投资；由执行方自行承担等。

1.4.7 针对演艺人员发生事故的

"针对演艺人员发生事故的"中，事故不是指人身伤害类的事故，而是演艺人员（包括各类项目主创人员）违反国家法律法规甚至犯罪、违反社会公共利益、违反社会公德、出现政治错误、发表争议言论等。实践中，这些事故很容易导致该演艺人员遭到"慎用"的对待，往往也会连累其参与的文化项目遭遇"难产"的后果。因此，有必要在合同中约束演艺人员，不得发生上述事故，否则应承担违约责任。一般来讲，此类违约责任可以选择要求违约方支付违约金、赔偿损失，同时约定被违约方有权解除合同，要求违约方返还全部款项等。下面以影视领域对演艺人员的此类违约条款为例，比如，

"乙方（艺人）保证在本协议签订之日起向前1年至该剧首次正式公开上线全部播出完毕之日起的2年内，乙方不存在可能对该剧摄制、宣传、发行、传播造成不良影响的不当行为（包括但不限于：涉毒、涉赌、涉黄、酒驾、醉驾、涉及支持"台独""港独""藏独""疆独"的言行；涉及违法犯罪，涉及婚内出轨、不良性行为等违背社会公德的言论、行为或事件；存在其他

破坏社会公序良俗，发表不当言论引发严重争议等行为）。如乙方违反上述保证且因此导致乙方被确定为慎用影视演职人员、或者因乙方的行为导致电影院、电视台、网络平台等播映机构拒绝采购、拒绝播映该剧、播映该剧后停播该剧或中国网络用户大量抵制该剧等，从而对该剧的摄制、宣传、发行、播出等产生任何不利影响的，则视为乙方根本违约，且视为乙方自动放弃在该影视作品中的署名权利、获取报酬权等相关权益。同时，甲方有权单方解除本协议，并要求乙方立即退还全部已收报酬，并向甲方支付合同约定的报酬总额的×倍作为违约金及赔偿因此给甲方造成的一切损失"。

（以上表述仅用于本书举例，读者使用时需参考个案实际情况进行修改，切勿盲从）。

1.4.8　针对竞业限制与竞业禁止的

（1）竞业限制，来源于我国《劳动合同法》的规定。该法第 23 条与第 24 条规定用人单位可以与劳动者在合同中约定保密义务及相应的竞业限制义务。解除或者终止劳动合同后，根据双方的约定，受竞业限制约束的人员不得到与本单位生产或者经营同类产品、从事同类业务的有竞争关系的其他用人单位，或者自己开业生产或者经营同类产品、从事同类业务。但是该竞业限制义务仅限于用人单位的高级管理人员、高级技术人员和其他负有保密义务的人员，且竞业限制期限不得超过 2 年。

文化产业中，比如影视公司或经纪公司与签约的演艺人员之间，直播平台与直播主播之间，音乐制作公司与签约歌手、编曲等个人之间，也经常能见到在合同中签订了竞业限制条款的。由于上述单位与个人之间不一定是劳动合同关系，那么这种约定是否有效？从民商事法律关系角度考虑，在法律没有明令禁止的情况下，应当尊重合同双方当事人的自由约定，认定该竞业限制协议有效。

既然有效，就会存在一旦出现违约情形该如何承担责任的问题。针对这类情况，一般是约定具体的违约金数额及损失赔偿。但是考虑到相应损失不容易计算，从而违约金数额很难约定很高，因此可以在采取补救措施这方面考虑一些更为合理且易于操作的办法。

（2）竞业禁止，来源于我国《公司法》的规定。该法第 148 条规定董事、高级管理人员未经股东会或者股东大会同意，不得利用职务便利为自己或者他人谋取属于公司的商业机会，不得自营或者为他人经营与所任职公司同类的业务。否则，董事、高级管理人员违反前款规定所得的收入应当归公司所有。

同时，《合伙企业法》第32条也规定："合伙人不得自营或者同他人合作经营与本合伙企业相竞争的业务。除合伙协议另有约定或者经全体合伙人一致同意外，合伙人不得同本合伙企业进行交易。合伙人不得从事损害本合伙企业利益的活动。"

文化产业中，参与的主体大多是以有限责任公司、股份有限公司或合伙企业的形式存在，因此适用上述法律规定当无异议。虽然上述法律已经规定了相关人员的法定义务，无需合同当事人再自行约定，但是也并不禁止当事人在合同中进一步约定细则及如何承担违法或违约责任。一般来讲，当法定负有该义务的人员违反竞业禁止给单位带来较大损失或使单位在行业内处于较大不利地位的情况下，单位一方可以考虑在合同中进一步约定竞业禁止义务并确定违约金及赔偿损失的范围等。

实践中，存在将竞业限制与竞业禁止混淆的情形。二者确实存在相似之处，但也有以下几点不同：首先，竞业限制义务必须由合同双方约定，没有约定则不存在该义务；竞业禁止义务无须约定，法律已经直接予以规定，但是如果需要进一步的保护则需要双方约定。其次，竞业限制是主要针对义务人离职之日起最多2年内，但也可以适用于在职期间，但是竞业禁止仅仅限于义务人在职期间。最后，竞业限制必须给予义务人补偿，但是竞业禁止无需给予义务人补偿。

以上是文化产业涉及的合同中相对常见的一些违约情形及违约条款应当注意的内容。实际上，即便是同一类合同，由于签约主体不同，项目内容各异，相应的权利义务约定与违约条款约定也必然会存在或多或少的变化。对此，在合同起草与审查中不宜刻舟求剑，而应该根据当事人的实际需求与项目的实际状况，作出相应的调整。

第二节　赔偿损失

赔偿损失，是最常见的一种承担民事责任的方式，既可以用于承担违约责任，也可以用于承担侵权责任，还可以用于承担违反法定义务的责任。除去不能用金钱替代履行的义务，上述责任均可以通过赔偿损失的方式来平衡诉争各方的利益。

虽然最终的效果同为利用金钱来弥补损失，但是违约行为导致的赔偿损失与侵权行为导致的赔偿损失在法律规定与实际操作中，还是存在明显的不同的，其区别主要在于：

第一，赔偿范围不同。

违约赔偿的范围，是法定与约定相结合。法律首先规定一个框架，即实际损失与可得利益损失。但是具体的内容还可以由合同当事人自由约定，只要该约定不违反法律即可。

侵权赔偿的范围，则是法律直接规定，不存在约定的情形。被侵权人依据法律规定主张相应赔偿项目并提供证据支持。

造成这一差异的原因，除了法律性质不同以外，还在于违约赔偿是当事人先有约定，可以在平等自愿的前提下协商确定赔偿范围。但是侵权赔偿则不可能有此过程，不可能有人会预见到自己或他人会侵权并提前通知对方。只能是在侵权发生后依靠法律的直接规定主张相应的赔偿。

比如，律师费是否属于赔偿范围，在违约赔偿与侵权赔偿的情境下截然不同。在违约之诉中，只要双方事先在合同中约定律师费属于赔偿范围，则被违约方可以获得赔偿；如果没有约定，则不一定被法院认可属于赔偿范围。但是在侵权之诉中，被侵权人只需要看一下法律对该种侵权行为赔偿范围的规定即可。比如侵犯知识产权的情形，法律规定应该赔偿合理的律师费的，被侵权人即可以主张；侵犯肖像权的情形，法律没有赔偿律师费的规定，则被侵权人主张该费用就会遇到一定难度。当然，随着我国"依法治国"战略的实施，司法实践中有些将法律没有规定的律师费用算作"制止侵权的费用"或"合理开支"，酌情予以支持。

当然，在发生侵权之后，侵权人与被侵权人通过协商，如果将赔偿范围固定在和解协议中，就等于将侵权赔偿转化为潜在的违约赔偿。一旦对方不履行和解协议，即可以通过违约之诉寻求保护。

第二，赔偿的限制不同。

针对违约赔偿，法律作出了一些限制性规定，以避免约定的赔偿数额会导致双方权利义务的再度失衡。比如约定的实际损失数额与实际发生的损失数额不一致的，还是要以实际发生的损失数额为准。

针对侵权赔偿，法律既直接规定赔偿数额的计算方法，也赋予特定情况下司法机关可以在证据不足的情况下于法定范围内直接判定赔偿数额的权利。比如侵犯商标权的案件，法院有权在500万元的范围内直接决定赔偿损失的数额。《著作权法》（2020年修正版）规定法院有权在500万元的范围内直接决定赔偿损失的数额。

第三，赔偿主体不同。

违约赔偿的义务人要根据签订的合同来确定，一般就是合同相对方。在有担保方的情况下根据担保合同的约定可能也可以要求担保方赔偿；在有第三方自愿替违约方承担赔偿责任的情况下也可以要求该第三方赔偿。

侵权赔偿的义务人要根据法律规定来确定，一般是直接侵权人。但是在不同情况下，根据法律规定也可以增加其他主体。比如某小说的原著作者认为某部电影侵犯了其著作权，电影的制片方固然可以成为被告，其编剧、承制方等也可以成为被告，被要求赔偿损失。

文化产业中，上述这些区别对于我们起草、审查合同以及维权都有比较重要的意义。同时，当事人有时候也会面临既可以主张违约赔偿又可以主张侵权赔偿的情形。这一般发生在某个事先约定的合同已经合法存在，只是在履行过程中又发生了侵权事件。如果合同中约定了非受害方对一旦有侵权事件发生要承担违约责任，则受害者可以选择向合同相对方主张违约赔偿，或者选择向侵权人主张侵权赔偿，甚至在主张的赔偿内容不同的情况下，可以分别向二者主张赔偿。

比如2019年7月20日，演员任某某在广东中山出席一场活动时被刺伤。从民事角度看，这就是侵犯其健康权的行为。假设任某某对侵权人提起诉讼，则可以主张侵权赔偿；在侵权人是精神病人的情况下，可以依法起诉要求其监护人承担赔偿责任。

当然，艺人参加商务活动都会与主办方签订有合同，其中一般都会有主办方承担安保责任及发生安全事故该承担何种责任的条款。现在发生安全事故，任某某也可以主张主办方违约，要求其进行违约赔偿，上述损失也可以选择向违约方主张。

第四，《民法典》的新规定：违约精神损害赔偿。

如上文所述，传统观点认为在违约诉讼中是不可以适用侵权赔偿的，理由在于违约赔偿与侵权赔偿是不同的，在违约责任与侵权责任发生竞合的情况下，权利人在一个诉讼中只能选择其中一种途径来寻求法律救济。但是《民法典》在这方面出现了突破。

《民法典》第996条规定："因当事人一方的违约行为，损害对方人格权并造成严重精神损害，受损害方选择请求其承担违约责任的，不影响受损害方请求精神损害赔偿。"

这一规定使得合同一方当事人在对方违约行为既给自己造成财产损失又造成人身权利损失（如名誉损失）的情况下，可以在同一个诉讼中一次性寻求救济。从实践角度来讲，这既有利于综合考虑违约情形的损害后果，从而更好地保护权利人的合法利益；又节约了司法资源，可以在一次诉讼中解决问题。

从该条的规定看，其适用需要具备以下条件：

首先，争议双方存在合同等债务关系，且一方存在违约行为；其次，违约行为既导致了权利人的财产损失，又导致了权利人的人身权利损失。

2.1　关于违约损失赔偿的基本法律规定

我国《合同法》第113条第1款规定了因违约导致的赔偿损失的范围的一般计算规则："当事人一方不履行合同义务或者履行合同义务不符合约定，给对方造成损失的，损失赔偿额应当相当于因违约所造成的损失，包括合同履行后可以获得的利益，但不得超过违反合同一方订立合同时预见到或者应当预见到的因违反合同可能造成的损失。"

《民法典》与此相对应的内容是第584条。

这一规定对因违约赔偿损失的数额进行了以下限定：

（1）损失赔偿额包括两部分：被违约方受到的实际损失；如果合同正常履行的话被违约方可以获得的利益。

（2）上述损失赔偿额还要满足一个条件，就是违约方订立合同时可以预见或者应当预见到的其违约可能造成的损失数额。

必须同时符合上述两点，该损失赔偿额的计算才符合法律的规定。这里面，所谓实际损失，是指在争议发生时或到诉讼时，被违约一方已经有证据证明的实际发生的损失；所谓可以获得的利益，是指有证据证明，如果合同正常履行被违约方必然获得的利益。如果是可能获得的利益，则在司法实践中很难得到支持。所谓可以预见或者应当预见，是以与违约方相同行业或相近资历的公众的符合常理的判断为标准，来确定是否可以预见或应当预见。

同时，我国《合同法》第119条还规定了"控制损失"的义务。该规定为："当事人一方违约后，对方应当采取适当措施防止损失的扩大；没有采取适当措施致使损失扩大的，不得就扩大的损失要求赔偿。当事人因防止损失扩大而支出的合理费用，由违约方承担。"

《民法典》与此相对应的内容是第591条。

根据这一规定，违约的产生固然是违约方的责任，但是对于因违约造成的损失，被违约一方也有防止损失扩大的义务，而且必须采取积极的作为方式来防止损失扩大。消极放任损失扩大的，对于扩大部分的损失不能要求违约方赔偿。因此，此条款是对被违约方的约束，也是违约方争取减少损失赔偿额的一个思路。

综上，违约情况下被违约一方可以请求的损失赔偿额=实际损失+可得利益损失−放任扩大的损失+防止损失扩大的合理费用。

2.2 关于侵权损失赔偿的基本法律规定

侵权损失赔偿的范围因所侵犯的权利种类不同而按照不同的法律规定执行。与文化产业相关度比较高的情形有：

2.2.1 侵犯人身权的损失赔偿

因为文化产业中公众人物相对较多，对公众人物人身权的侵犯处于高发状态。本书第三章讲述了部分人身权的保护，当然除此之外还有其他人身权种类，其损失赔偿的法律依据主要为我国《侵权责任法》的规定与最高人民法院针对不同人身权侵权案件发布的相应司法解释。

（1）侵犯生命权、健康权的，"应当赔偿医疗费、护理费、交通费等为治疗和康复支出的合理费用，以及因误工减少的收入。造成残疾的，还应当赔偿残疾生活辅助具费和残疾赔偿金。造成死亡的，还应当赔偿丧葬费和死亡赔偿金"（我国《侵权责任法》第16条）。

《民法典》规定于第 1179 条，内容变更为："侵害他人造成人身损害的，应当赔偿医疗费、护理费、交通费、营养费、住院伙食补助费等为治疗和康复支出的合理费用，以及因误工减少的收入。造成残疾的，还应当赔偿辅助器具费和残疾赔偿金；造成死亡的，还应当赔偿丧葬费和死亡赔偿金。"

（2）侵犯姓名权、名誉权、荣誉权、肖像权、隐私权等人身权的，"造成他人严重精神损害的，被侵权人可以请求精神损害赔偿"（我国《侵权责任法》第 22 条）。

《民法典》规定于第 1183 条，内容变更为："侵害自然人人身权益造成严重精神损害的，被侵权人有权请求精神损害赔偿。因故意或者重大过失侵害自然人具有人身意义的特定物造成严重精神损害的，被侵权人有权请求精神损害赔偿。"

（3）侵犯人身权造成财产损失："侵害他人人身权益造成财产损失的，按照被侵权人因此受到的损失赔偿；被侵权人的损失难以确定，侵权人因此获得利益的，按照其获得的利益赔偿；侵权人因此获得的利益难以确定，被侵权人和侵权人就赔偿数额协商不一致，向人民法院提起诉讼的，由人民法院根据实际情况确定赔偿数额。"（我国《侵权责任法》第 20 条）

《民法典》规定于第 1182 条，内容变更为："侵害他人人身权益造成财产损失的，按照被侵权人因此受到的损失或者侵权人因此获得的利益赔偿；被侵权人因此受到的损失以及侵权人因此获得的利益难以确定，被侵权人和侵权人就赔偿数额协商不一致，向人民法院提起诉讼的，由人民法院根据实际情况确定赔偿数额。"

2.2.2　侵犯财产权的损失赔偿

侵犯财产权是指侵犯合法权利人对自己财产的占有、使用、收益、处分的权利。与上述侵犯人身权造成财产损失不同，此处所讲的侵犯财产权不是在侵犯人身权过程中伴随产生的，而是直接地侵犯财产权。比如，剧组职员将剧组的道具私自卖掉等。

对此类损失的赔偿标准可以按照财产损失发生时财产的市场价格或者其他方式计算。

2.2.3　侵犯著作权与邻接权的损失赔偿

著作权分为著作人身权与著作财产权，与邻接权一起，是文化产业涉及的最重要的基础性权利之一。

对于侵犯著作权与邻接权的损失赔偿，我国《著作权法》（2010年修正版）第49条规定："侵犯著作权或者与著作权有关的权利的，侵权人应当按照权利人的实际损失给予赔偿；实际损失难以计算的，可以按照侵权人的违法所得给予赔偿。赔偿数额还应当包括权利人为制止侵权行为所支付的合理开支。权利人的实际损失或者侵权人的违法所得不能确定的，由人民法院根据侵权行为的情节，判决给予50万元以下的赔偿。"

该第49条第1款是侵犯著作权赔偿的一般原则，即以实际损失为赔偿限度。不能确定实际损失的按照侵权人的违法所得数额赔偿；但是在实际损失与违法所得均难以证明的情况下，该条第2款规定了法院可以行使自由裁量权，在50万元范围内直接判赔。

另外，针对侵犯著作人身权及邻接权中具有人身权性质的权利的情形，可以参照上述2.2.1条侵犯人身权的赔偿范围，在符合法定条件的情况下，将精神损害赔偿也列入赔偿损失的主张内容。

《著作权法》（2020年修正版）对这一部分作出了比较大的改变，在第54条规定："侵犯著作权或者与著作权有关的权利的，侵权人应当按照权利人因此受到的实际损失或者侵权人的违法所得给予赔偿；权利人的实际损失或者侵权人的违法所得难以计算的，可以参照该权利使用费给予赔偿。对故意侵犯著作权或者与著作权有关的权利，情节严重的，可以在按照上述方法确定数额的1倍以上5倍以下给予赔偿。

权利人的实际损失、侵权人的违法所得、权利使用费难以计算的，由人民法院根据侵权行为的情节，判决给予500元以上500万元以下的赔偿。

赔偿数额还应当包括权利人为制止侵权行为所支付的合理开支。

人民法院为确定赔偿数额，在权利人已经尽了必要举证责任，而与侵权行为相关的账簿、资料等主要由侵权人掌握的，可以责令侵权人提供与侵权行为相关的账簿、资料等；侵权人不提供，或者提供虚假的账簿、资料等的，人民法院可以参考权利人的主张和提供的证据确定赔偿数额。

人民法院审理著作权纠纷案件，应权利人请求，对侵权复制品，除特殊情况外，责令销毁；对主要用于制造侵权复制品的材料、工具、设备等，责令销毁，且不予补偿；或者在特殊情况下，责令禁止前述材料、工具、设备等进入商业渠道，且不予补偿。"

2.2.4　侵犯商标专用权的损失赔偿

商标专用权，是指自然人、法人或者其他组织在生产经营活动中，将其商品或者服务的商标向商标局申请注册并且获得商标注册后享有的权利。文化产业中，商标由于具有区别不同商品或服务的经营者的功能，甚至比企业的字号更能传播企业的形象、实现企业的价值。

对于侵犯商标专用权的损失赔偿，我国《中华人民共和国商标法》（2019年修正版）（以下简称《商标法》）第63条第1款规定："侵犯商标专用权的赔偿数额，按照权利人因被侵权所受到的实际损失确定；实际损失难以确定的，可以按照侵权人因侵权所获得的利益确定；权利人的损失或者侵权人获得的利益难以确定的，参照该商标许可使用费的倍数合理确定。对恶意侵犯商标专用权，情节严重的，可以在按照上述方法确定数额的1倍以上5倍以下确定赔偿数额。赔偿数额应当包括权利人为制止侵权行为所支付的合理开支。"

同时，第63条第3款还规定："权利人因被侵权所受到的实际损失、侵权人因侵权所获得的利益、注册商标许可使用费难以确定的，由人民法院根据侵权行为的情节判决给予500万元以下的赔偿。"

从上述一系列规定内容可以发现，商标专用权的侵权赔偿数额计算比较复杂，应当按照以下标准进行：

（1）能确定实际损失数额的赔偿实际损失；（2）不能确定实际损失的按照侵权获利数额赔偿；（3）前两者都不能确定的，按照商标许可使用费的1倍至5倍赔偿；（4）前三者都不能确定的，由法院在500万元人民币范围内行使自由裁量权，自主决定。

同时，针对上述任何顺序阶段的赔偿，都应当一并赔偿权利人为制止侵权行为所支付的合理开支。

2.2.5　侵犯专利权的损失赔偿

我国《中华人民共和国专利法》（以下简称《专利法》）保护的专利一共有三类，分别是发明专利、实用新型专利、外观设计专利。对于文化产业来讲，专利，尤其是外观设计专利会有所涉及。因为有些创作成果，特别是美术设计、造型设计、衍生商业产品等成果，不符合著作权的保护要求或著作权的保护力度不如外观设计专利的保护力度强，于是申请外观设计专利进行保护会是更好的选择。当然，对于另外两种专利，在文化产业中也会有部分适用的机会。

对于专利权的侵权赔偿，我国《专利法》（2008 年修正版）第 65 条第 1 款规定："侵犯专利权的赔偿数额按照权利人因被侵权所受到的实际损失确定；实际损失难以确定的，可以按照侵权人因侵权所获得的利益确定。权利人的损失或者侵权人获得的利益难以确定的，参照该专利许可使用费的倍数合理确定。赔偿数额还应当包括权利人为制止侵权行为所支付的合理开支。"

同时，该第 65 条第 2 款还规定："权利人的损失、侵权人获得的利益和专利许可使用费均难以确定的，人民法院可以根据专利权的类型、侵权行为的性质和情节等因素，确定给予 1 万元以上 100 万元以下的赔偿。"

从上述规定内容可以看出，侵犯专利权的赔偿数额计算与侵犯商标专用权的计算原则近似，应当按照以下标准进行：

（1）能确定实际损失数额的赔偿实际损失；（2）不能确定实际损失的按照侵权获利数额赔偿；（3）前两者都不能确定的，参照专利许可使用费的倍数合理赔偿；（4）前三者都不能确定的，由法院在 1 万元至 100 万元人民币范围内行使自由裁量权，自主决定。

同时，针对上述任何顺序阶段的赔偿，都应当一并赔偿权利人为制止侵权行为所支付的合理开支。

2.2.6　不正当竞争侵权的损失赔偿

不正当竞争行为，是指"经营者在生产经营活动中，违反本法规定，扰乱市场竞争秩序，损害其他经营者或者消费者的合法权益的行为"［我国《反不正当竞争法》（2019 年修正版）第 2 条第 2 款］。

在文化产业中，不正当竞争行为比较常见。比如攀附著名艺人的名人效应，利用与名人长相近似的人员为自己的商品或服务进行宣传；比如利用热卖小说或热播影视剧的市场效应，制作名称近似的作品或宣传该作品为知名作品的姊妹篇；比如本书第三章保护姓名权、肖像权中提及的若干案例；等等。由于法律永远滞后于科技与经济的发展，对于破坏公平竞争、扰乱市场竞争秩序的行为，在其他法律没有明确具体规定的情况下，往往可以考虑通过《反不正当竞争法》来予以规制。

对于不正当竞争行为导致的侵权赔偿，我国《反不正当竞争法》第 17 条第 3 款规定："因不正当竞争行为受到损害的经营者的赔偿数额，按照其因被侵权所受到的实际损失确定；实际损失难以计算的，按照侵权人因侵权所获得的利益确定。经营者恶意实施侵犯商业秘密行为，情节严重的，可以在按照上述方法确定数额的 1 倍以上 5 倍以下确定赔偿数额。赔偿数额还应当包括经营者为制止侵权行为所支付的合理开支。"

同时该第 17 条第 4 款还规定："经营者违反本法第 6 条、第 9 条规定，权利人因被侵权所受到的实际损失、侵权人因侵权所获得的利益难以确定的，由人民法院根据侵权行为的情节判决给予权利人 500 万元以下的赔偿。"

从上述规定可以看出，该赔偿损失数额的计算方式与侵犯商标专用权的赔偿数额计算原理一致，但是具体方案也有不同，应当按照以下标准进行：

（1）能确定实际损失数额的赔偿实际损失；不能确定实际损失的按照侵权获利数额赔偿；（2）制止侵权行为所支付的合理开支；（3）对侵犯商业秘密的惩罚性赔偿规定：对恶意实施侵犯商业秘密行为且情节严重的适用惩罚性赔偿，数额为实际损失或侵权获利的 1 倍至 5 倍。（4）特殊情形的赔偿：针对违反《反不正当竞争法》第 6 条（实施混淆行为）、第 9 条（侵犯商业秘密）的情形，而且实际损失数额或侵权获利数额都不能确定的，由法院在500 万元人民币范围内行使自由裁量权，自主决定。

2.3　关于违反法定义务承担赔偿损失责任的情形

除了因违约赔偿损失与因侵权赔偿损失之外，还有因为违反法律规定的义务导致赔偿损失的情形。这种情形中，赔偿权利人的求偿权，并不是因为赔偿义务人违约所导致，也不是由于其侵权所导致，而是直接来源于法律赋予的一种权利。

文化产业中，可能会遇到的这种损失赔偿情形主要包括：

2.3.1　缔约过失责任赔偿

缔约过失责任，是指在合同各方正式签订合同前的磋商阶段，某一方违背诚实信用原则给参与磋商的他方造成损失的责任。由于此时合同还没有订立，因此不能以违约责任来追究；由于背信人并没有直接侵犯他人的法定权利，也没有以传统的侵权责任追究的直接依据。因此，法律才设定了缔约过失责任专门解决这一特定的争议。

我国《合同法》第 42 条规定："当事人在订立合同过程中有下列情形之一，给对方造成损失的，应当承担损害赔偿责任：（一）假借订立合同，恶意进行磋商；（二）故意隐瞒与订立合同有关的重要事实或者提供虚假情况；（三）有其他违背诚实信用原则的行为。"

《民法典》中与之对应的内容规定于第 500 条。

从上述规定可以看出，缔约过失责任主要是针对违背诚实信用原则的行为设定的。比如，某公司很欣赏某制片方立项的电影，于是假意与制片方协商联合拍摄事宜，实际上刺探剧本细节，准备自己另外改编；比如，某公司与他人联合投资某文化地产项目，该公司声称可以以自己享有著作权的几部作品与衍生品开发权利入股，共同开发娱乐项目。但是此后经调查发现其并未获得前述权利的。对这些背信行为，赔偿权利人即可以依据上述法律规定要求赔偿。

需要注意的是，如果某些背信的承诺已经被写入双方的合同，且合同正式签订了，那么赔偿权利人就不能再要求背信人承担缔约过失责任，而是只能要求其承担违约责任。

缔约过失责任导致的损失赔偿，一般是按照受害方受到的实际损失来计算。如果导致他人人身权利受损或产生精神损害的，则参照侵权责任的赔偿方法来赔偿。

2.3.2　公司的董、监、高违反法定义务的赔偿责任

公司的董、监、高是指有限责任公司与股份有限公司的董事、监事、高级管理人员。其中，高级管理人员包括公司的经理、副经理、财务负责人、上市公司董事会秘书和公司章程规定的其他人员。

这些人员的行为，对公司与股东的利益有着比较重大的影响。因此，法律直接规定了一些他们必须遵守的义务，也规定了他们违反法定义务应当承担的赔偿责任。

文化产业中，存在着大量的有限责任公司形式或股份有限公司形式的经营主体。其董事、监事、高级管理人员也存在一些违反法定义务的情形。比如，公司高管在开展项目过程中收取好处费、将相关子项目分包给自己或亲属控制的公司、为培养个人业内关系而刻意压低本公司项目报价等。

如果出现违反法定义务的情形，公司或股东该如何处理？身为董事、监

事、高级管理人员的从业人员该应避免违反哪些法定义务？我国《公司法》（2018 年修正版）有相应的规定。

该法第 147 条规定："董事、监事、高级管理人员应当遵守法律、行政法规和公司章程，对公司负有忠实义务和勤勉义务。董事、监事、高级管理人员不得利用职权收受贿赂或者其他非法收入，不得侵占公司的财产。"

该法第 148 条规定："董事、高级管理人员不得有下列行为：（一）挪用公司资金；（二）将公司资金以其个人名义或者以其他个人名义开立账户存储；（三）违反公司章程的规定，未经股东会、股东大会或者董事会同意，将公司资金借贷给他人或者以公司财产为他人提供担保；（四）违反公司章程的规定或者未经股东会、股东大会同意，与本公司订立合同或者进行交易；（五）未经股东会或者股东大会同意，利用职务便利为自己或者他人谋取属于公司的商业机会，自营或者为他人经营与所任职公司同类的业务；（六）接受他人与公司交易的佣金归为己有；（七）擅自披露公司秘密；（八）违反对公司忠实义务的其他行为。董事、高级管理人员违反前款规定所得的收入应当归公司所有。"

该法第 149 条规定："董事、监事、高级管理人员执行公司职务时违反法律、行政法规或者公司章程的规定，给公司造成损失的，应当承担赔偿责任。"

该法第 152 条规定："董事、高级管理人员违反法律、行政法规或者公司章程的规定，损害股东利益的，股东可以向人民法院提起诉讼。"

通过上述法律规定可以看出，第 147 条规定了董事、监事、高级管理人员的法定义务内容，其原则就是"忠实义务和勤勉义务"。凡是违背这两个基本义务之一的任何情形，均属于违反《公司法》规定的该法定义务。

第 148 条针对董事与高级管理人员（不含监事）进一步细化了法定义务的内容。

第 149 条规定了董事、监事、高级管理人员违反法定义务（含公司章程规定）应当承担赔偿责任，但必须同时具备两个条件：一是必须在执行公司职务过程中；二是必须具有给公司造成损失的事实。当然，其赔偿损失的数额应当以实际损失为限。

第 152 条针对董事、高级管理人员（不含监事）违反法律、行政法规或者公司章程，并且给股东利益造成损害应该如何处理进行了进一步规定。此条与第 149 条既有联系又有区别。

第 149 条仅仅规定了董事、监事、高级管理人员的职务行为违法违规违反公司章程，并且给公司造成损失的赔偿责任。第 152 条则在排除监事这一主体之后，将董事与高级管理人员的任何违法违规违反公司章程行为全部包含，但是其侵犯的客体也有所变化，不再是公司的利益而是股东的利益。同时，本条并没有规定董事与高级管理人员必然依法赔偿，而是仅规定了股东有权起诉。当然如果法院认定确实损害了股东利益，自然会判决相应的赔偿。一般情况下，此类赔偿如果发生，也是按照实际损失数额来确定赔偿金额。

2.3.3　劳动关系中违反法定义务的赔偿

劳动关系是在用人单位与劳动者之间建立的。文化产业中，存在多种的用工形式，比如有正常签订劳动合同的全日制劳动者，有非全日制劳动者，还有临时用工、劳务派遣等。这里提到的违反法定义务的赔偿责任，主要是针对用人单位违反《中华人民共和国劳动合同法》（以下简称《劳动合同法》）的规定，应对劳动者承担的赔偿责任，不包括按照法律规定应当承担的补偿责任。主要的赔偿责任包括：

（1）违法解除或终止劳动合同的赔偿：按照经济补偿标准的 2 倍向劳动者支付赔偿金。

附：经济补偿标准

《劳动合同法》第 47 条："经济补偿按劳动者在本单位工作的年限，每满 1 年支付 1 个月工资的标准向劳动者支付。6 个月以上不满 1 年的，按 1 年计算；不满 6 个月的，向劳动者支付半个月工资的经济补偿。劳动者月工资高于用人单位所在直辖市、设区的市级人民政府公布的本地区上年度职工月平均工资 3 倍的，向其支付经济补偿的标准按职工月平均工资 3 倍的数额支付，向其支付经济补偿的年限最高不超过 12 年。本条所称月工资是指劳动者在劳动合同解除或者终止前 12 个月的平均工资。"

（2）不订立书面劳动合同的赔偿：用人单位自用工之日起超过 1 个月不满 1 年未与劳动者订立书面劳动合同的，应当向劳动者每月支付 2 倍的工资（《劳动合同法》第 82 条第 1 款）。

（3）违法不与劳动者订立无固定期限劳动合同的赔偿：用人单位自应当订立无固定期限劳动合同之日起向劳动者每月支付 2 倍的工资（《劳动合同法》第 82 条第 2 款）。

（4）违法约定试用期的赔偿：违法约定的试用期已经履行的，由用人单位以劳动者试用期满月工资为标准，按已经履行的超过法定试用期的期间向劳动者支付赔偿金（《劳动合同法》第 83 条）。

（5）逾期支付劳动报酬、经济补偿等的赔偿：用人单位按应付金额 50% 以上 100% 以下的标准向劳动者加付赔偿金（《劳动合同法》第 85 条）。

除上述常见的法定赔偿标准外，还有其他一些因违法需要进行赔偿的内容不再罗列。文化产业与其他行业一样，经营主体往往面对复杂的劳动人事关系，需要在实际操作中专人办理、依法审慎处置。

第三节　实践中如何判断违约金是否"过高"

在文化产业里，由于涉及的知名项目多、公众人物多，因此往往通过在合同中约定金额较高的违约金的方式来力争阻却违约行为的出现。尤其是在影视、直播、音乐等领域，对签约艺人设定高额违约金几乎成了行业惯例。那么，这些高额违约金是否会得到支持？我们可以看一下司法实践中是如何对待这一问题的。

3.1　深圳市环亚互动娱乐传媒有限公司诉欧某合同纠纷案[1]

本案一审由广东省深圳市福田区人民法院［（2017）粤 0304 民初 17373 号］审理；二审由广东省深圳市中级人民法院［（2018）粤 03 民终 15561 号］审理。

【案件基本事实】原告与被告签订了《艺人独家经纪合同》，被告提供直播服务。在合同期内，被告单方停止直播。原告依据合同起诉，其中一项请求为要求被告支付 50 万元违约金。被告对此项请求不同意，认为违约金约定过高，请求法院予以调减。

一审法院判决被告支付违约金 20 万元。被告上诉后，二审法院认为，一审原告没能证明其实际损失较高，不能证明相关投入是专为被告投入，因此一审原告主张的违约金明显高于其损失。二审法院终审判决将违约金调减为 3 万元。

【案例分析】 在本章我们援引了我国《合同法》第 113 条、第 114 条与《合同法解释（二）》第 29 条对于违约金与损失数额的规定。简单来讲，违约金与损失数额计算的原则主要是：

（1）不超过违约方造成的损失（实际损失+可得利益损失–放任扩大的损失+防止损失扩大的合理费用），同时不得超过违约方订立合同时预见到或者应当预见到的因违反合同可能造成的损失；（2）如果某一方提出违约金过高或过低的，以实际损失为基础，综合考虑各方面情况确定；（3）超过造成损失的 30% 的，违约金一般可以被认定为"过高"。

从上述原则可以看出：实际损失是基础；可得利益是重要参考；违约方对损失的预见能力是限制因素；超过损失 30% 是常用指标。将这四项有机结合起来，就是违约金数额的判定标准。这也是我国目前司法实践中的主流判断标准。本案二审法院正是基于此原则，作出了相应的判决。

3.2 "嗨氏"（江某某）与虎牙直播天价违约金赔偿案[2]

本案一审由广东省广州市番禺区人民法院［（2017）粤 0113 民初 7261 号］审理；二审由广东省广州市中级人民法院［（2018）粤 01 民终 13951 号］审理。

【案件基本事实】 2017 年 1 月 19 日，原告虎牙公司、被告江某某（网名"嗨氏"）与关谷公司（作为丙方）签订了《虎牙主播服务合作协议（预付）》。合同约定被告应独家在原告平台上直播，尤其不能在斗鱼直播等其他平台上直播。否则，被告构成重大违约，甲方有权要求乙方赔偿 2400 万元人民币或乙方在甲方平台已经获取的所有收益的 5 倍（以较高者为准）作为违约金。该合同约定的合作期限自 2017 年 2 月 1 日至 2018 年 1 月 31 日。原告认为，正是因为原告的大力培育、推广、包装，被告才逐渐成为直播领域顶级的网络主播，其新浪微博关注度达到 500 万人。另外，自被告在原告平台直播以来，总计收入为 518 万余元。原告发现被告自 2017 年 8 月 27 日在斗鱼直播平台进行直播，首次开播人气即有 190 万人。为证明损失，原告委托评估公司和司法鉴定所分别出具报告，证明原告平台平均单活跃用户价值为

201.23 元/户，同时截至 2017 年 8 月 28 日其损失的评估值为人民币 117 839 700 元。自被告在斗鱼直播平台开播以来，原告平台的日活跃用户量显著下降。为此，原告要求被告承担违约责任，支付违约金 4900 万元。被告没有到庭，但认为原告先违约，且认为该违约金过高应予调减等。

【法院判决】 一审法院认为：被告认为违约金过高，但没有提供相应证据，且拒不到庭接受询问，因此不予采纳其抗辩意见。根据其他案件中从原告处到斗鱼直播的名气不如被告的主播的收入情况来看，有理由相信，被告因违约短时间内获益达千万以上。被告对其违约金可达 5000 万元系明知。被告个人在成名中的努力不能成为其违约、违背诚实信用的借口及抗辩意见。对于国内直播平台间的激烈竞争，非相对较高的违约金不足以制止违约行为。被告违约的恶意明显，拒不到庭接受询问，原告投入巨大，因被告违约造成的用户流失损失巨大，被告也因违约获得巨额收益，不应调低违约金。因此，一审判决支持了原告 4900 万元的违约金请求。

被告不服上诉。二审法院认为：一审被告明知合同排他条款中斗鱼直播列于第一位，但仍违约去斗鱼平台直播，其违约的故意非常明显。其在 2016 年 10 月 9 日至 2017 年 8 月不足一年的时间里，获得收益为 11 186 666.24 元，可以佐证被告"王者荣耀第一玩家"的经济价值以及原告独家签约被告的可期待利益。同时，原告也能从中获得点击率的提升、知名度的提高并获得高额收益。原告为其投入巨大且大量推广宣传。另外，一审法院在认定违约金金额时主要依据的是合同约定。原告二审明确其单方面提交的评估报告仅作为审判的参考，且本案二审的审理亦不以该份评估报告为依据。同时，被告认为 4900 万元违约金过高没有提交有效证据与依据。因此，二审法院驳回上诉、维持原判。

【案例分析】 本案原告与被告个人均在国内直播行业享有盛名，因此案件从一开始就被媒体关注。一经判决，更是立即引起巨大的反响，原因就在于判出了直播行业，甚至是整个文化产业，个人违约金的天价数额。从判决书反映出来的事实与法院的认定说理，我们认为这一判决对探讨违约金与损失数额的认定这一问题还是有很重要的实践意义的。

第一，对违约金过高的抗辩，请求调减方是否要举证？答案是肯定的。违约方不能仅仅提出过高，不但要有针对性地提交证据，还要充分说理，更要提出支持自己观点的法律依据。这是要求调减违约金一方的义务。本案中，被告一审中没有出庭，更没有提交上述充分的论证，显然是一大失误。

第二，在请求调减方没有举证的情况下，法院能否直接支持原告的请求？答案应该是否定的。上文已述，我国《合同法》及相应司法解释，对于违约金与损失数额的认定有明确法律规定。法院理应主动适用这些规定，审查现有事实与证据，得出最后结论。

这里可以再重复一下违约金与损失数额的认定原则：

（1）不超过违约方造成的损失（实际损失+可得利益损失－放任扩大的损失+防止损失扩大的合理费用），同时不得超过违约方订立合同时预见到或者应当预见到的因违反合同可能造成的损失；（2）如果某一方提出违约金过高或过低的，以实际损失为基础，综合考虑各方面情况确定；（3）超过造成损失的30%的，违约金一般可以被认定为"过高"。

第三，本案中，被告作为违约方造成的损失（实际损失+可得利益损失－放任扩大的损失+防止损失扩大的合理费用）是多少？

在实际损失计算上，从判决书上看得不是太清楚。判决书记载了被告在原告平台直播期间的收益情况，但这是否可以等同于被告造成的损失值得探讨。一审中原告提交了评估报告，经评估原告平台平均单活跃用户价值为201.23元/户，同时截至2017年8月28日其损失的评估值为人民币117 839 700元。但是二审判决指出一审主要是根据合同约定判定的违约金，二审亦未以其为依据。至于被告在斗鱼首日直播的190万粉丝如何证明完全是自虎牙平台流失的也是个问题。原告的巨额投入里有多少数额是专门为被告投入的似乎也没有体现。因此，实际损失的计算过程与数额在判决书中展现得比较模糊。

在预期利益计算上，判决书主要表现的是被告已经获得的巨额收益，以及经过推测被告通过在斗鱼直播应该可以获得的巨额收益。但是，被告的巨额收益与原告的可得利益之间是什么量化关系？原告的可得利益是多少？同样在判决书中展现得比较模糊。

第四，违约方订立合同时预见到或者应当预见到的因违反合同可能造成的损失应该如何考虑？

本案一审认为被告对其违约金可达5000万元系明知。这一论断的论据似乎不是很充分。被告对自己的收益是有预期的，但是对于给原告造成的损失，至少判决书中没有提过原告盈利的情况，损失情况如上所述也比较模糊。甚至原告对评估报告评估出的损失也自称只用于参考。因此，没看到判决为什么就确定被告明知违约金可达 5000 万元。

由于这一点是限制违约金数额的重要标准，因此，即便被告违约的主观恶意较强，法院仍不宜将此问题简单化。

第五，综合考虑因素的地位。

本案判决对于被告的主观违约故意、诚实信用原则与公平原则、合同履行的情况等进行了重点考虑。从判决书篇幅来看，进行了较多论述。这是有司法解释的支持的。但是司法解释该条款的整体表述是以实际损失为基础，以这些综合因素为重要参考。可见，还是应该在实际损失的基础上厘清违约金的问题。

综合上述内容，本案的巨额违约金判罚，确实在司法实践中留下了石破天惊的一笔。但略显遗憾的是，或许由于判决书篇幅所限，一些关于违约金与损失数额计算的关键因素表述不足。当然，从相反的角度，也可以给人以相应的思考。

本章参考文献

［1］广东省深圳市福田区人民法院（2017）粤 0304 民初 17373 号民事判决书；广东省深圳市中级人民法院（2018）粤 03 民终 15561 号民事判决书

［2］广东省广州市番禺区人民法院（2017）粤 0113 民初 7261 号民事判决书；广东省广州市中级人民法院（2018）粤 01 民终 13951 号民事判决书

第八章

文化产业中的刑事合规法律事务

　　2017 年演员王某某的离婚民事纠纷沸沸扬扬，但不久就引出了其经理人宋某涉嫌侵占王某某的工作室财物的刑事案件。2018 年宋某被法院认定犯有职务侵占罪，判处六年有期徒刑。同样是 2018 年，耽美文学作者天一在网络小说中描写色情内容并且违规出版图书，被法院认定犯有制作、贩卖淫秽物品牟利罪，判处有期徒刑十年六个月。还是 2018 年，《中国新说唱》音乐总监刘某被法院认定犯有侵占罪，判处四年六个月有期徒刑。

　　上述这些刑事案件，以及各地严厉打击的一批侵犯著作权犯罪、假冒商标犯罪等刑事案件，充分说明文化产业的从业主体，不论是单位还是个人，在专心于创作与经营以及在处理民事与商业纠纷的同时，也要留意相应的刑事涉罪风险。随着"依法治国"的理念深入人心，文化产业的参与主体聘任内部法务人员或聘请外部法律顾问已经比较常见。但是从实践角度看，尤其是内部法务人员，其法律事务合规与风险防范的重点还是在民商事领域，对于刑事合规法律事务关注较少。同时，由于刑事涉罪风险出现概率相对较低，导致文化产业中从个人到公司对此均重视不够，忽略了刑事涉罪风险一旦出现，其杀伤力与破坏力惊人的特点。因此，加强刑事合规法律事务，对于文化产业各方面的参与主体来讲也是有重要的积极意义的。

　　刑事合规，主要包括在创作与经营过程中，对法律风险如何认定其属于民商事性质还是刑事性质、如何防范与化解相应风险；在合规审查与预案制定方面，如何比较民商事处理思路与刑事处理思路、如何选择民商事处理方案与刑事处理方案。

　　本章会针对在文化产业中容易遭遇到的刑事涉罪风险进行探讨。

第一节　合同欺诈与合同诈骗

无论在文化产业中还是其他商业活动中，因为签订、履行合同而产生的争议都很常见。这也导致合同欺诈与合同诈骗成为商业争议中最常见的一种涉及刑民交叉的争议。

合同欺诈。一般指合同当事人一方以欺诈手段，使对方在违背真实意思的情况下实施了签订、履行合同等民事法律行为。此种情况下，受欺诈方有权请求人民法院或者仲裁机构撤销其已经实施的民事法律行为（见我国《民法总则》第148条）；另外，合同欺诈也可以是合同以外的第三人实施欺诈行为，使合同一方在违背真实意思的情况下实施了签订、履行合同等民事法律行为。但是在这种情况下，只有在与受欺诈方签订合同的另外一方当事人对该第三人欺诈明知或应当知道的情况下，受欺诈方才可以请求人民法院或者仲裁机构撤销其已经实施的民事法律行为（见我国《民法总则》第149条）。

《民法典》中与之相对应的条款也是第148条与第149条。

从上述内容可见，合同欺诈的争议仍然属于民事与商事范畴。对于出现欺诈情形的，需要受欺诈方自己向法院提起诉讼或者根据约定向仲裁机构申请仲裁，依法采取要求撤销合同、赔偿损失等救济方式。受欺诈方不主动采取上述维权行动的，国家司法体系不会主动介入。

合同诈骗。是指以非法占有为目的，在签订、履行合同过程中，骗取对方当事人财物，且数额达到法律规定应当追究刑事责任的程度的情形。根据《中华人民共和国刑法》（2017年修正版）（以下简称《刑法》）第224条关于合同诈骗罪的规定，以下情形涉嫌合同诈骗罪：①以虚构的单位或者冒用他人名义签订合同的；②以伪造、变造、作废的票据或者其他虚假的产权证明作担保的；③没有实际履行能力，以先履行小额合同或者部分履行合同的方法，诱骗对方当事人继续签订和履行合同的；④收受对方当事人给付的货物、货款、预付款或者担保财产后逃匿的；⑤以其他方法骗取对方当事人财物的。

合同诈骗罪的定罪量刑标准为：骗取对方当事人财物数额较大的，处3年以下有期徒刑或者拘役，并处或者单处罚金；数额巨大或者有其他严重情节的，处3年以上10年以下有期徒刑，并处罚金；数额特别巨大或者有其他特别严重情节的，处 10 年以上有期徒刑或者无期徒刑，并处罚金或者没收财产。

其中，骗取对方当事人财物"数额较大"是合同欺诈与合同诈骗的分界线。目前司法实践中，"数额较大"是指达到人民币 2 万元以上。

从上述内容可见，合同诈骗属于刑事犯罪的范畴。被诈骗的合同当事人应当向公安机关报案，通过刑事途径寻求救济。同时，鉴于犯罪行为不仅仅侵犯了被害人的权利，还破坏了国家法律的实施，因此即便被诈骗的合同当事人没有报案，公安机关通过其他途径发现有证据证明犯罪嫌疑人涉嫌合同诈骗的，也可以立案并展开侦查工作。

对比合同欺诈与合同诈骗，在事实方面两者都存在合同一方当事人对他人进行"骗"的行为，也都存在误导合同相对方并违背其真实意思的后果。因此在实践中，某个行为是属于合同欺诈还是属于合同诈骗，确实不易区分。一般来讲，对于履行合同不符合约定的情形，由于当事人是具备履约的真实意思的，不具备非法占有对方财物的目的，因此即便其存在"骗"的情况也不宜认为是合同诈骗，而是属于合同欺诈。但是对于根本没有履行合同的情形，就应当结合其他实际情况予以审查。比如，如果存在收款后逃跑、挥霍、转移资产等与履行合同无关的情形，或其他非法占有对方财物的目的比较明显的情形，就很可能构成合同诈骗。

文化产业各个参与主体在寻求救济与化解纷争中，首先应该明确争议的性质是属于合同欺诈还是合同诈骗，是否存在涉嫌合同诈骗的可能。一般来讲，由于刑事处罚的极大威慑性，一旦有证据证明合同争议的相对方确实涉嫌合同诈骗，则受害一方往往可以在化解纠纷的过程中争取到主动地位，有利于纠纷的解决。

同时，即便确实由于涉嫌合同诈骗，纠纷进入了刑事程序，也并不意味着受害的合同一方不能通过民事途径获得赔偿。我国司法程序的传统操作中，确实存在"先刑事、后民事"的实务操作，这就导致诈骗方虽然遭到刑事惩罚，但是受害方的赔偿往往无法及时解决。目前的司法实践已经开始逐步改变这一传统思路，逐步更多地赋予受害方在刑事程序开展的同时，并行开展民事救济程序。

比如，行为人以法人、非法人组织或他人的名义订立合同的行为或者该行为人构成犯罪，但是受害人仍可以通过民事起诉要求该法人、非法人组织或他人承受合同后果；比如，法人单位或非法人组织的法定代表人、负责人或其他工作人员的职务行为构成刑事犯罪，但是受害人仍可以通过民事起诉要求该法人单位、非法人组织来承担民事责任。

第二节　众筹与非法集资

众筹模式是常见的一种融资手段。在文化产业中，由于资金需求比较迫切，也存在利用众筹来拍摄影视剧、利用众筹来开展演艺文化项目等情形。但是这种模式自从诞生之日起就争议不断，近几年更是屡屡被曝涉嫌非法集资，相关单位及参与者有很多遭到刑事处罚。因此，文化产业从业者有必要对这一问题涉及的刑事风险进行充分的了解。

什么是众筹?

众筹是一种融资手段。融资主体通过预先设计的某种方式从不特定多数人处获取资金，以完成某项事务；出资一方根据合同约定获取相应的收益。众筹的方式较多，比较常见的有：

（1）通过债权融资：融资主体将某个借款项目做成理财产品或其他可以按份分割的模式，向不特定公众发售，同时承诺赎回条件与利息。公众可以根据约定按份购买。

（2）通过股权融资：融资主体将某个项目的股权向不特定公众发售，同时承诺分红条件、利息与股权转让规则。公众可以根据约定按份购买。

（3）通过捐款融资：融资主体发布某项目（如某个慈善项目），由不特定公众自愿捐款。

（4）通过提供非资金回报融资：融资主体面向不特定公众发布融资项目并设定回报标准。比如交纳款项后，可以获得明星签名照、获得参加某演唱会的门票、获得购买某系列书籍或全年观影的折扣等。

从上述这些方式可见，众筹的特点是面向社会公众、金额可大可小、方式多种多样、资金汇集快速。

非法集资，这是一种通俗称谓。从法律角度看，并不存在非法集资罪，而是存在两个罪名：非法吸收公众存款罪与集资诈骗罪。

非法吸收公众存款罪，规定于我国《刑法》第 176 条。该条规定，构成该罪，相应的定罪量刑标准为："非法吸收公众存款或者变相吸收公众存款，扰乱金融秩序的，处 3 年以下有期徒刑或者拘役，并处或者单处 2 万元以上 20 万元以下罚金；数额巨大或者有其他严重情节的，处 3 年以上 10 年以下有期徒刑，并处 5 万元以上 50 万元以下罚金"。

2020 年 6 月公布的《刑法修正案（十一）（草案）》，对于此罪加强了刑事处罚力度，该条被修改为："非法吸收公众存款或者变相吸收公众存款，扰乱金融秩序的，处 3 年以下有期徒刑或者拘役，并处或者单处罚金；数额巨大或者有其他严重情节的，处 3 年以上 10 年以下有期徒刑，并处罚金；数额特别巨大或者有其他特别严重情节的，处 10 年以上有期徒刑，并处罚金。"

另外公安部、最高人民检察院、最高人民法院也先后发布多部与该罪的司法认定相关的司法解释，对于如何认定非法吸收公众存款罪进行了规定。一般来讲，构成该罪要求同时具备以下四项条件：①未经有关部门依法批准或者借用合法经营的形式吸收资金；②通过媒体、推介会、传单、手机短信等途径向社会公开宣传；③承诺在一定期限内以货币、实物、股权等方式还本付息或者给付回报；④向社会公众即社会不特定对象吸收资金。

简单总结这四个条件就是，吸存行为存在非法性；进行了面向社会的公开宣传；有回报的承诺；资金来源于不特定社会公众。

触犯非法吸收公众存款罪在何种情况下会被立案追究刑事责任？具备以下情形之一的要被追究刑事责任：①个人非法吸收或者变相吸收公众存款，数额在 20 万元以上的，单位非法吸收或者变相吸收公众存款，数额在 100 万元以上的；②个人非法吸收或者变相吸收公众存款对象 30 人以上的，单位非法吸收或者变相吸收公众存款对象 150 人以上的；③个人非法吸收或者变相吸收公众存款，给存款人造成直接经济损失数额在 10 万元以上的，单位非法吸收或者变相吸收公众存款，给存款人造成直接经济损失数额在 50 万元以上的；④造成恶劣社会影响或者其他严重后果的。

集资诈骗罪，规定于我国《刑法》第 192 条，是指"以非法占有为目的，使用诈骗方法非法集资"的行为。该条规定："以非法占有为目的，使用诈骗方法非法集资，数额较大的，处 5 年以下有期徒刑或者拘役，并处 2 万元以上 20 万元以下罚金；数额巨大或者有其他严重情节的，处 5 年以上 10 年以下有期徒刑，并处 5 万元以上 50 万元以下罚金；数额特别巨大或者有其他特别严重情节的，处 10 年以上有期徒刑或者无期徒刑，并处 5 万元以上 50 万元以下罚金或者没收财产。"

2020 年 6 月公布的《刑法修正案（十一）（草案）》，对于此罪加强了刑事处罚力度，该条被修改为："以非法占有为目的，使用诈骗方法非法集资，数额较大的，处 3 年以上 7 年以下有期徒刑，并处罚金；数额巨大或者有其他严重情节的，处 7 年以上有期徒刑或者无期徒刑，并处罚金或者没收财产。"

构成该罪的核心要件是"以非法占有为目的"。对此，一般是通过一些客观事实来判断。比如，是否存在将集资款肆意挥霍或用于与约定集资用途无关的事项；是否存在转移资产、携款潜逃或逃避还款等情节。

从诈骗数额角度考虑，该罪的刑事立案与量刑标准为："个人进行集资诈骗，数额在 10 万元以上的，应当认定为'数额较大'；数额在 30 万元以上的，应当认定为'数额巨大'；数额在 100 万元以上的，应当认定为'数额特别巨大'。单位进行集资诈骗，数额在 50 万元以上的，应当认定为'数额较大'；数额在 150 万元以上的，应当认定为'数额巨大'；数额在 500 万元以上的，应当认定为'数额特别巨大'。"

非法吸收公众存款罪与集资诈骗罪关联比较紧密。比如非法吸收公众存款过程中，出现"借新还旧""借此还彼"等行为的，可能会被认定该行为的性质已经转化为集资诈骗行为。

从上述对众筹行为与非法集资行为的探讨可以看到，两者在外在形式上几乎很难区分。不论是利用债权还是股权，也不论是采用何种方式的回报，只要符合非法吸收公众存款罪的四个构成要件就很容易被定罪；只要存在"以非法占有为目的，使用诈骗方法非法集资"的情形，就会构成集资诈骗罪。

因此，众筹这种模式存在非常大的刑事涉罪风险。比如《叶问 3》这部电影的投资方快鹿集团，其将该电影的收益权通过包装成理财产品进行众筹获得了巨额资金。但是快鹿集团在资金的使用上存在大量违法行为，最终被法院认定构成集资诈骗罪。

在文化产业中，还存在不少类似的众筹行为，存在较大涉罪风险。比如有些公司利用互联网，将不同影视作品作为产品分割其权利面向社会不特定公众出售，并预估高额回报。在宣传中，不断制造这些影视项目的热点，吸引不特定公众投资。这些做法，很容易被认定为涉嫌非法吸收公众存款甚至集资诈骗，作为文化产业的从业者，一定要尽力避免这些风险极大的行为。

第三节　非法占有行为的民事涉诉与刑事涉罪风险

某歌星将其配饰交给助理保管。此后该助理声称某歌星拖欠薪水，因此拒不归还配饰，这是什么性质的行为？某电视剧杀青后，出品方的员工将一套很精美的仿古服装道具带回家留作纪念，这是什么性质的行为？某文化传播公司的策划人将其负责的演艺项目获得的广告赞助款转移至自己的账户作理财，这是什么性质的行为？

上述这些或类似的一些事件，是在实践中经常会遇到的情况。它们的共性在于都发生了某人占有其他权利人财物的事实，但是从法律角度却可能会面临不同的风险。

首先是涉及民事侵权诉讼或刑事侵占自诉的风险。比如上述第一种情况。

由于该助理占有歌星的配饰拒不归还，从民法角度看显然侵犯了歌星对配饰的财产所有权。关于歌星拖欠薪水的事实，该助理可以另行主张要求歌星支付报酬，但无权直接占有歌星的财物。一般情况下，该歌星可以通过民事诉讼，要求该助理返还财产。但是与此同时，还有另外一个思路，那就是该助理涉嫌侵占罪，该歌星可以通过刑事自诉的方式寻求救济。

侵占罪，规定于我国《刑法》第270条，是指将代为保管的他人财物非法占为己有，数额较大，拒不退还的；数额巨大或者有其他严重情节的；或者将他人的遗忘物或者埋藏物非法占为己有，数额较大，拒不交出的。

这一犯罪仅仅针对三种情形，即非法占有代为保管的他人财物、他人的遗忘物或者埋藏物。除此之外，不属于此条规定的犯罪。也正是因为侵占罪的范畴较窄、社会危害性较小，所以我国《刑法》第270条才规定此罪"告诉的才处理"。所谓"告诉的才处理"，是指公安机关与人民检察院不会启动涉及本案的公诉程序，而需要受害人自己前往法院启动自诉程序。如果受害人不去法院起诉，则司法机构不会主动介入。

　　因此，从维权形式上看，无论是采用民事侵权诉讼还是刑事侵占自诉，都需要受害人自行向法院提出维权要求，但是诉讼理由与依据不同，当然后果的严重性也不同。对非法占有人来讲，民事侵权诉讼仅发生返还财产、赔偿损失、承担诉讼费用等后果；但是侵占罪一旦被法院认定成立，非法占有人将面临刑事处罚。侵占罪中，根据我国《刑法》第 270 条规定，对于侵占数额较大，拒不退还的，处 2 年以下有期徒刑、拘役或者罚金；对于侵占数额巨大或者有其他严重情节的，处 2 年以上 5 年以下有期徒刑，并处罚金。

　　可见，该助理非法占有歌星的配饰这样一件小事，在法律上却存在着可大可小的风险。对于权利人来讲，选择民事诉讼思路还是刑事自诉的思路，给予非法占有人的压力是不同的，维权过程与效果也是不同的。

　　其次是涉及民事侵权诉讼或涉嫌职务侵占罪的风险。比如上述第二种情况。

　　剧组的道具是有价值的财产，特别是一些精致的服装、装饰、布景，往往是花费巨资定制的。由于剧组仅仅是一个临时的机构，因此这些道具的所有权一般归属于出品方，或者由各投资方按照约定确定所有权归属。在该举例中，出品方员工将属于公司所有的道具据为己有，显然是一种非法占有的行为。从民事角度来讲，如前所述，这是一种侵犯单位财产权的行为。出品方可以选择通过民事诉讼，要求该员工返还财产。但是从刑事犯罪角度，该员工这一行为，很可能触犯了刑法，涉嫌职务侵占罪。

　　职务侵占罪，规定于我国《刑法》第 271 条，是指公司、企业或者其他单位的人员，利用职务上的便利，将本单位财物非法占为己有，数额较大或数额巨大的情形。

　　从这一罪名可以看出，非法占有人与作为受害方的单位之间应当存在特定的关系，也就是非法占有人应当存在履行单位赋予的某项职责的权利与义务。同时，还要求非法占有人利用了职务的便利，非法占有了本单位财物。当然，侵占数额达到法定定罪标准也是必须的因素。

　　职务侵占罪与上文所述的侵占罪看起来很接近，但是存在明显不同。首先，侵占罪是仅仅针对三类特殊对象，而职务侵占罪是针对非法侵占人本单位的所有财物；其次，侵占罪的犯罪嫌疑人身份没有特别要求，但是职务侵占罪要求犯罪嫌疑人与受害单位之间具有任职的特定关系；再次，从程序角度，侵占罪是刑事自诉案件，如果受害人不主动向人民法院起诉则司法机关不会主动干预，但是职务侵占罪是公诉案件，理论上不论受害单位是否主动举报，公安机关在有证据证明存在犯罪事实的情况下，都可以主动介入（当然在实践中，还是需要受害人主动到公安机关报案并提交相应证据）。

显然，涉嫌职务侵占罪的后果比涉嫌侵占罪要更严重。根据我国《刑法》第271条规定：对于侵占数额较大的，处5年以下有期徒刑或者拘役；对于侵占数额巨大的，处5年以上有期徒刑，可以并处没收财产。

在目前的司法实践中，职务侵占罪中规定的"数额较大"是指6万元以上；"数额巨大"是指100万元以上。

2020年6月公布的《刑法修正案（十一）（草案）》，对于此罪加强了刑事处罚力度，该条被修改为："公司、企业或者其他单位的工作人员，利用职务上的便利，将本单位财物非法占为己有，数额较大的，处3年以下有期徒刑或者拘役，并处罚金；数额巨大的，处3年以上10年以下有期徒刑，并处罚金；数额特别巨大的，处10年以上有期徒刑或者无期徒刑，并处罚金。"

最后是涉及民事侵权诉讼或涉嫌挪用资金罪的风险。比如上述第三种情况。

演艺项目获得的广告赞助款即便是专门用于该项目，其所有权也属于公司。策划人将该广告款转入自己个人账户的行为，是非法占有属于公司的财产。从民事角度看，公司当然有权通过返还之诉，要求该策划人返还款项并赔偿损失。但是如果策划人转移的款项达到追究刑事责任的标准，则此种情形即涉嫌"挪用资金罪"（国有单位中从事公务的人员或者国有单位派驻到非国有单位从事公务的人员存在此种情形的，涉嫌"挪用公款罪"）。

挪用资金罪，规定于我国《刑法》第272条。该条第1款规定："公司、企业或者其他单位的工作人员，利用职务上的便利，挪用本单位资金归个人使用或者借贷给他人，数额较大、超过3个月未还的，或者虽未超过3个月，但数额较大、进行营利活动的，或者进行非法活动的，处3年以下有期徒刑或者拘役；挪用本单位资金数额巨大的，或者数额较大不退还的，处3年以上10年以下有期徒刑。"

从这一法律规定可以看出，挪用资金罪虽然也是利用职务之便非法占有本单位财产，但其与职务侵占罪有明显的不同。挪用资金罪具体指向本单位的资金，而不是针对本单位的所有财物。因此，对于非法占有人占有单位资金的，应该直接适用本条款，而不是适用职务侵占罪。

触犯挪用资金罪的立案追究标准为涉嫌下列情形之一：（1）挪用本单位资金数额在1万元至3万元以上，超过3个月未还的；（2）挪用本单位资金数额在1万元至3万元以上，进行营利活动的；（3）挪用本单位资金数额在5000元至2万元以上，进行非法活动的。

2020年6月公布的《刑法修正案（十一）（草案）》，对于此罪加强了刑事处罚力度，该条被修改为："公司、企业或者其他单位的工作人员，利用职务上的便利，挪用本单位资金归个人使用或者借贷给他人，数额较大、超过3个月未还的，或者虽未超过3个月，但数额较大、进行营利活动的，或者进行非法活动的，处3年以下有期徒刑或者拘役；挪用本单位资金数额巨大的，处3年以上7年以下有期徒刑；数额特别巨大的，处7年以上有期徒刑。"

本节讨论了非法占有行为将会引发的不同法律风险。其中，民事涉诉风险一直存在，解决之道是通过诉请法院判决返还财产、赔偿损失等。但是刑事涉嫌犯罪的风险则需要具体问题具体分析，深入考虑纠纷事实究竟涉嫌何种犯罪。对于非法占有人来讲，应当学会依法履职并避免发生任何纠纷；作为单位来讲，应当事先依据这些法律制定相应的制度，然后在实践过程中慎重考虑、择优选择方案。

第四节 税务筹划与涉税犯罪

税务问题对任何一个行业主体来讲都不可小觑，文化产业尤其如此。2018年开始的影视行业涉税风波早已经成为一个公共话题，不但严重损害了影视行业的社会形象，而且实质上对影视行业的从业主体、影视行业的周边产业、吸引影视行业各类主体的各地园区乃至地方政府，都产生了严重的负面影响。究其原因，无非是各个主体的税务筹划行为超越了边界，触及了红线。

税务筹划

其实质是纳税主体在不违反法律与税务征管政策的前提下，通过充分合理地利用法律与政策，达到依法节税的目的。税务筹划的任何方案，绝对不可以违反法律法规以及税务征管政策，是合法合理前提下的节税。

比如，由于我国幅员辽阔，不同地区的经济发展差别较大。因此国家在税收政策上会对部分地区给予税收优惠。同时，不同的省市县也会在自己的权限内，对部分地区或者部分行业给予税收优惠政策。作为文化产业的纳税主体，如果能充分利用这些政策，就可以采取一些合法合理的节税措施。

再比如，我国法律规定了不同的经营主体形式，包括有限责任公司、个人独资企业、个体工商户、合伙企业等。对于不同形式的经营主体，税收征管的规定是不同的，税率也不完全一样。如果合法合理地加以利用，相关经营主体是可以获得有效的节税效果的。

以上的例子再加上其他一些合法合理的节税措施，如果能够综合起来合理运用，就是税务筹划的意义所在。

但是正如谚语所讲："真理向前一小步就是谬误。"税务筹划一旦背离了绝不可以违反法律法规与税务征管政策这一前提，或者是试图打一打擦边球，那么就很容易落入涉税犯罪的深渊。为此，文化产业的纳税主体有必要认清涉税犯罪的红线在哪里。常见的涉税犯罪类型包括：

逃税犯罪

我国《刑法》第 201 条规定有逃税罪。对于纳税人来讲，如果采取欺骗、隐瞒手段进行虚假纳税申报或者不申报，逃避缴纳税款数额较大并且占应纳税额 10%以上的即构成该罪；对于扣缴义务人来讲，如果采取上述手段，不缴或者少缴已扣、已收税款，数额较大的，也构成该罪。目前的实践中，一般逃避税款的数额在 5 万元以上或应纳税总额 10%以上的会被立案追究。

同时，对于纳税人来讲，经税务机关依法下达追缴通知后，补缴应纳税款，缴纳滞纳金，已受行政处罚的，不予追究刑事责任；但是，5 年内因逃避缴纳税款受过刑事处罚或者被税务机关给予二次以上行政处罚的除外。

从该法律规定中可以明显看出，对于逃税行为，如果在税务机关依法下达追缴通知后，行为人能够积极补缴应纳税款并接受处罚的，不予追究刑事责任。这也是行为人涉嫌该犯罪后的最后的自我救助机会，应当牢牢把握。

文化产业中，存在比较多的申报问题。有些问题是属于隐瞒或遗忘，比如演艺项目支出一些虚高的款项，加大成本；或者收到了一些实物赞助忘了计入收入等。另外也有一些问题是与行业的特点有关。比如影视剧的拍摄过程中，临时租车、人员吃喝等很多支出难以拿到发票。那么在申报时如果不作为成本，则会多交税款；如果作为成本抵扣，则因为没有发票，就存在日后被认定为虚列成本的风险。

虚开类犯罪

虚开增值税专用发票罪是最常见的一类犯罪，我国《刑法》第 205 条对此有明确规定。虚开增值税专用发票是指实际经营或交易情况与开票情况不符的情形。比如在没有真实交易的情况下，为他人开具或者为自己开具或者让他人为自己开具或者介绍他人开具增值税专用发票的，均属于虚开；在有真实交易的情况下，没有按照真实的交易数量、金额开具的，也属于虚开；进行了实际经营活动，但是让他人为自己代开的，同样属于虚开。目前的实践中，虚开税款的数额达到人民币 5 万元以上的，即构成该罪。

除了虚开增值税专用发票构成犯罪以外，虚开其他发票同样会构成犯罪。这在我国《刑法》第 205 条也有相应规定。目前的实践中，虚开其他发票 100 份以上或者虚开金额累计在 40 万元以上的，即可构成虚开发票罪。

文化产业中，对虚开问题需要特别注意，有时候在不经意间可能就会面临这一风险。比如，我国各地建立了不少以影视文化为主题的园区，给文化产业的经营主体提供了比较优惠的税收政策。因此一些文化公司或艺人在多个园区设立了不同的工作室。那么，当该公司用 A 工作室实际承接某项目时，发现因为开票额度可能会超过税收优惠限额，因此决定分出部分金额由 B 工作室另签合同并收款开票。这一过程中，B 工作室其实并未实际参与某项目，其开票行为是否属于虚开，是值得慎重考虑的。

上述主要涉税犯罪的规定划出了税务筹划不可以踩踏的红线。在实践中，税务筹划与涉税犯罪的边界，在某些节税方案上不是很明显。特别是在某个主体实际控制若干主体的情况下，税务筹划应当尽可能稳重保守，以使节税方案做到合法合理。

第五节　著作权侵权纠纷与侵犯著作权罪

著作权是知识产权的重要组成部分之一。在文化产业中，作品是文化产业的基础，著作权人是文化产业最重要的主体。因此，著作权的保护在文化产业中属于重中之重。也正因为如此，著作权的侵权事件也是层出不穷。

我国《著作权法》第10条规定有著作权17项，分别是发表权，署名权，修改权，保护作品完整权，复制权，发行权，出租权，展览权，表演权，放映权，广播权，信息网络传播权，摄制权，改编权，翻译权，汇编权，应当由著作权人享有的其他权利。我国《著作权法》还规定有邻接权4项，分别是专有出版权、表演者权、录音录像制作者权、广播组织权。

著作权的民事侵权与赔偿

对于上述这些权利，如果出现侵权行为，则权利人可以直接向法院起诉要求停止侵权、赔偿损失。对于赔偿损失的标准，我国《著作权法》第49条规定："侵犯著作权或者与著作权有关的权利的，侵权人应当按照权利人的实际损失给予赔偿；实际损失难以计算的，可以按照侵权人的违法所得给予赔偿。赔偿数额还应当包括权利人为制止侵权行为所支付的合理开支。权利人的实际损失或者侵权人的违法所得不能确定的，由人民法院根据侵权行为的情节，判决给予50万元以下的赔偿。"

该第49条第1款是侵犯著作权赔偿的一般原则，即以实际损失为赔偿限度。不能确定实际损失的按照侵权人的违法所得数额赔偿；但是在实际损失与违法所得均难以证明的情况下，该条第2款规定了法院可以行使自由裁量权，在50万元范围内直接判赔。

另外，针对侵犯著作人身权及邻接权中具有人身权性质的权利的情形，可以参照上述2.2.1条侵犯人身权的赔偿范围，在符合法定条件的情况下，将精神损害赔偿也列入赔偿损失的主张内容。

《著作权法》（2020年修正版）对这一部分作出了比较大的改变，在第54条规定："侵犯著作权或者与著作权有关的权利的，侵权人应当按照权利人因此受到的实际损失或者侵权人的违法所得给予赔偿；权利人的实际损失或者侵权人的违法所得难以计算的，可以参照该权利使用费给予赔偿。对故意侵犯著作权或者与著作权有关的权利，情节严重的，可以在按照上述方法确定数额的1倍以上5倍以下给予赔偿。

权利人的实际损失、侵权人的违法所得、权利使用费难以计算的，由人民法院根据侵权行为的情节，判决给予500元以上500万元以下的赔偿。

赔偿数额还应当包括权利人为制止侵权行为所支付的合理开支。

人民法院为确定赔偿数额，在权利人已经尽了必要举证责任，而与侵权行为相关的账簿、资料等主要由侵权人掌握的，可以责令侵权人提供与侵权行为相关的账簿、资料等；侵权人不提供，或者提供虚假的账簿、资料等的，人民法院可以参考权利人的主张和提供的证据确定赔偿数额。

人民法院审理著作权纠纷案件，应权利人请求，对侵权复制品，除特殊情况外，责令销毁；对主要用于制造侵权复制品的材料、工具、设备等，责令销毁，且不予补偿；或者在特殊情况下，责令禁止前述材料、工具、设备等进入商业渠道，且不予补偿。"

侵犯著作权罪

对于严重侵犯著作权的行为，我国也可以通过刑事途径给侵权者以处罚。

我国《刑法》于第217条规定有侵犯著作权罪。即以营利为目的，有下列侵犯著作权情形之一，违法所得数额较大或者有其他严重情节的，处3年以下有期徒刑或者拘役，并处或者单处罚金；违法所得数额巨大或者有其他特别严重情节的，处3年以上7年以下有期徒刑，并处罚金：①未经著作权人许可，复制发行其文字作品、音乐、电影、电视、录像作品、计算机软件及其他作品的；②出版他人享有专有出版权的图书的；③未经录音录像制作者许可，复制发行其制作的录音录像的；④制作、出售假冒他人署名的美术作品的。

从上述法律规定可以看出，侵犯著作权罪的构成有几个要点：

首先是"以营利为目的"且无合法授权。行为人进行销售宣传、直接或间接销售、通过网络等媒介直接收取费用或间接收取利益等有牟利情形的，都是"以营利为目的"。本质上，"以营利为目的"并不要求行为人已经实际获利，只要相关事实与证据可以证明其具有营利的目的即可。

其次是至少具备法律规定的四种情形之一。

第一种情形，从字面理解是侵犯著作权人的复制权与发行权的行为。复制权，即以印刷、复印、拓印、录音、录像、翻录、翻拍等方式将作品制作一份或者多份的权利；发行权，即以出售或者赠与方式向公众提供作品的原件或者复制件的权利。对于该条款中规定的"复制发行"，既包括了仅仅复制或仅仅发行，也包括了既复制又发行。

2007年，《最高人民法院、最高人民检察院关于办理侵犯知识产权刑事案件具体应用法律若干问题的解释（二）》第 2 条对该条款中的"发行"的含义进行了进一步解释，明确指出：利用广告、征订等方式推销也属于"发行"的范畴。这相当于认定为出售进行宣传也属于"发行"。

2011 年，最高人民法院、最高人民检察院、公安部联合印发的《关于办理侵犯知识产权刑事案件适用法律若干问题的意见》第 12 条：对该条款中的"发行"的含义进行了进一步解释，明确指出：这里的"发行"不仅仅包括批发、零售等销售行为，还包括通过信息网络传播、出租、展销的方式。上述三部门的解释，相当于将侵犯信息网络传播权、出租权，展览权的行为也纳入了侵犯著作权罪的保护范畴。

应当讲，上述司法机关对"发行"的逐步扩大解释，与我国《著作权法》关于"发行权"的定义已经相去甚远。当然，这是从有利于保护著作权人的权利，有利于打击犯罪的角度进行的解释。

因此，在适用该条款时，一定要理解侵犯著作权罪中的"发行"与著作权侵权纠纷中的侵犯"发行权"绝不是同一个法律概念。前者完全覆盖后者，后者仅是前者保护范围中的一部分。

第二种情形是侵犯邻接权人的出版权的行为。由于我国对于图书出版实行的是审批制度，每一本图书的出版者是具体确定的。侵犯出版权就相当于出版盗版书，必然遭到严惩。

第三种情形是侵犯邻接权人的录音录像制作者权的行为。我国《著作权法》第 42 条规定：录音录像制作者对其制作的录音录像制品，享有许可他人复制、发行、出租、通过信息网络向公众传播并获得报酬的权利。与上述第一种情形一样，《刑法》第 217 条中规定的"发行"也与《著作权法》第 42 条规定的"发行"含义不同。该条款中的"发行"包含了《著作权法》第 42 条规定的发行，以及出租、信息网络传播三项权利。

第四种情形，从文字表述看会有歧义。如果制作、出售的美术作品属于模仿被假冒署名的作者的作品（仿作），那么该条款是侵犯该美术作品的作者的署名权、复制权的行为；但是如果制作、出售的美术作品属于新创作的作品，只是在上面签署了被假冒的作者的名字，那么应该是侵犯他人姓名权的行为。鉴于本条款为侵犯著作权罪，因此这第四种情形理应属于前面所述的"仿作"情形。

最后是侵权程度必须达到追究刑事责任的标准，分为两类：一是违法所得的数额；二是是否具有其他严重情节。

其中，追究刑事责任的起点标准是违法所得数额较大或者有其他严重情节。量刑幅度是处 3 年以下有期徒刑或者拘役，并处或者单处罚金。这里的"违法所得数额较大"在目前实践中是指达到人民币 3 万元；"有其他严重情节"是指非法经营额人民币 5 万元以上、复制品数量合计 500 张（份）以上等多种行为。

加重追究刑事责任的标准是违法所得数额巨大或者有其他特别严重情节。量刑幅度是处 3 年以上 7 年以下有期徒刑，并处罚金。这里的"违法所得数额巨大"在目前实践中是达到人民币 15 万元。"有其他特别严重情节"是指非法经营额人民币 25 万元以上、复制品数量合计 2500 张（份）以上等多种行为。

符合以上三个要件的侵犯著作权行为，即可构成侵犯著作权罪，被追究刑事责任。

对比民事层面的著作权侵权纠纷与刑事层面的侵犯著作权罪，除了责任承担方式显然不同以外，还可以发现两者存在以下的差异：

一是涉及的权利范围不同。著作权民事侵权涉及了全部 17 项著作权与 4 项邻接权；侵犯著作权罪仅涉及了发行权、复制权、信息网络传播权、出租权、展览权、美术作品作者的署名权、出版权、录音录像制作者权。

二是涉案金额意义不同。著作权民事侵权是以侵权赔偿作为重要的救济方式，考虑的主要是计算赔偿数额的涉案金额，包括侵权人的获利金额、被侵权人的损失金额、法院酌定的法定赔偿额；侵犯著作权罪则是以涉案金额作为确定罪与非罪的标准和是否加重量刑的标准，考虑的主要是侵权人违法所得金额与非法经营金额。

综上可见，著作权民事侵权纠纷与侵犯著作权罪两者联系紧密又存在诸多差异。在实践中，对于权利人来讲，相当于多出了一个维权的思路。

第六节　侵犯商标专用权纠纷与涉及商标侵权的犯罪

商标是用于将不同的商品或服务的提供者区分开来的显著性标识。文化产业中，商标有着重大的价值。一方面，商业主体可以通过商标将自身的形象、商誉等凝结其中，起到直接的识别与宣传的作用；另一方面，文艺作品或文化产品中的标识、形象、文字等显著性元素，通过注册为商标可以给权利人带来巨大的宣传效果和经济利益。也正因为如此，侵犯商标权的行为也屡屡出现。

需要说明的是，商标的权利人可以选择申请注册，也可以选择不注册，是否注册均不影响商标区分不同商品或服务的提供者的应用价值。但是只有申请并最终获得注册的商标，才享有法定的专用权，才享有依法排除他人侵犯专用权的权利并避免因遭他人抢注而被禁止使用的后果。

商标专用权的民事侵权与赔偿

商标一旦经注册获得了专用权，在该商标被核定使用的商品或服务范围内，他人擅自使用相同或类似商标的行为均属于侵权行为。《商标法》（2019年修正版）第 57 条对于侵犯注册商标专用权的行为进行了规定，包括：①未经商标注册人的许可，在同一种商品上使用与其注册商标相同的商标的；②未经商标注册人的许可，在同一种商品上使用与其注册商标近似的商标，或者在类似商品上使用与其注册商标相同或者近似的商标，容易导致混淆的；③销售侵犯注册商标专用权的商品的；④伪造、擅自制造他人注册商标标识或者销售伪造、擅自制造的注册商标标识的；⑤未经商标注册人同意，更换其注册商标并将该更换商标的商品又投入市场的；⑥故意为侵犯他人商标专用权行为提供便利条件，帮助他人实施侵犯商标专用权行为的；⑦给他人的注册商标专用权造成其他损害的。

从该法律规定可以看出，对于商标侵权行为，首先关注的因素是核准注册的商标与核定使用的商品（含服务，下同），分为四种情况：对于在相同商品上使用与注册商标相同的商标的，直接认定为侵权；对于在相同商品上使用与注册商标近似的商标或在类似商品上使用与注册的商标相同或近似的商标这三种情况，还需要考虑是否会导致混淆。如果会导致混淆，则认定为侵权。

其次，是在侵权使用的基础上产生的其他侵权行为。包括：销售使用侵权商标的商品的；伪造、擅自制造或销售伪造、擅自制造的注册商标标识的；擅自更换商品上的注册商标并将换标后的商品投入市场的；帮助实施侵权的；给注册商标专用权造成其他损害的。

　　针对这些侵权行为，商标权人可以通过民事诉讼，要求侵权人停止侵权、赔偿损失。赔偿损失的标准，我国《商标法》（2019 年修正版）第 63 条第 1 款规定："侵犯商标专用权的赔偿数额，按照权利人因被侵权所受到的实际损失确定；实际损失难以确定的，可以按照侵权人因侵权所获得的利益确定；权利人的损失或者侵权人获得的利益难以确定的，参照该商标许可使用费的倍数合理确定。对恶意侵犯商标专用权，情节严重的，可以在按照上述方法确定数额的 1 倍以上 5 倍以下确定赔偿数额。赔偿数额应当包括权利人为制止侵权行为所支付的合理开支。"

　　同时，第 63 条第 3 款还规定："权利人因被侵权所受到的实际损失、侵权人因侵权所获得的利益、注册商标许可使用费难以确定的，由人民法院根据侵权行为的情节判决给予 500 万元以下的赔偿。"

　　从上述一系列规定内容可以发现，商标专用权的侵权赔偿数额计算比较复杂，应当按照以下顺序进行：①能确定实际损失数额的赔偿实际损失；②不能确定实际损失的按照侵权获利数额赔偿；③前两者都不能确定的，按照商标许可使用费的 1 倍至 5 倍的范围内赔偿；④前三者都不能确定的，由法院在 500 万元人民币范围内行使自由裁量权，自主决定。

　　同时，针对上述任何顺序阶段的赔偿，都应当一并赔偿权利人为制止侵权行为所支付的合理开支。

涉及商标侵权的犯罪

　　侵犯商标专用权的行为，达到入罪标准的情况下，会被追究刑事责任。根据我国《刑法》的规定，按照不同事实会涉嫌以下几个罪名：

　　（1）假冒注册商标罪

　　假冒注册商标罪见于我国《刑法》第 213 条，"未经注册商标所有人许可，在同一种商品上使用与其注册商标相同的商标，情节严重的，处 3 年以下有期徒刑或者拘役，并处或者单处罚金；情节特别严重的，处 3 年以上 7 年以下有期徒刑，并处罚金"。

　　本条规定的犯罪行为，其实就是《商标法》第 57 条第 1 款规定的侵权行为。只不过是要达到"情节严重"和"情节特别严重"的程度才构成犯罪和加重量刑。

　　"情节严重"是指下列情形之一：①非法经营数额在 5 万元以上或者违法

所得数额在 3 万元以上的；②假冒两种以上注册商标，非法经营数额在 3 万元以上或者违法所得数额在 2 万元以上的；③其他情节严重的情形。

"情节特别严重"是指下列情形之一：①非法经营数额在 25 万元以上或者违法所得数额在 15 万元以上的；②假冒两种以上注册商标，非法经营数额在 15 万元以上或者违法所得数额在 10 万元以上的；③其他情节特别严重的情形。

（2）销售假冒注册商标的商品罪

销售假冒注册商标的商品罪见于我国《刑法》第 214 条，"销售明知是假冒注册商标的商品，销售金额数额较大的，处 3 年以下有期徒刑或者拘役，并处或者单处罚金；销售金额数额巨大的，处 3 年以上 7 年以下有期徒刑，并处罚金"。

本条规定的犯罪行为，基本与《商标法》第 57 条第 3 项规定的侵权行为一致，但是范围明显要更窄。《商标法》第 57 条第 3 项针对的是所有侵犯注册商标专用权的商品，但是本条仅仅针对明知是假冒注册商标的商品。这不仅是要求侵权人具备"明知"的主观直接故意，而且将侵犯商标专用权的行为局限于"假冒注册商标"这一行为。同时，销售金额还要达到"数额较大"和"数额巨大"的程度才构成犯罪和加重量刑。

所谓"数额较大"，在目前实践中是指"销售金额在 5 万元以上的"。

所谓"数额巨大"，在目前实践中是指"销售金额在 25 万元以上的"。

（3）非法制造、销售非法制造的注册商标标识罪

非法制造、销售非法制造的注册商标标识罪见于我国《刑法》第 215 条，"伪造、擅自制造他人注册商标标识或者销售伪造、擅自制造的注册商标标识，情节严重的，处 3 年以下有期徒刑、拘役或者管制，并处或者单处罚金；情节特别严重的，处 3 年以上 7 年以下有期徒刑，并处罚金"。

本条规定的犯罪行为，其实就是《商标法》第 57 条第 4 项规定的侵权行为。只不过是要达到"情节严重"和"情节特别严重"的程度才构成犯罪和加重量刑。

"情节严重"是指下列情形之一：①伪造、擅自制造或者销售伪造、擅自制造的注册商标标识数量在 2 万件以上，或者非法经营数额在 5 万元以上，或者违法所得数额在 3 万元以上的；②伪造、擅自制造或者销售伪造、擅自

制造两种以上注册商标标识数量在 1 万件以上，或者非法经营数额在 3 万元以上，或者违法所得数额在 2 万元以上的；③其他情节严重的情形。

"情节特别严重"是指下列情形之一：①伪造、擅自制造或者销售伪造、擅自制造的注册商标标识数量在 10 万件以上，或者非法经营数额在 25 万元以上，或者违法所得数额在 15 万元以上的；②伪造、擅自制造或者销售伪造、擅自制造两种以上注册商标标识数量在 5 万件以上，或者非法经营数额在 15 万元以上，或者违法所得数额在 10 万元以上的；③其他情节特别严重的情形。

从上述法律规定可以看出，我国《商标法》（2019 年修正版）第 57 条规定的 7 种民事侵权行为，其中第 1、3、4 项在达到刑事立案标准的情况下，都有可能被追究刑事责任。

第七节　侵犯商业秘密的民事纠纷与侵犯商业秘密罪

商业秘密，是指不为公众所知悉、具有商业价值并经权利人采取相应保密措施的技术信息、经营信息等商业信息。这是我国 2019 年《反不正当竞争法》修订后对商业秘密的最新定义。这一定义改变了过去对商业秘密要具备"能为权利人带来经济利益、具有实用性"的要求，改为仅要求具有"商业价值"。

在文化产业中，由于存在大量创作内容，因此保护好商业秘密尤其重要。比如，影视剧的策划方案、剧本内容、美术设计；综艺节目的内容安排、招商方案；艺人的报酬情况；等等。这些商业秘密一旦泄露，不但会在商务安排中给被泄露方带来被动和损失，而且可能会导致被泄露方的原创内容被他人抢先实施，从而造成严重后果。

保护商业秘密首先要对其进行准确的理解与把握。除应当属于商业信息这一要件以外，我国《反不正当竞争法》（2019 年修正版）及最高人民法院相关的司法解释还阐释了"商业秘密"需要以下几个构成要件：

第一，不为公众所知悉。有关信息不为其所属领域的相关人员普遍知悉和容易获得，应当认定为"不为公众所知悉"。具有下列情形之一的，可以认定有关信息不构成不为公众所知悉：①该信息为其所属技术或者经济领域的人的一般常识或者行业惯例；②该信息仅涉及产品的尺寸、结构、材料、部件的简单组合等内容，进入市场后相关公众通过观察产品即可直接获得；③该信息已经在公开出版物或者其他媒体上公开披露；④该信息已通过公开的报告会、展览等方式公开；⑤该信息从其他公开渠道可以获得；⑥该信息无需付出一定的代价而容易获得。

第二，具有商业价值。即有关信息具有现实的或者潜在的商业价值，能为权利人带来竞争优势。

第三，权利人采取相应保密措施。权利人为防止信息泄漏所采取的与其商业价值等具体情况相适应的合理保护措施。是否采取合理保密措施，根据所涉信息载体的特性、权利人保密的意愿、保密措施的可识别程度、他人通过正当方式获得的难易程度等因素判断。以下情形在正常情况下足以防止涉密信息泄漏的，应当认定权利人采取了保密措施：①限定涉密信息的知悉范围，只对必须知悉的相关人员告知其内容；②对于涉密信息载体采取加锁等防范措施；③在涉密信息的载体上标有保密标志；④对于涉密信息采用密码或者代码等；⑤签订保密协议；⑥对于涉密的机器、厂房、车间等场所限制来访者或者提出保密要求；⑦确保信息秘密的其他合理措施。

对于商业秘密的权利人来讲，应当严格按照法律与司法解释的上述规定采取保护措施。一旦发生起诉他人侵犯商业秘密的民事诉讼，权利人需要对商业秘密的载体、具体内容、商业价值和对该项商业秘密所采取的具体保密措施等承担举证责任。因此，如果事先准备不足，有可能会影响维权效果。

侵犯商业秘密的民事纠纷

侵犯商业秘密，是我国《反不正当竞争法》（2019 年修正版）规定的不正当竞争行为之一。该法第 9 条第 1 款规定了以下几种侵犯商业秘密的行为：

"（一）以盗窃、贿赂、欺诈、胁迫、电子侵入或者其他不正当手段获取权利人的商业秘密；（二）披露、使用或者允许他人使用以前项手段获取的权利人的商业秘密；（三）违反保密义务或者违反权利人有关保守商业秘密的要求，披露、使用或者允许他人使用其所掌握的商业秘密；（四）教唆、引诱、帮助他人违反保密义务或者违反权利人有关保守商业秘密的要求，获取、披露、使用或者允许他人使用权利人的商业秘密。"

该条第 2、3 款还规定:"经营者以外的其他自然人、法人和非法人组织实施前款所列违法行为的,视为侵犯商业秘密。第三人明知或者应知商业秘密权利人的员工、前员工或者其他单位、个人实施本条第一款所列违法行为,仍获取、披露、使用或者允许他人使用该商业秘密的,视为侵犯商业秘密。"

对于出现上述侵犯商业秘密的情形的,商业秘密权利人可以起诉侵权人存在不正当竞争行为,并且要求停止侵权、赔偿损失。根据我国《反不正当竞争法》第 17 条第 3 款的规定,赔偿损失的一般计算标准为:"因不正当竞争行为受到损害的经营者的赔偿数额,按照其因被侵权所受到的实际损失确定;实际损失难以计算的,按照侵权人因侵权所获得的利益确定。经营者恶意实施侵犯商业秘密行为,情节严重的,可以在按照上述方法确定数额的一倍以上五倍以下确定赔偿数额。赔偿数额还应当包括经营者为制止侵权行为所支付的合理开支。"

但是针对侵犯商业秘密的不正当竞争行为,该法还设定了额外的赔偿损失规定。该法第 17 条第 4 款规定:"经营者违反本法第 6 条、第 9 条(即侵犯商业秘密)规定,权利人因被侵权所受到的实际损失、侵权人因侵权所获得的利益难以确定的,由人民法院根据侵权行为的情节判决给予权利人 500 万元以下的赔偿。"

综合上述规定,侵犯商业秘密的赔偿应当按照以下顺序进行:①能确定实际损失数额的赔偿实际损失;不能确定实际损失的按照侵权获利数额赔偿;②制止侵权行为所支付的合理开支;③对恶意实施侵犯商业秘密行为且情节严重的适用惩罚性赔偿,数额为实际损失或侵权获利的 1 倍至 5 倍;④实际损失数额或侵权获利数额都不能确定的,由法院在 500 万元人民币范围内行使自由裁量权,自主决定。

侵犯商业秘密罪

我国《刑法》第 219 条规定有侵犯商业秘密罪。该条款规定:"有下列侵犯商业秘密行为之一,给商业秘密的权利人造成重大损失的,处 3 年以下有期徒刑或者拘役,并处或者单处罚金;造成特别严重后果的,处 3 年以上 7 年以下有期徒刑,并处罚金:(一)以盗窃、利诱、胁迫或者其他不正当手段获取权利人的商业秘密的;(二)披露、使用或者允许他人使用以前项手段获取的权利人的商业秘密的;(三)违反约定或者违反权利人有关保守商业秘密的要求，披露、使用或者允许他人使用其所掌握的商业秘密的。明知或者应知前款所列行为，获取、使用或者披露他人的商业秘密的，以侵犯商业秘密论。本条所称商业秘密，是指不为公众所知悉，能为权利人带来经济利益，具有实用性并经权利人采取保密措施的技术信息和经营信息。本条所称权利人，是指商业秘密的所有人和经商业秘密所有人许可的商业秘密使用人。"

从上述法律规定可以看出，由于我国《反不正当竞争法》对商业秘密的定义进行了修改，但是《刑法》对商业秘密仍然沿用以前的定义，因此两部法律在对商业秘密的定义上暂时出现了不一致的情况。当然，在可预期的将来，这一差异肯定会被消除。即便在目前的阶段，这一差异对定罪量刑的影响也不大。新定义中"具有商业价值"的商业信息与旧定义中商业信息应当具有"实用性"的要求并不矛盾，二者理应是兼有的，或者说新定义是对商业信息具有"实用性"更为合理的表述。

同理，该条款对三类侵犯商业秘密行为的规定也是延续了《反不正当竞争法》修订前对侵犯商业秘密行为的表述，相信今后必会进行同样的修订。

因此，可以认为，《刑法》规定的侵犯商业秘密行为造成的社会危害性达到"给商业秘密的权利人造成重大损失"这一法定程度的，即构成侵犯商业秘密罪；达到"造成特别严重后果"这一法定程度的，即构成量刑加重的情节。

从现有司法解释的标准来看，所谓"给商业秘密的权利人造成重大损失"，是指"损失数额在 50 万元以上的"；所谓"造成特别严重后果"，是指"给商业秘密的权利人造成损失数额在 250 万元以上的"。

果然，2020 年 6 月公布的《刑法修正案（十一）（草案）》，对于此罪加强了刑事处罚力度，并同时修正了与《反不正当竞争法》对于"商业秘密"规定不同的情形。该条被修改为：

"有下列侵犯商业秘密行为之一，情节严重的，处 3 年以下有期徒刑或者拘役，并处或者单处罚金；情节特别严重的，处 3 年以上 10 年以下有期徒刑，并处罚金：（一）以盗窃、利诱、胁迫、电子侵入或者其他不正当手段获取权利人的商业秘密的；（二）披露、使用或者允许他人使用以前项手段获取的权利人的商业秘密的；（三）违反保密义务或者违反权利人有关保守商业秘密的要求，披露、使用或者允许他人使用其所掌握的商业秘密的。明知或者应知前款所列行为，获取、使用或者披露他人的商业秘密的，以侵犯商业秘密论。本条所称商业秘密，是指不为公众所知悉、具有商业价值并经权利人采取相应保密措施的技术信息、经营信息等商业信息。本条所称权利人，是指商业秘密的所有人和经商业秘密所有人许可的商业秘密使用人。"

第八节　商业贿赂不正当竞争行为与商业贿赂罪

在商业活动中，经常出现一方给另一方支付"好处费""介绍费""咨询费"等种种名目的款项。这些名目中，哪些是合法的支出，哪些是违法的支出，哪些甚至是犯罪的行为，对于参与者来说需要分辨清楚，以避免法律风险。

一般来说，因发生了真实的服务而支付的"咨询费""居间费"之类的款项，属于合法的交易行为；没有真实的服务，仅仅是一方为了谋取交易机会或不当利益而向他方支付的款项，不论是以何种名目，均属于商业贿赂的不正当竞争行为；商业贿赂的情节达到追究刑事责任的标准的，构成商业贿赂的犯罪行为。

商业贿赂的不正当竞争行为

我国《反不正当竞争法》（2019 年修正版）第 7 条规定："经营者不得采用财物或者其他手段贿赂下列单位或者个人，以谋取交易机会或者竞争优势：（一）交易相对方的工作人员；（二）受交易相对方委托办理相关事务的单位或者个人；（三）利用职权或者影响力影响交易的单位或者个人。经营者在交易活动中，可以以明示方式向交易相对方支付折扣，或者向中间人支付佣金。经营者向交易相对方支付折扣、向中间人支付佣金的，应当如实入账。接受折扣、佣金的经营者也应当如实入账。经营者的工作人员进行贿赂的，应当认定为经营者的行为；但是，经营者有证据证明该工作人员的行为与为经营者谋取交易机会或者竞争优势无关的除外。"

从上述法律规定可以看出，明示支付折扣或佣金等行为，不被认为是贿赂行为。比如在双方签订的合同中明确优惠条件，比如公开给予业务介绍人佣金或居间费，这些都是法律不禁止的行为。与贿赂行为相比，虽然这也是行为人争取交易机会或者竞争优势的手段，但其相对公开并且不会因某人获得非法利益而引发不公平的交易与竞争，相当于将依靠私下的贿赂竞争引导为公开的商业条件竞争。

商业贿赂罪

商业贿赂罪不是某一条具体的罪名，而是对这一类犯罪的简称。由于贿赂行为必然牵涉受贿方与行贿方，因此该类犯罪也自然分为受贿罪与行贿罪。另外，我国《刑法》在处理贿赂类犯罪时，以犯罪嫌疑人身份的不同，将具有国家工作人员身份与不具有这一身份的犯罪嫌疑人分开定罪量刑。这主要是考虑到具有国家工作人员身份的人构成此类犯罪的社会危害性要更大，因此量刑处罚也更严重。本节所讲的商业贿赂罪，是指不具有国家工作人员身份的犯罪嫌疑人的犯罪。

我国《刑法》第163条规定了非国家工作人员受贿罪。该条第1款、第2款规定："公司、企业或者其他单位的工作人员利用职务上的便利，索取他人财物或者非法收受他人财物，为他人谋取利益，数额较大的，处5年以下有期徒刑或者拘役；数额巨大的，处5年以上有期徒刑，可以并处没收财产。公司、企业或者其他单位的工作人员在经济往来中，利用职务上的便利，违反国家规定，收受各种名义的回扣、手续费，归个人所有的，依照前款的规定处罚。"

我国《刑法》第164条规定了对非国家工作人员行贿罪。该条第1款规定："为谋取不正当利益，给予公司、企业或者其他单位的工作人员以财物，数额较大的，处3年以下有期徒刑或者拘役，并处罚金；数额巨大的，处3年以上10年以下有期徒刑，并处罚金。"

上述法律是对商业受贿与商业行贿两方面犯罪的规定。需要注意的是，受贿的一方构成犯罪的要件之一是"为他人谋取利益"；而商业行贿的一方构成犯罪的要件之一是"为谋取不正当利益"。可见，法律对于受贿一方的犯罪行为打击更为严格，不论是否谋取正当或不正当利益，均构成犯罪。

商业贿赂不正当竞争行为与商业贿赂罪之间的红线一般来讲就是受贿与行贿的数额。

对于受贿方来讲，在目前的司法实践中，非国家工作人员受贿罪中规定的"数额较大"是指6万元以上；"数额巨大"是指100万元以上。

对于行贿方来讲，在目前的司法实践中，对非国家工作人员行贿罪中规定的"数额较大"是指 6 万元以上;"数额巨大"是指 500 万元以上。

2020 年 6 月公布的《刑法修正案（十一）（草案）》，对于此罪调整了刑事处罚力度。第 163 条第 1 款、第 2 款被修改为:"公司、企业或者其他单位的工作人员，利用职务上的便利，索取他人财物或者非法收受他人财物，为他人谋取利益，数额较大的，处 3 年以下有期徒刑或者拘役，并处罚金;数额巨大或者有其他严重情节的，处 3 年以上 10 年以下有期徒刑，并处罚金;数额特别巨大或者有其他特别严重情节的，处十年以上有期徒刑或者无期徒刑，并处罚金。公司、企业或者其他单位的工作人员在经济往来中，利用职务上的便利，违反国家规定，收受各种名义的回扣、手续费，归个人所有的，依照前款的规定处罚。"

第九节　广告欺诈行为与虚假广告罪

广告欺诈行为在商业领域中并不少见。一些虚构事实、夸大宣传、贬低同行、不实承诺的内容在部分广告中均有体现。文化产业中，由于主要以文化服务为主，因此涉及商品的广告欺诈行为较为少见。但是在演出项目、娱乐内容、衍生品开发，特别是一些涉及传统文化的商品与服务的宣传中，也存在一些广告欺诈的行为。

广告欺诈行为在我国属于不正当竞争行为和侵犯消费者权益的行为。被侵害方可以提起民事诉讼要求赔偿。但是广告欺诈行为一旦因虚假宣传且情节严重，达到追究刑事责任的程度的，即构成虚假广告罪。

广告欺诈行为

对于广告欺诈行为，我国多部法律均有相关的规定。

《反不正当竞争法》（2019 年修正版）第 8 条规定:"经营者不得对其商品的性能、功能、质量、销售状况、用户评价、曾获荣誉等作虚假或者引人误解的商业宣传，欺骗、误导消费者。经营者不得通过组织虚假交易等方式，帮助其他经营者进行虚假或者引人误解的商业宣传。"

《中华人民共和国消费者权益保护法》（以下简称《消费者权益保护法》）第 20 条第 1 款、第 2 款规定:"经营者向消费者提供有关商品或者服务的质量、性能、用途、有效期限等信息，应当真实、全面，不得作虚假或者引人误解的宣传。经营者对消费者就其提供的商品或者服务的质量和使用方法等问题提出的询问，应当作出真实、明确的答复。"

《广告法》第 28 条规定："广告以虚假或者引人误解的内容欺骗、误导消费者的，构成虚假广告。广告有下列情形之一的，为虚假广告：（一）商品或者服务不存在的；（二）商品的性能、功能、产地、用途、质量、规格、成分、价格、生产者、有效期限、销售状况、曾获荣誉等信息，或者服务的内容、提供者、形式、质量、价格、销售状况、曾获荣誉等信息，以及与商品或者服务有关的允诺等信息与实际情况不符，对购买行为有实质性影响的；（三）使用虚构、伪造或者无法验证的科研成果、统计资料、调查结果、文摘、引用语等信息作证明材料的；（四）虚构使用商品或者接受服务的效果的；（五）以虚假或者引人误解的内容欺骗、误导消费者的其他情形。"

从上述法律规定可以看出，构成广告欺诈行为的判定标准就是是否会"误导消费者"；构成广告欺诈行为的方式有两个，一是虚假宣传，二是引人误解的宣传。

所谓虚假的宣传，其核心就是虚构、伪造，比如《广告法》第 28 条第 2 款列举的前 4 项情形均属于此。

所谓引人误解的宣传，其特点在于利用片面的、歧义的宣传手段，追求误导的效果。比如对商品作片面的宣传或者对比的；将科学上未定论的观点、现象等当作定论的事实用于商品宣传的；以歧义性语言进行商品宣传的；等等。构成引人误解的宣传，需要以发生误解的事实作为判断因素之一。

针对广告欺诈行为，被侵害人可以提起民事诉讼。

如果是基于《反不正当竞争法》提出的，可以要求停止不正当竞争行为并要求赔偿。具体赔偿标准为《反不正当竞争法》第 17 条第 3 款的规定，"因不正当竞争行为受到损害的经营者的赔偿数额，按照其因被侵权所受到的实际损失确定；实际损失难以计算的，按照侵权人因侵权所获得的利益确定。经营者恶意实施侵犯商业秘密行为，情节严重的，可以在按照上述方法确定数额的 1 倍以上 5 倍以下确定赔偿数额。赔偿数额还应当包括经营者为制止侵权行为所支付的合理开支"。

如果是基于《消费者权益保护法》提出的，可以要求经营者赔偿损失。具体赔偿标准为《消费者权益保护法》第 55 条的规定，"经营者提供商品或者服务有欺诈行为的，应当按照消费者的要求增加赔偿其受到的损失，增加赔偿的金额为消费者购买商品的价款或者接受服务的费用的 3 倍；增加赔偿的金额不足 500 元的，为 500 元。法律另有规定的，依照其规定。经营者明知商品或者服务存在缺陷，仍然向消费者提供，造成消费者或者其他受害人死亡或者健康严重损害的，受害人有权要求经营者依照本法第 49 条、第 51 条等法律规定赔偿损失，并有权要求所受损失 2 倍以下的惩罚性赔偿"。

虚假广告罪

虚假广告罪，规定于我国《刑法》第 222 条："广告主、广告经营者、广告发布者违反国家规定，利用广告对商品或者服务作虚假宣传，情节严重的，处二年以下有期徒刑或者拘役，并处或者单处罚金。"

从该条款的规定可见，此罪规制的主体包括"广告主、广告经营者、广告发布者"三类；构成此罪的核心要素在于客观方面存在"违反国家规定"情况下的"虚假宣传"行为；罪与非罪的一个重要标准是前述违法行为是否达到"情节严重"的标准。

目前的司法实践中，涉嫌虚假广告罪被刑事立案的标准为以下情形之一：①违法所得数额在 10 万元以上的；②给单个消费者造成直接经济损失数额在 5 万元以上的，或者给多个消费者造成直接经济损失数额累计在 20 万元以上的；③假借预防、控制突发事件的名义，利用广告作虚假宣传，致使多人上当受骗，违法所得数额在 3 万元以上的；④虽未达到上述数额标准，但两年内因利用广告作虚假宣传，受过行政处罚 2 次以上，又利用广告作虚假宣传的；⑤造成人身伤残的；⑥其他情节严重的情形。

第十节　侵犯名誉权纠纷与侮辱罪、诽谤罪及损害商誉罪

名誉权，根据我国《民法总则》的规定是自然人、法人及非法人组织所享有的一种人身权。它是权利人对于来自他人或社会的对自己的评价进行维护的一种权利。任何人以侮辱、诽谤等方式损害自然人、法人及非法人组织的名誉的，被侵害人均有权提起民事诉讼。

同时，我国《刑法》对于严重侵害他人名誉达到追究刑事责任标准的行为，设定了"侮辱罪"与"诽谤罪"以及"损害商业信誉、商品声誉罪"

（以下简称为损害商誉罪）。

《民法典》对此部分内容的新规定可以详见本书第三章第三节。

侵犯名誉权的民事纠纷

关于名誉权的保护，始见于我国《民法通则》。该法第 101 条规定："公民、法人享有名誉权，公民的人格尊严受法律保护，禁止用侮辱、诽谤等方式损害公民、法人的名誉。"

最高人民法院《关于贯彻执行〈中华人民共和国民法通则〉若干问题的意见（试行）》（1988 年）第 140 条进一步规定："以书面、口头等形式宣扬他人的隐私，或者捏造事实公然丑化他人人格，以及用侮辱、诽谤等方式损害他人名誉，造成一定影响的，应当认定为侵害公民名誉权的行为。以书面、口头等形式诋毁、诽谤法人名誉，给法人造成损害的，应当认定为侵害法人名誉权的行为。"

2017 年 10 月 1 日正式实施的《民法总则》，将名誉权的权利主体扩大到了非法人组织。该法第 110 条规定："自然人享有生命权、身体权、健康权、姓名权、肖像权、名誉权、荣誉权、隐私权、婚姻自主权等权利。法人、非法人组织享有名称权、名誉权、荣誉权等权利。"

对于侵犯名誉权的司法保护，可以根据《侵权责任法》寻求救济。

由于名誉权属于人格权，因此可以要求停止侵权、赔礼道歉，"造成他人严重精神损害的，被侵权人可以请求精神损害赔偿"（我国《侵权责任法》第 22 条）。

侵犯名誉权造成财产损失的，可以按照《侵权责任法》第 20 条规定的赔偿标准索赔，该条款规定："侵害他人人身权益造成财产损失的，按照被侵权人因此受到的损失赔偿；被侵权人的损失难以确定，侵权人因此获得利益的，按照其获得的利益赔偿；侵权人因此获得的利益难以确定，被侵权人和侵权人就赔偿数额协商不一致，向人民法院提起诉讼的，由人民法院根据实际情况确定赔偿数额。"

关于侵犯名誉权的民事纠纷以及《民法典》对此部分内容的新规定可以详见本书第三章第三节。

侮辱罪与诽谤罪

侮辱罪与诽谤罪，规定于我国《刑法》第 246 条。该条款规定："以暴力或者其他方法公然侮辱他人或者捏造事实诽谤他人，情节严重的，处 3 年以下有期徒刑、拘役、管制或者剥夺政治权利。前款罪，告诉的才处理，但是严重危害社会秩序和国家利益的除外。通过信息网络实施第一款规定的行为，被害人向人民法院告诉，但提供证据确有困难的，人民法院可以要求公安机关提供协助。"

侮辱与诽谤是侵犯他人名誉权的重要方式。达到情节严重的标准的，就会构成侮辱罪与诽谤罪。多年来的司法实践中，行为人因为侮辱与诽谤行为被追究刑事责任的比较少，但是在互联网普及之后，由于利用网络进行侮辱、丑化、诽谤的行为数量大增，而且传播广、影响大，甚至有人利用网络散布虚假信息危害社会安定和国家安全。因此规制此类犯罪的重要性陡然增加。

那么既然"情节严重"是侵权行为与犯罪的界限，其具体标准是什么呢？2013 年 9 月 10 日开始施行的最高人民法院、最高人民检察院《关于办理利用信息网络实施诽谤等刑事案件适用法律若干问题的解释》，对此问题进行了具体规范。该司法解释第 2 条规定："利用信息网络诽谤他人，具有下列情形之一的，应当认定为刑法第 246 条第 1 款规定的"情节严重"：（一）同一诽谤信息实际被点击、浏览次数达到 5000 次以上，或者被转发次数达到 500 次以上的；（二）造成被害人或者其近亲属精神失常、自残、自杀等严重后果的；（三）2 年内曾因诽谤受过行政处罚，又诽谤他人的；（四）其他情节严重的情形。"

同时该司法解释第 4 条规定："1 年内多次实施利用信息网络诽谤他人行为未经处理，诽谤信息实际被点击、浏览、转发次数累计计算构成犯罪的，应当依法定罪处罚。"

该司法解释第 8 条规定："明知他人利用信息网络实施诽谤、寻衅滋事、敲诈勒索、非法经营等犯罪，为其提供资金、场所、技术支持等帮助的，以共同犯罪论处。"

从上述这些规定可见，不仅仅是第 2 条规定的"情节严重"的情形可以构成犯罪，第 4 条与第 8 条的情形也属于"情节严重"，均是构成此类犯罪的标准。

侮辱罪与诽谤罪一般情况下是自诉类犯罪，也就是公安机关不介入，需要被侵害者自己去法院提起刑事自诉并且提交相应证据；但是在法定的特殊情况下属于公诉案件，由公安机关作为侦查机关直接办案。这一法定的特殊情况为《刑法》第246条第2款规定的"严重危害社会秩序和国家利益"的情形。

实践中，一般侮辱诽谤个人或单位，其社会影响有限的，公安机关不会予以立案，会建议被侵害方采取刑事自诉途径，直接向法院起诉；对于社会影响巨大，有煽动性的诽谤行为，公安机关直接进行刑事立案的可能较大。

为明确"严重危害社会秩序和国家利益"的具体标准，最高人民法院、最高人民检察院《关于办理利用信息网络实施诽谤等刑事案件适用法律若干问题的解释》对此也进行了规定。该司法解释第3条规定："利用信息网络诽谤他人，具有下列情形之一的，应当认定为刑法第246条第2款规定的"严重危害社会秩序和国家利益"：（一）引发群体性事件的；（二）引发公共秩序混乱的；（三）引发民族、宗教冲突的；（四）诽谤多人，造成恶劣社会影响的；（五）损害国家形象，严重危害国家利益的；（六）造成恶劣国际影响的；（七）其他严重危害社会秩序和国家利益的情形。"

因此，尤其是通过网络发表侮辱、诽谤言论侵犯他人名誉权的，一旦侮辱、诽谤言论被大量关注并转发，很容易涉嫌犯罪。即便该侮辱、诽谤言论不涉及严重危害社会秩序和国家利益，但是大量的关注与转发仍然是侵权影响巨大的证明。可以讲，侮辱与诽谤行为从民事侵权转化为刑事犯罪，在互联网时代比以往的可能性更大。

损害商业信誉、商品声誉罪

通常所讲的损害商誉罪，其完整的名称是损害商业信誉、商品声誉罪，见于我国《刑法》第221条。该条规定："捏造并散布虚伪事实，损害他人的商业信誉、商品声誉，给他人造成重大损失或者有其他严重情节的，处二年以下有期徒刑或者拘役，并处或者单处罚金。"

与侮辱罪、诽谤罪侧重于惩处贬低丑化他人人格的行为不同，本罪中，侵犯他人商业信誉虽然也是侵犯他人名誉权的行为，但是其侧重点是针对商业交易领域，而且考虑到商业交易的主体以法人或非法人单位居多，因此在受害人主体方面本罪与侮辱罪、诽谤罪存在一定差别。当然，理论上虽然可以分清，但是在实践中两者确实存在此罪与彼罪不易分清的情形。尤其是在利用网络对某单位诽谤的情况下，犯罪嫌疑人既实施了诽谤行为又导致了该单位的商业信誉、商品声誉造成重大损失，此时需要根据实际情况研判。

构成本罪需要既有侵害行为又有损失后果，而且损失后果还要达到法定程度。侵害行为是指"捏造并散布虚伪事实"的行为；损失后果是指"损害他人的商业信誉、商品声誉"；损失后果的法定程度是"给他人造成重大损失或者有其他严重情节"。

对于什么是"给他人造成重大损失或者有其他严重情节"，相关司法解释给出了具体标准：

（1）给他人造成直接经济损失数额在 50 万元以上的；

（2）虽未达到上述数额标准，但具有下列情形之一的：①利用互联网或者其他媒体公开损害他人商业信誉、商品声誉的；②造成公司、企业等单位停业、停产 6 个月以上，或者破产的。

（3）其他给他人造成重大损失或者有其他严重情节的情形。

本章涉及了文化产业中常见的民商事纠纷及对应的刑事犯罪，对如何确定民商事纠纷与刑事犯罪的边界以及二者的异同与后果进行了初步说明。刑事合规法律事务是一个以前不太受重视的方向，建议文化产业的从业主体在今后给予必要的关注。